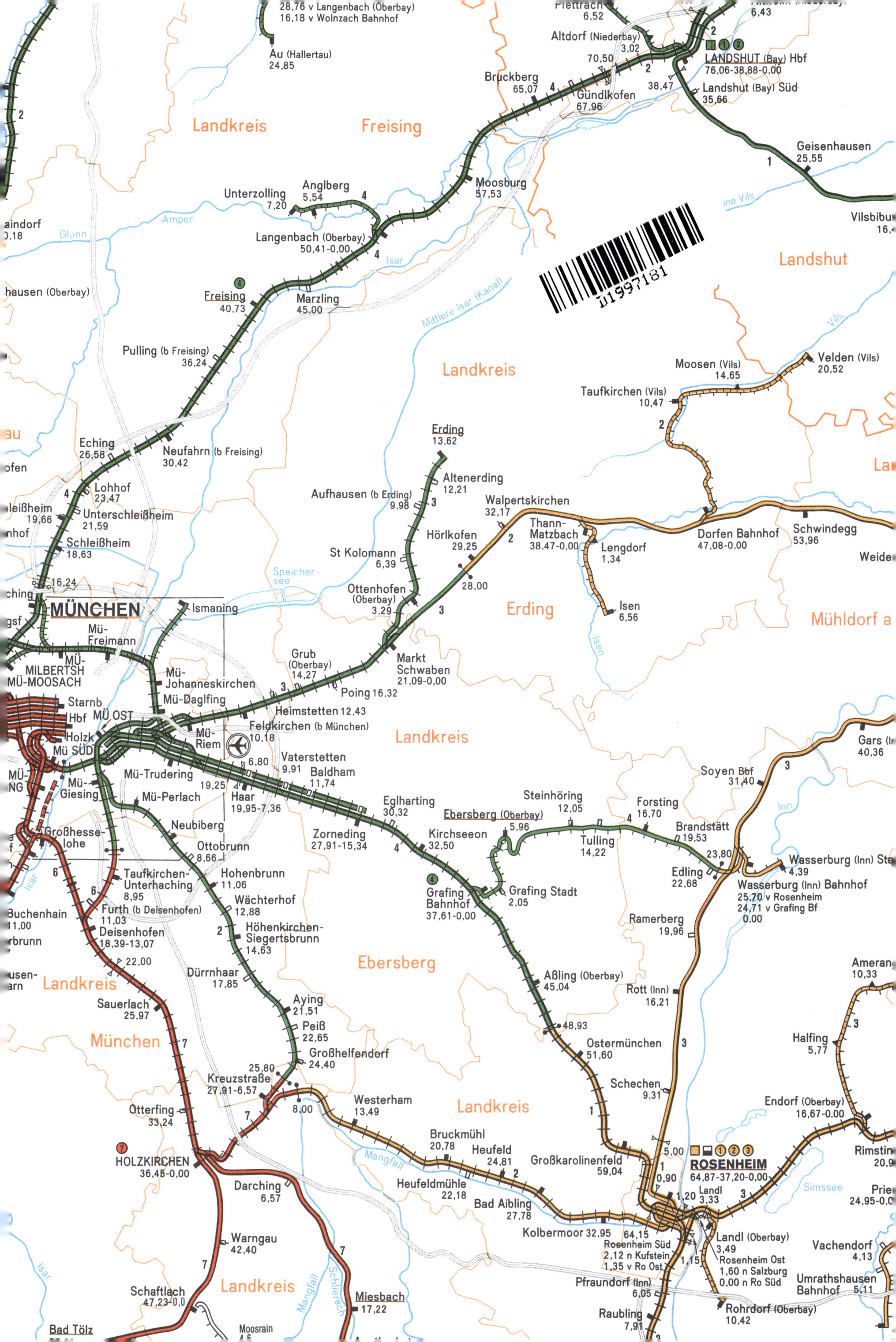
28,76 v Langenbach (Oberbay)
16,18 v Wolnzach Bahnhof
Au (Hallertau)
24,85
Pfettrach
6,52
Altdorf (Niederbay)
3,02
70,50
LANDSHUT (Bay) Hbf
76,06-38,88-0,00
38,47
Landshut (Bay) Süd
35,66
Bruckberg
65,07
Gündlkofen
67,96
Geisenhausen
25,55
Landkreis
Freising
Unterzolling
7,20
Anglberg
5,54
Moosburg
57,53
Langenbach (Oberbay)
50,41-0,00
Amper
Glonn
Isar
Vils
Vilsbiburg
Landshut
Freising
40,73
Marzling
45,00
Mittlere Isar (Kanal)
Vils
Pulling (b Freising)
36,24
Landkreis
Moosen (Vils)
14,65
Velden (Vils)
20,52
Taufkirchen (Vils)
10,47
Erding
13,62
Eching
26,58
Neufahrn (b Freising)
30,42
Altenerding
12,21
Lohhof
23,47
Aufhausen (b Erding)
9,98
Walpertskirchen
32,17
Unterschleißheim
21,59
Hörlkofen
29,25
Thann-Matzbach
38,47-0,00
Lengdorf
1,34
Dorfen Bahnhof
47,08-0,00
Schwindegg
53,96
Schleißheim
18,63
St Kolomann
6,39
16,24
Speichersee
Ottenhofen (Oberbay)
3,29
28,00
Isen
6,56
MÜNCHEN
Ismaning
Erding
Mühldorf a
Mü-Freimann
MÜ-MILBERTSH
MÜ-MOOSACH
Grub (Oberbay)
14,27
Markt Schwaben
21,09-0,00
Mü-Johanneskirchen
Mü-Daglfing
Poing 16,32
Starnb
Hbf
MÜ OST
Heimstetten 12,43
Holzk
Mü SÜD
Mü-Riem
Feldkirchen (b München)
10,18
Landkreis
Gars (Inn)
40,36
6,80
Vaterstetten
9,91
Baldham
11,74
Soyen Bbf
31,40
Mü-Trudering
Mü-Giesing
19,25
Haar
19,95-7,36
Mü-Perlach
Eglharting
30,32
Steinhöring
12,05
Forsting
16,70
Ebersberg (Oberbay)
5,96
Brandstätt
19,53
Inn
Neubiberg
Zorneding
27,91-15,34
Kirchseeon
32,50
Tulling
14,22
Großhesselohe
Ottobrunn
8,66
23,80
Wasserburg (Inn) Stadt
4,39
Edling
22,68
Wasserburg (Inn) Bahnhof
25,70 v Rosenheim
24,71 v Grafing Bf
0,00
Taufkirchen-Unterhaching
8,95
Hohenbrunn
11,06
Grafing Bahnhof
37,61-0,00
Grafing Stadt
2,05
Buchenhain
11,00
Furth (b Deisenhofen)
11,03
Wächterhof
12,88
Deisenhofen
18,39-13,07
Höhenkirchen-Siegertsbrunn
14,63
Ramerberg
19,96
Ebersberg
22,00
Dürrnhaar
17,85
Aßling (Oberbay)
45,04
Rott (Inn)
16,21
Amerang
10,33
Landkreis
Sauerlach
25,97
Aying
21,51
Peiß
22,65
48,93
München
Großhelfendorf
24,40
Ostermünchen
51,60
Halfing
5,77
25,80
Kreuzstraße
27,91-6,57
Schechen
9,31
Westerham
13,49
8,00
Landkreis
Endorf (Oberbay)
16,67-0,00
Otterfing
33,24
Bruckmühl
20,78
Heufeld
24,81
Großkarolinenfeld
59,04
5,00
ROSENHEIM
64,87-37,20-0,00
Rimsting
HOLZKIRCHEN
36,45-0,00
Mangfall
0,90
Simssee
Darching
6,57
Heufeldmühle
22,18
Bad Aibling
27,78
1,20
Landl
3,33
Prien
24,95-0,0
Kolbermoor 32,95
64,15
Rosenheim Süd
2,12 n Kufstein
1,35 v Ro Ost
Landl (Oberbay)
3,49
Rosenheim Ost
1,60 n Salzburg
0,00 n Ro Süd
Vachendorf
4,13
Warngau
42,40
1,15
Umrathshausen Bahnhof
5,11
Isar
Landkreis
Mangfall
Schlierach
Pfraundorf (Inn)
6,05
Schaftlach
47,23-0,0
Miesbach
17,22
Raubling
7,91
Rohrdorf (Oberbay)
10,42
Bad Tölz
Moosrain

Drehscheibe des Südens
Eisenbahnknoten München

Zum Titelbild:

Das Satellitenbild zeigt München und Umgebung, abgeleitet aus SPOT-P- und LANDSAT-TM-Daten als naturnahe Farbdarstellung. Der Ausschnitt umfaßt eine Fläche von etwa 30 x 30 Kilometer und wird im Norden durch den Schleißheimer Forst begrenzt, im Süden durch Grünwald. Flughafen München Riem und der äußere Autobahnring grenzen den Ausschnitt nach Osten hin ab. Im Westen liegt am Bildrand die Abstellanlage Pasing West.

Die Bahnanlagen wurden mit Rot nachgezogen, damit sie deutlich erkannt werden können. Da das Satellitenbild aus dem Jahr 1986 stammt, war mit dem Bau des Rangierbahnhofs München Nord und des Umschlagbahnhofs München-Riem wie mit der S-Bahn-Strecke zum neuen Flughafen bei Erding noch nicht begonnen worden. Diese Bahnanlagen wurden aber auch als bestehende eingezeichnet.

——	bestehende Bahnanlagen	Stand August 1991
-------	untergegangene Bahnanlagen	
....	geplante Bahnanlagen	

Bildquelle:
Daten: SPOT-P, SPOT IMAGE; LANDSAT-TM, EOSAT — © CNES 1986 SPOT IMAGE
Bildverarbeitung: GAF, Gesellschaft für Angewandte Fernerkundung, Leonrodstraße 68, 8000 München 19.
(Zur Kombination der hier verwendeten Daten wurde die SPOT-P-Aufnahme mit gezielten Filteroperationen verarbeitet und die spektralen Informationen der LANDSAT-TM-Kanäle 1, 2 und 3 (sichtbares Spektrum) über eine geeignete IHS-Transformation mit dieser verknüpft. Interpretierbare Vergrößerungen lassen sich bis zu einem Maßstab 1:25000 ausführen und bieten höchste Detailerkennbarkeit bei bester spektraler Differenzierung.)

Drehscheibe des Südens
Eisenbahnknoten München

Herausgeber:

Professor Dipl.-Ing. Dipl.-Wirtsch.-Ing.
Peter Lisson
Präsident der Bundesbahndirektion München

Autoren:

Dipl.-Ing. Klaus-Dieter Korhammer

Dipl.-Verw.-Betriebswirt Armin Franzke

Dr.-Ing. Ernst Rudolph

Hestra-Verlag

Die Autoren: Dipl.-Ing. Klaus-Dieter Korhammer,
Betriebsleiter bei der Bundesbahndirektion München,
früher mit den betrieblichen Planungen für die S-Bahn München
und der Umgestaltung der Bahnanlagen des Münchner
Hauptbahnhofs betraut.

Dipl.-Verw.-Betriebswirt Armin Franzke,
in der Abteilung der betrieblichen Infrastrukturplanung
der Bundesbahndirektion München tätig.

Dr.-Ing. Ernst Rudolph,
Regierungsdirektor beim Bayerischen Landesamt für Umweltschutz,
betraut mit Begutachtung von Infrastrukturplanungen
des Freistaats Bayern.

Bildquellen: Korhammer S. 31, 32 oben, 36, 51 oben, 52 oben, 66, 84, 91, 94 unten rechts, 95 oben.

Lichtbildstelle BD München S. 14, 15, 26, 27, 28 Mitte, 28 unten, 29, 37, 38, 45, 46 Mitte, 46 unten, 47, 48, 49 oben, 49 Mitte links, 49 Mitte rechts, 52 Mitte, 52 unten, 55 oben, 57 unten, 95 Mitte, 95 unten, 96 unten, 97 oben, 110, 111 unten, 114, 120, 122, 123.

Rudolph S. 30 unten, 32 unten, 33, 49 unten, 50 oben, 51 unten, 53, 54, 58, 63, 68, 76, 77, 80, 81, 82, 83, 85, 86, 94 unten links, 108, 116, 118, 119, 142, 144, 150, 4. Umschlagseite.

Sührer, Fotogruppe der BD München, S. 28 oben, 50 unten, 94 oben, 97 unten, 115.

Verkehrsmuseum Nürnberg S. 11, 13, 14, 39, 40, 41, 42, 43, 46 oben, 57 oben, 62, 70, 93, 101, 129, 130, 132 oben, 132 Mitte.

Weitere Bildquellen: Amtsspedition Papp S. 71 — Archiv der Gemeinde Glonn S. 14 — AW Freimann S. 100, 106, 107, 117 — AW Neuaubing S. 103 — Bw München S. 111 oben, 121 oben — Hufschläger S. 35, 121 unten — LAG S. 124 — Meier S. 30 oben, 55 unten — Neff S. 69 — Prugger S. 87 — Rötz S. 143 — Stadtwerke München, Verkehrsbetriebe S. 21 — Werkfoto Krauss-Maffei S. 131, 132 unten, 133.

Karten und Pläne: Deutsche Bundesbahn S. 16, 17, 20 unten, 22, 34, 44, 58, 65, 66, 71, 82, 90, 96, 104, 108/109, 125, 126, 128/129, Anhang (Plan 3, 4, 6—9), 2. und 3. Umschlagseite — Professor Kagerer S. 78/79 — Verkehrsmuseum Nürnberg S. 12, 19, 20 oben, 69, Anhang (Plan 1, 2, 5).

ISBN 3-7771-0236-9

Gestaltung: Axel Pfeiffer, Darmstadt
Herstellung: Willi J. Gandenberger, Darmstadt
Anzeigen: Günther Kapitza, Darmstadt
Satz und Druck: Druckhaus Darmstadt GmbH, Darmstadt
Lithos: Grafik-Workshop, Pfungstadt
Bindearbeiten: Buchbinderei Kränkel, Heppenheim

Printed in Germany

Vorwort des Herausgebers

Unsere Straßen, unsere Städte, unser Land werden in zunehmendem Maße von Verkehrsproblemen geplagt. Nur eine Partnerschaft der Vernunft zwischen Straße, Schiene, Luft und Wasser kann dem drohenden Verkehrsinfarkt begegnen und unsere Mobilität erhalten. Unter allen Verkehrsträgern wird die Eisenbahn den Forderungen der Ökonomie und Ökologie am ehesten gerecht. Mit neuen Strecken, neuen Anlagen und neuen Fahrzeugen versucht sie deshalb, ihre Leistungsfähigkeit zu erhöhen. Gerade in München werden die Bemühungen der Eisenbahn mit dem Bau des Rangierbahnhofs München Nord, des Umschlagbahnhofs München-Riem und der Anbindung des Flughafens München II an das Schienennetz besonders sichtbar.

In diesem Zusammenhang ist es zu begrüßen, daß sich mit dem vorliegenden Buch die Autoren zur Aufgabe gemacht haben, Geschichte und Gegenwart der Eisenbahn in und um München umfassend darzustellen.

Für die Entwicklung der Eisenbahn bedeutsame Ereignisse in der Vergangenheit werden ebenso beschrieben wie die weichenstellenden Geschehnisse unserer Tage.

Aufmerksamkeit verdienen insbesondere auch Darstellung und Erläuterung der Aufgaben und Leistungen von Dienststellen im Großraum München.

Persönliche Meinungen und Einschätzungen der Verfasser beleben den verarbeiteten Stoff, so daß nicht nur Insider, sondern generell Eisenbahnfreunde die detaillierten Ausführungen mit Interesse lesen werden.

Peter Lisson

(Professor Peter Lisson)
Präsident der Bundesbahndirektion München

Inhaltsverzeichnis

Vorwort der Autoren

Nur vier Jahre nach Eröffnung der ersten deutschen Eisenbahn begann auch in München das Eisenbahnzeitalter. So konnten der Hauptbahnhof im Jahre 1989 auf sein 150jähriges Bestehen zurückblicken und 1990 das Jubiläum der Strecke München—Augsburg feierlich begangen werden. In den kommenden Jahren stehen weitere für die Eisenbahn bedeutsame Ereignisse an. Es sind keine Geburtstage, sondern für München höchst wichtige, neue Bahnanlagen, die in Betrieb genommen werden: 1991 der Rangierbahnhof München Nord, 1992 der Umschlagbahnhof München-Riem und die neue S-Bahn-Linie zum neuen Flughafen München II. Nicht vergessen sei das Bahnbetriebswerk München 1, das bis dahin weitgehend umgestaltet sein wird und durch ein Betriebswerk für den neuen InterCityExpress (ICE) ergänzt werden soll.

All diese Ereignisse sind Anlaß genug, der Eisenbahn im Raum München (einschließlich S-Bahn-Bereich) von ihren Anfängen bis heute eine zusammenfassende Darstellung zu widmen.

Ein solch umfangreiches Vorhaben konnte nur durch die freundliche Unterstützung vieler Eisenbahner gelingen. Daher gilt unser besonderer Dank den Leitern der beschriebenen Dienststellen und ihren Mitarbeitern, einzelnen Fachabteilungen der Bundesbahndirektion München, den Pressestellen der Bundesbahndirektion, des Bundesbahnzentralamtes München und der Eisenbahnindustrie, den Damen und Herren der Lichtbildstelle und der Büchereien der Bundesbahndirektion München und des Verkehrsmuseums Nürnberg.

So gelang es unter anderem, eine Reihe bisher unveröffentlichter Bilder zu finden; wenn auch ihre fotografische Qualität manchmal nicht befriedigt, wurden sie doch wegen ihres historischen Inhalts ausgewählt.

Auf die Gebäude des Hauptbahnhofs wird in diesem Rahmen nicht weiter eingegangen, weil darüber eine eigene Veröffentlichung zu erwarten ist. Trotz allen Bemühens ließen sich manchmal geschichtliche Daten nicht immer lückenlos oder zweifelsfrei klären, worauf jeweils hingewiesen wird. Wenn nicht anders angegeben, entsprechen die Zahlenangaben dem Stand Ende 1990; dies gilt auch weitestgehend für den Abschluß des Manuskriptes.

Zum Schluß sei noch dem Hestra-Verlag für sein Engagement bei der Gestaltung dieses Buchs gedankt.

1

Bahnanlagen zur Zeit der Länderbahn (1839 bis 1920)

Reichsbahnzeit (1920 bis 1945)

Zeit der deutschen Bundesbahn (1946 bis heute)

Entwicklung des Schienennetzes im Raum München

1.1 Bahnanlagen zur Zeit der Länderbahn (1839 bis 1920)

Der 25. August 1839 war für München ein in die Zukunft weisender Tag: Feierliche Eröffnung des Teilabschnittes München—Lochhausen, der ersten Eisenbahnstrecke, die München erreichte. Die Stadt war damit angeschlossen an die „Welt", die mit der ersten Eisenbahn zwischen Nürnberg und Fürth am 7. Dezember 1835 ihren verkehrstechnischen Ausgang nahm. Die „Augsburger Abendzeitung" vom 26. August 1839 berichtet über das Ereignis:

„Telegraphische Depesche:

München, Sonntag, 25. 8., 8½ Uhr morgens. Die Lokomotive „Vesta" hat heute morgen 7 Uhr mit einem Personenwagen Lochhausen begrüßt und jubelnden Empfang bei Abfahrt und Ankunft gefunden. Ganz in der Stille wurde das hehre Königsfest von den Direktoren der München-Augsburg-Eisenbahn dazu benützt, daß die fertige Strecke der Eisenbahn bis Lochhausen, 4 Stunden von hier, zum ersten Mal mit Dampf befahren wurde, welches erhabene Schauspiel für diesmal nur dem technischen Personal und wenigen Anderen zuteil ward. Außer den München-Augsburger Direktorialmitgliedern wohnten der Fahrt auch der kgl. Baurat Panzer und Baudirektor Himbsel bei (der übrigens auch das erste Dampfschiff dem Würmsee übergab). Es war gegen 7 Uhr morgens, als die Lokomotive „Vesta" mit einem Personenwagen majestätisch dahinrollte und die Strecke, obwohl wegen verschiedener Versuche viermal angehalten

Eröffnung der München-Augsburger Eisenbahn am 1. September 1839

Übersichtskarte der Eisenbahnen Bayerns von 1858

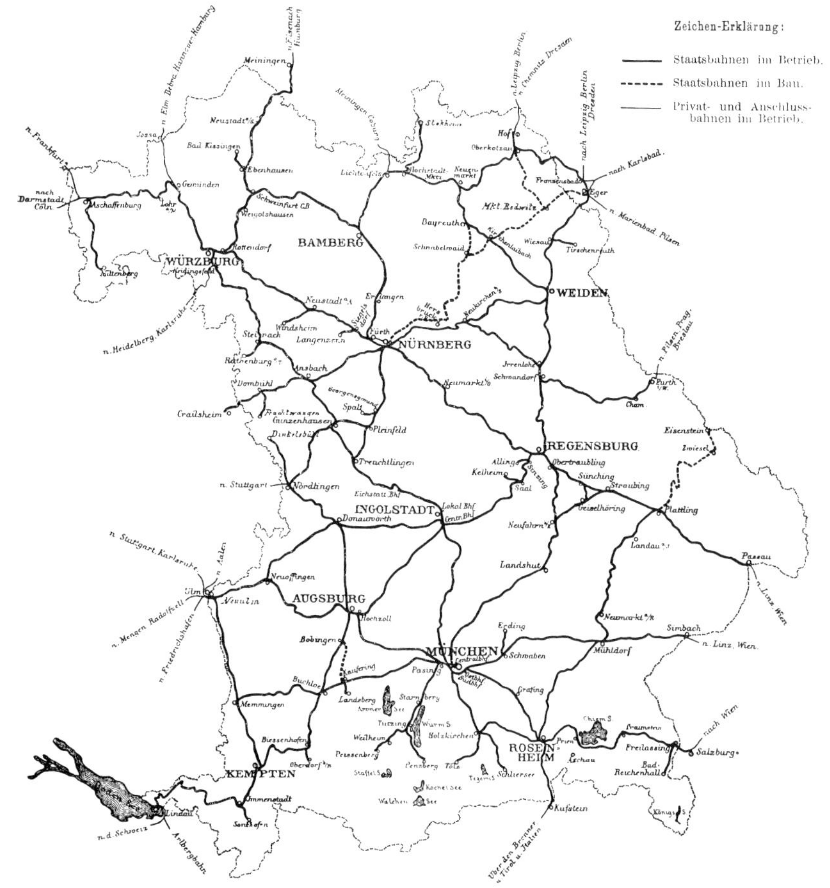

Übersichtskarte der Eisenbahnen Bayerns von 1876

wurde, in 25 Minuten zurücklegte. Nach kurzem Aufenthalt begann die Rückfahrt, und die Strecke wurde dabei nach zweimaligem Aufenthalt in 18 Minuten zurückgelegt.
Die erste Eisenbahnfahrt wird nicht bloß von den Mitreisenden, sondern auch von den Zuschauern als ein Volksfest begangen. Auf den Wiesen außerhalb des Hackerkellers, welche der bewunderte Eisenstrang durchzog, waren Bauernwagen mit Fässern aufgefahren. Der bürgerliche Mann schloß zu Ehren des ereignisvollen Tages seinen Laden und hob auf das Wohl des unter allseitigem Hurra fortsausenden Zuges seinen Krug mit dem schäumenden Bräu vom Hacker, das damals 4 Kreuzer (= 16 Pfennig) kostete. In Lochhausen war Frühstück mit Trinksprüchen, von welchen einen von Maffei auf König Ludwig I. anstieß: ‚Auf den hohen Beschützer alles wahrhaft Großen und Nützlichen.' Um 12 Uhr Rückfahrt nach München. Nachmittags 3 Uhr fand eine Fahrt für das Publikum statt.
Gestern wurden wieder Proben gemacht, welche ebenso günstig wie die ersten ausfielen; die Heizung geschah dabei mit Buchenholz und entsprach aller Erwartung. In kurzem wird die Bahnstrecke nicht nur bis Lochhausen, sondern bis Maisach, welches gegen 7 Stunden entfernt ist, dem Publikum eröffnet werden. Man hegt neuerdings die Hoffnung, daß die ganze Bahnstrecke nach Augsburg zum Herbst 1840 befahren werden könne."

Am 1. September 1839 erfolgte dann die Aufnahme des Betriebes mit fünf Wagen mit vier Klassen und Lokomotiven aus England — es gab ja noch keine deutsche Lokomotivindustrie. Die Fahrzeit für die 13 Kilometer lange Strecke betrug 25 Minuten.

Vorausgegangen waren natürlich erhebliche Vorarbeiten, beginnend mit dem Zusammenschluß der beiden „Eisenbahncomitees" zu München und Augsburg am 28. November 1835 zu einer Aktiengesellschaft mit drei Millionen Gulden Anfangskapital, auf Anregung des Augsburger Bürgermeisters Caron du Val und mit Josef Anton Ritter von Maffei, „Banquier und Fabrikbesitzer in München" als Vorstand. Die generelle Projektierung der Linie wurde dem Königlichen Regierungs- und Kreisbaurat Beyschlag übertragen und schon 1836 vom König allerhöchst genehmigt — sie entspricht bis auf ganz geringe Abweichungen auch der heutigen Linienführung. Die Detailprojektierung oblag dem Königlich Bayerischen Bezirksingenieur Paul Denis, dem Erbauer der Ludwigs-Eisenbahn Nürnberg—Fürth. Nach ihrer Genehmigung am 3. Juli 1837 konnte bereits am 9. Februar 1838 der erste Spatenstich in Lochhausen erfolgen.

In rascher Folge wurden weitere Teilabschnitte eröffnet, so daß am 4. Oktober 1840, rechtzeitig zum Oktoberfest — wie könnte es in München auch anders sein — die ganze Strecke München—Augsburg feierlich in Betrieb genommen werden konnte. Die Baukosten betrugen etwa 4,2 Millionen Gulden.

(oben links): Das Empfangsgebäude des Bahnhofs Giesing, der heute vom Ostbahnhof ferngesteuert wird. Seine Gestalt als Holzbau hat das Gebäude bis heute bewahrt.

(oben rechts): Empfangsgebäude München-Allach. Unter der Uhr ist im Freien das Kurbelstellwerk der Bauart Krauß, das um 1885 errichtet wurde, zu erkennen.

(unten links): Bahnhof Grafing Bahnhof um die Jahrhundertwende. Die ganze Mannschaft ist zum Fototermin angetreten und hat sogar die Lok mitgebracht. Lok-Nr. 899, namens „Höhenstadt", 1887 von Maffei gebaut, 1925 ausgemustert, der Gattung D VII zugehörig.

(unten rechts): Empfangsgebäude Freising um 1900

Sechs Lokomotiven waren anfangs vorhanden, die auf die schönen Namen JUPITER, JUNO, VESTA, VENUS, VULKAN und MARS hörten, denen sich ein Jahr später noch die MERKUR und die DIANA zugesellten. Sie hatten alle die Achsfolge 1A1, wie man es vom Adler gewohnt war, die Treibraddurchmesser waren mit 1499, 1511 und 1537 Millimeter unterschiedlich, ebenso die übrigen Hauptabmessungen. Diese ersten Lokomotiven, die teilweise bis 1874 Dienst taten, brauchten für die etwa 61 Kilometer lange Strecke bis Augsburg zweieinhalb Stunden. Weiterhin waren 37 Personenwagen und zwölf Güterwagen vorhanden. Ein Galawagen „nur zum Dienst der allerhöchsten und höchsten Herrschaften" mit besonderer Eleganz und Ausstattung vervollständigte den Fahrzeugpark.

In der Folge wurde der Bau der Hauptstrecken Bayerns rasch in Angriff genommen, wobei auch die von München ausgehenden Strekken nicht vergessen wurden. Nach Vollendung der durchgehenden Strecken Ulm/Lindau—Augsburg—Nürnberg—Bamberg—Hof/Würzburg—Aschaffenburg im Jahre 1854, die für die Erschließung Bayerns von größter Bedeutung waren, folgten 1854 bis 1858 die Strecken nach Starnberg und nach Kufstein (über Holzkirchen—Rosenheim), alle als Staatsbahnen gebaut. Als Privatbahn gebaut und betrieben, nämlich durch die „Königlich privilegierte Actiengesellschaft der Bayerischen Ostbahnen", erfolgte 1858 die Eröffnung der Strecke nach Landshut und 1859 weiter nach Regensburg. 1876 waren die Hauptbahnen Bayerns bis auf wenige Ausnahmen vollendet, desgleichen in München, wo nunmehr acht Strecken im Centralbahnhof ihren Ausgang nahmen. Als bedeutendere weitere Bahnhöfe sind dabei die Stationen Pasing, Thalkirchen (ab 1876 Südbahnhof) und Haidhausen (ab 1876 Ostbahnhof) zu nennen.

Nach weiterer Zunahme des Verkehrs genügten die meist eingleisigen Strecken nicht mehr den gestiegenen Anforderungen. So wurde im Zeitraum von 1891 bis 1913 bei allen Strecken das zweite Gleis zugelegt — Bahnkörper und Brückenwiderlager waren von Anfang an dafür vorbereitet. Weiter wurde in München durch die Anlage des Rangierbahnhofs (Rbf) München-Laim (1893 bis 1895) die längst überfällige Trennung des Güterverkehrs vom Personenverkehr vorgenommen, wobei 1912, da sich Laim schon wieder als zu klein erwies, mit dem Bau des Rbf München-Ost begonnen wurde; seine Fertigstellung zog sich kriegsbedingt allerdings bis 1924 hin. Gleichzeitig wurden in diesem Zeitraum auch die letzten Strecken rund um München, meist als Nebenbahnen, gebaut, zunächst die legendäre und vielbesungene Isartalbahn. Sie wurde von der privaten „Localbahn-Aktiengesellschaft in München" erbaut und in Teil-

(rechts): Die Stadt Freising und die Bahn wollen den Bahnhof und sein Umfeld völlig neu gestalten. Das Foto zeigt das Modell eines Hotels, in das der Bahnhof mit seinen Schaltern, Stellwerk und sonstigen Diensträumen integriert wird. Weiter soll ein Busbahnhof entstehen und der Park-and-Ride-Platz vergrößert werden.

(unten rechts): Alter Stich des Empfangsgebäudes von Aying

(unten links): Eröffnung der Eisenbahn von Grafing nach Glonn am 26. Mai 1894. Ganz Glonn ist zur Begrüßung des ersten Zuges erschienen. Im Hintergrund ist der Lokschuppen zu erkennen, der in veränderter Form heute noch besteht, nachdem die Bahn am 31. Mai 1970 für den Personenverkehr und 1971 auch für den Güterverkehr stillgelegt wurde.

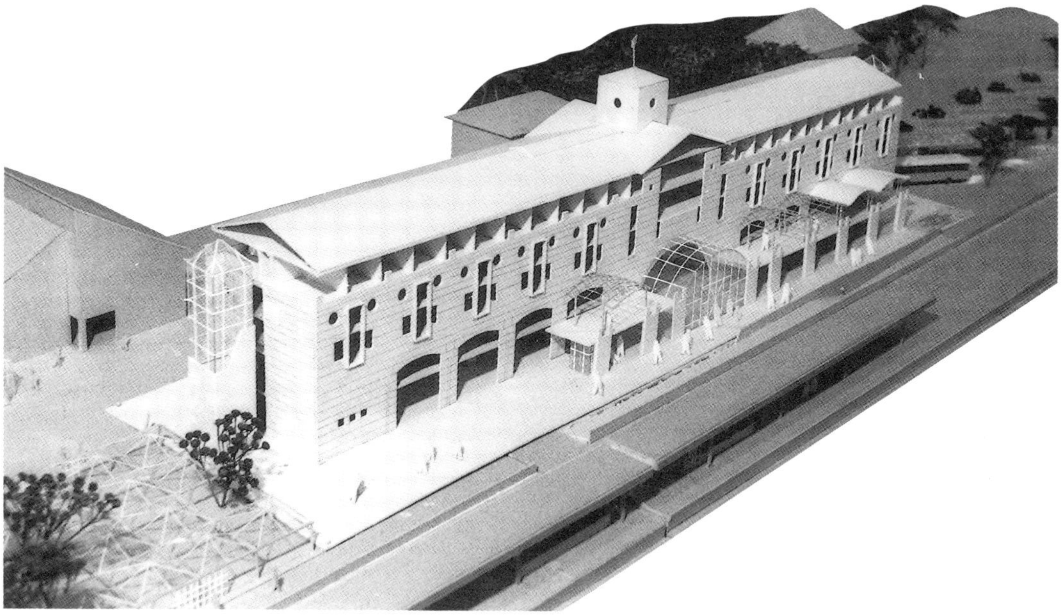

strecken von München-Isartalbahnhof bis Bichl zwischen 1891 und 1898 in Betrieb genommen. Das Bahnbetriebswerk befand sich in Thalkirchen, am zweigleisigen Abschnitt Isartalbahnhof—Höllriegelskreuth-Grünwald. Sie war sogar die erste Strecke mit elektrischem Betrieb, seit 1900 für 550 Volt Gleichstrom eingerichtet; eingesetzt waren fünf Triebwagen (spätere Baureihe ET 183 501 bis 505 — siehe Kapitel 8.4).

Als letzte nahm die Ludwig-Thoma-Bahn von Dachau nach Altomünster den Betrieb auf, deren Baugeschichte mit nicht weniger als sieben Varianten die Geschichte jeder Gebirgsbahn in den Schatten stellt und so ihrem Namen alle Ehre machte (siehe Kapitel 2.3.4). Im Jahre 1920 endete die Zeit der Bayerischen Staatsbahn.

1.2 Reichsbahnzeit (1920 bis 1945)

1.2.1 *Allgemeines*

Die Eröffnung der beiden Flügelbahnhöfe des Hauptbahnhofs (Hbf) 1921 und 1922 (siehe Kapitel 3.1) sowie die Fertigstellung des Rangierbahnhofs München-Ost 1924 fielen in die ersten Jahre der Deutschen Reichsbahn (DR). Einen wesentlichen Schub nach vorn gab es ab 1925, als die Elektrisierung, wie damals die Elektrifizierung hieß, in größerem Umfang einsetzte. Bayern hatte dabei großen Einfluß genommen, waren hier doch im elektrischen Betrieb mit dem heute noch in Deutschland gebräuchlichen Einphasen-Wechselstromsystem von 15 000 Volt und 16⅔ Hertz die ersten Erfahrungen, sogar auf schwierigen Gebirgsstrecken wie Murnau—Oberammergau, (Innsbruck)—Mittenwald—Garmisch-Partenkirchen—Griesen—(Reutte) und Freilassing—Berchtesgaden/Salzburg, gesammelt worden. Ab 1925 kamen die Strekken von München nach Garmisch-Partenkirchen, Regensburg und Herrsching unter den Fahrdraht, 1927 folgten die Strecken nach Rosenheim—Salzburg/Kufstein, nach Ismaning und 1931 nach Augsburg; ab 1934 wurde elektrisch bis Dachau gefahren.

Die anschließenden Jahre der Reichsbahnzeit waren gekennzeichnet durch die Planungen und erste Baudurchführungen für die Umgestaltung der Münchner Bahnanlagen sowie durch Überlegungen, wie am besten die Breitspurbahn durch München zu führen sei. Wegen ihrer besonderen Bedeutung sind diesen beiden Planungen nachstehend eigene Kapitel gewidmet (siehe Kapitel 1.2.2 und 1.2.3).

Das Ende der Reichsbahnzeit war durch den Krieg und sein auch für München schreckliches Ende gegeben. Waren die Schäden, die die Bombenangriffe der Jahre 1942 und 1943 anrichteten, noch relativ gering geblieben, brachten die folgenden beiden Jahre 1944 und 1945 schwerste Zerstörungen der gesamten Bahnanlagen, die von großflächigen Bombenteppichen regelrecht zerfurcht wurden. Praktisch sämtliche großen Bahnhöfe — Hauptbahnhof (Hbf), Südbahnhof, Laim Rbf, Ostbahnhof — waren zerstört, angefangen bei den Gebäuden über die Stellwerke, Gleisanlagen bis zu den Bahnbetriebswerken. An einen geregelten Zugbetrieb war nicht mehr zu denken, der Hbf total lahmgelegt. Lediglich der Nordring konnte während des Kriegs einigermaßen betriebsbereit gehalten werden, an ihm hing mehr oder weniger die Versorgung der Münchner Bevölkerung. Allerdings wurde die Föhriger Isarbrücke am 30. April 1945 noch gesprengt. Am Mittag dieses Tages war dann für München mit dem Einzug der Amerikaner der Krieg zu Ende.

1.2.2 *Umgestaltung der Münchner Bahnanlagen 1938 bis 1945*

Zwischen den beiden Weltkriegen bereitete die zunehmend schwieriger werdende Betriebsführung, hervorgerufen durch den Wirtschaftsaufschwung der 30er Jahre, der Reichsbahn immer größere Sorgen, so daß sie sich ernsthaft mit Plänen für eine Neugestaltung befaßte. Sie beinhaltete unter anderem eine Verschiebung des Hauptbahnhofs nach Westen, wobei er als Durchgangsbahnhof ausgebildet werden sollte. Diese Pläne erhielten neue Schubkraft, als ab 1933, nach der Machtergreifung Hitlers, München zur „Hauptstadt der Bewegung" ausgebaut werden sollte und dazu sogar eine eigene Dienststelle „Generalbaurat" (1938 bis 1945), direkt Hitler unterstellt und mit weitreichenden Vollmachten ausgestattet, eingerichtet wurde. Diese Dienststelle führte Generalbaurat Hermann Giesler. Die politisch initiierte Umgestaltung der Stadt hatte weitreichenden Einfluß auf die Bahnanlagen und war der Auslöser für die anschließenden gigantischen Pläne der DR für die Bahnanlagen, für deren Planung und Ausführung sogar eine eigene Dienststelle, die „Reichsbahnbaudirektion München" (RBauD, 1938 bis 1945) eingerichtet wurde. Ausgangspunkt der Planungen war dabei die Schaffung einer „Prachtstraße" vom Karlsplatz bis nach Pasing, für deren Anlage der Hbf weichen sollte.

Ansicht des Modells der Kuppel des neuen Hauptbahnhofs nach den Planungen von 1938 bis 1945. Leicht lassen sich aus dem Verhältnis zu den Zügen die gigantischen Ausmaße erkennen.

Im folgenden werden die Planungen der RBauD in ihrem Ergebnis skizziert, soweit sie die Linienführungen der Strecken betreffen; die politischen, ideologischen und gestalterischen Planungen in ihrer Gesamtheit und in ihrem ins einzelne gehenden Werdegang sind in der Dokumentation von Hans-Peter Rasp „Eine Stadt für tausend Jahre" genauestens dargestellt.

Planungsgrundlagen

- Trennung des Nah- und Fernverkehrs im Vorortbereich, wobei für den Nahverkehr ein eigenes S-Bahn-Netz zur Erschließung des Vorortbereichs, der bisherigen dicht besiedelten Stadtbezirke und der neu geplanten Trabantensiedlungen und zur Anbindung dieser Bereiche an den neuen Hbf und an die anderen großen Bahnhöfe des Fernreiseverkehrs vorgesehen war.
- Trennung des Personenverkehrs vom Güterverkehr, wobei letzterer seine Anlagen überwiegend im Norden zugewiesen bekam.
- Elektrifizierung aller München berührender Strecken.

Planungen für den Personenfernverkehr

Der neue Hbf war westlich des alten Hbf auf Höhe der Friedenheimer Brücke geplant; die Gleisachsen sollten dabei einen Winkel von etwa 45° mit der Achse der Prachtstraße bilden. In seiner letzten Form waren vier Breitspurgleise (siehe Kapitel 1.2.3) in mittiger Lage und jeweils zehn Normalspurgleise beiderseits mit 12 Personen- und 13 Gepäckbahn-

Plan 1:
Streckennetz in München
nach der Planung
1938—1945

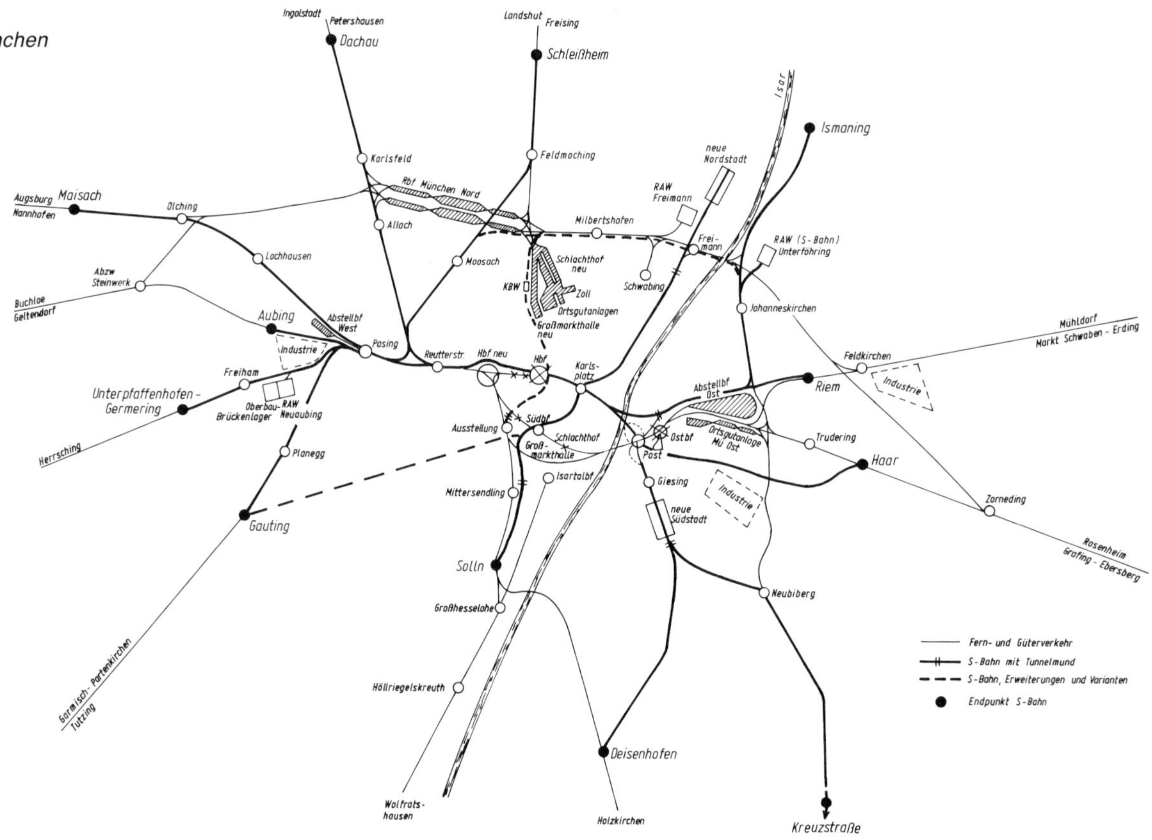

steigen vorgesehen. Um das alles unter ein Dach bringen zu können, war ein riesiger kreisförmiger Kuppelbau von 285 Meter Durchmesser und etwa 141 Meter Höhe gedacht: die Frauenkirche von München mit ihren 99 Meter hohen Türmen hätte spielend darin Platz gefunden, ebenso der Petersdom in Rom mit 130,2 Meter Kuppelhöhe — wahrlich ein größenwahnsinniges Projekt!

Die Gestaltung des Hbf als Durchgangsbahnhof hätte ein Durchlaufen der Züge aus dem Westen nach Osten zu neuen Abstellanlagen zur Folge gehabt, ebenso für die Züge der Oststrecken einen Abstellbahnhof im Westen (siehe Plan 1). Der westliche Abstellbahnhof — natürlich ausgestattet mit Werkstätten und sonstigen Anlagen für Unterhaltung und Pflege der Wagen — wurde westlich von Pasing zwischen den Strecken nach Augsburg und Buchloe angeordnet, wo er auch heute noch liegt. Der östliche Bahnhof sollte seinen Platz auf dem Gelände des Rangierbahnhofs München-Ost finden. Die Züge hätten also neben dem Hbf auch die Bahnhöfe Pasing (ausgenommen Richtung Ingolstadt und Landshut) und München-Ost (ausgenommen Richtung Holzkirchen) durchlaufen. Durch eine neue Verbindung zwischen Freising und Ismaning war allerdings geplant, die Züge aus Richtung Landshut ebenfalls von Osten her einzuführen. Das hätte eine einfache Durchbindung in Richtung Garmisch/Lindau ermöglicht, ebenso eine gleichmäßigere Verteilung der Züge auf die beiden Abstellbahnhöfe. Die Verbindung Hbf—Ost sollte dabei sechs Gleise aufweisen (für 230 Züge in 24 Stunden je Richtung mit fünf Minuten Zugfolge); nach Wegfall des ursprünglich noch vorgesehenen Südbahnhofs sollte sie dabei einen größeren Bogen nach Süden ziehen und nördlich vom Bahnhof Mittersendling die alte Holzkirchener Strecke kreuzen, die in diesem Bereich ebenfalls zu verlegen gewesen wäre. Pasing, in dem künftig alle Fernzüge halten sollten, wäre mit zwölf Bahnsteiggleisen, der Ostbahnhof mit deren 16 ausgestattet worden. Der Bahnhof Pasing sollte dabei im wesentlichen seine Lage beibehalten, nur entsprechend verbreitert und unter Ersatz des alten Empfangsgebäudes durch ein neues. Dem Ostbahnhof dagegen, dem auch eine zentrale Anlage für die Post angegliedert werden sollte, war eine neue Lage etwas westlich der alten, in Höhe der Rosenheimer Straße und einer neuen „Südstadt", zugedacht. Eigenartigerweise fand er sich allerdings nach seiner Umplanung für die Breitspur in seiner alten Lage am Orleansplatz wieder.

Planungen für den Personennahverkehr — S-Bahn

Von Anfang an war klar, daß für die „Hauptstadt der Bewegung" nur ein leistungsfähiges Nahverkehrsmittel in Frage kommt, das auch den Vorortverkehr aufzunehmen hat. Dies war unabdingbar wegen der von der Altstadt doch sehr entfernten Lage des neuen Hbf, durch die notwendige Erschließung der neuen Prachtstraße mit erheblichem Verkehrsaufkommen, ihrer sehr konzentriert vorgesehenen Randbebauung, durch die geplante Anlage von zwölf Trabantenstädten innerhalb der Stadtgrenzen und durch die unguten Verhält-

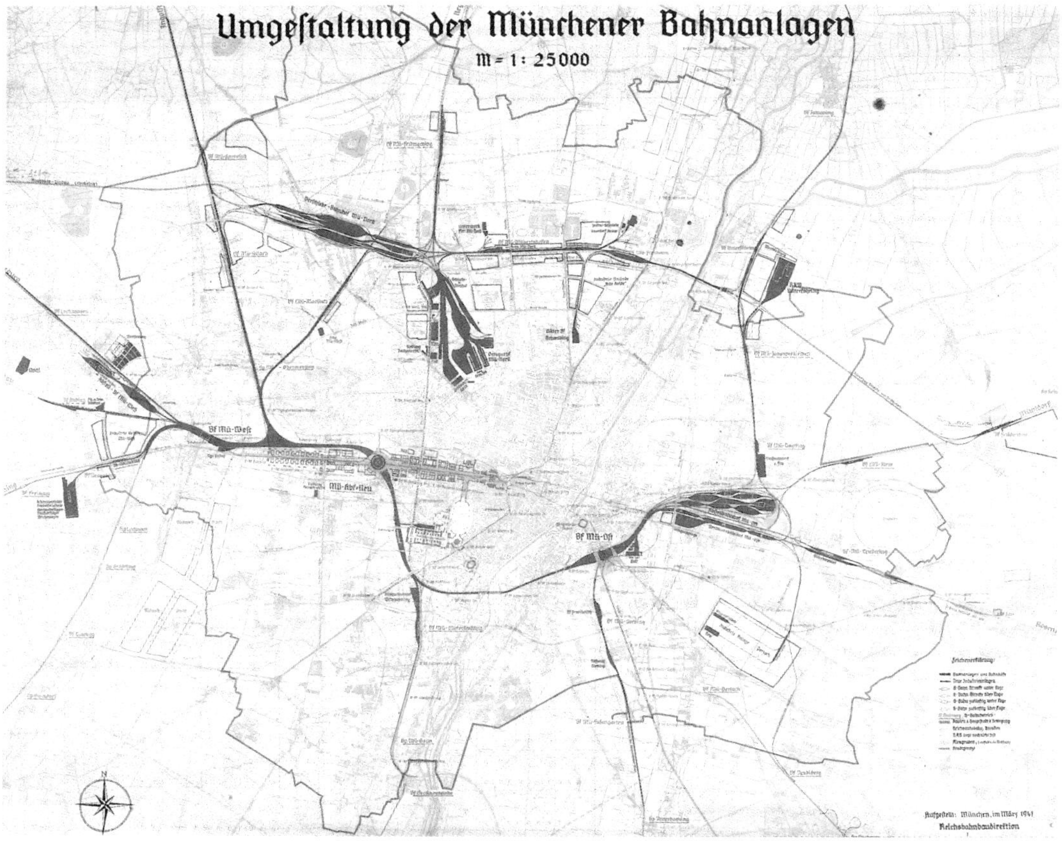

Plan 2:
„Umgestaltung der Münchner Bahnanlagen“ der RBauD Mü von 1941

nisse, die sich seit jeher aus den Endpunkten der Vorortstrecken im Hbf und im Ostbahnhof ergaben. Daß eine Straßenbahn für diese Aufgabe nicht in Betracht zu ziehen war, war klar, überdies hätte sie die Architektur der neuen Bauten erheblich gestört. So wurde ein völlig neues S-Bahn-Netz geplant, das eine Führung der Züge im innerstädtischen Bereich im Tunnel und außerhalb auf eigenen Gleisen bis zu den Endpunkten vorsah; dabei war teilweise an erhebliche Abweichungen von der alten Linienführung (zum Beispiel in Richtung Haar, Giesing), teilweise an völlig neue Linien (zum Beispiel nach Freimann) gedacht. Als Endpunkte waren einmal dieselben Bahnhöfe vorgesehen, die auch heute von der S-Bahn im 20-Minuten-Takt ganztägig bedient werden, zum anderen lagen sie der Stadt auch näher. Im einzelnen ergaben sich folgende drei Liniengruppen, wie aus dem Plan 1 zu ersehen ist.

Durchmesserlinie West—Ost

Von Pasing über Hbf und Karlsplatz zum Ostbahnhof im Tunnel, mit Einführung aller westlichen und östlichen Vorortstrecken, wobei die Linien von Dachau und Schleißheim im Bahnhof Reutterstraße (westlich des neuen Hbf) dazugekommen wären. Für die Einführung in den Ostbahnhof wurden mehrere Varianten entwickelt:

- ▷ Aufspaltung der Linie vor dem Ostbahnhof und tangentiale Einführung der beiden Äste; damit wurde ein Kopfmachen eines Teiles der Züge (wie heute nach Giesing notwendig) vermieden; auch ein Wenden in Richtung Westen wäre ohne Kopfmachen möglich gewesen.
- ▷ Aufspaltung der Linie nach Giesing und der in die anderen Richtungen vor oder nach dem Ostbahnhof mit unterirdischen Bahnsteigen unter demselben; dies hätte eine völlige Trennung von den anderen Gleisanlagen bedeutet. Diese zweite Variante ist im Plan der RbauD von 1941 (Plan 2) dargestellt.

Durchmesserlinie Süd—Nord

Tunnelstrecke zwischen Mittersendling und Freimann — über Sendling—Lindwurmstraße—Karlsplatz—Ludwigstraße. In diese Linie sollte die Isartalbahn von Höllriegelskreuth eingeführt werden, auch war an eine südliche Verlängerung nach Gauting gedacht. Im Norden sollte sie zu einer „neuen Nordstadt“, auch „Wehrmachtsstadt“ genannt, weiterführen.

Ringlinie

Von München Hbf (neu)—Moosach—Milbertshofen—Nordring—Freimann—Johanneskirchen—Ostbahnhof—Südring (neu)—Ausstellung zum Hbf. Über diesen Ring, der im Plan von 1941 ebenfalls enthalten ist, war aber noch keine endgültige Entscheidung gefallen.

Das Netz hätte einen Umfang von etwa 125 Kilometer mit etwa 90 Bahnhöfen, davon 22 Kilometer mit 30 Bahnhöfen im Tunnel, auf-

Trassierungselemente	Planungen der Reichsbahn (1938–1945)	Bundesbahnausführung (1972)
lichte Tunnelweite	9,00 m	8,60 m
lichte Tunnelhöhe	5,82 m	6,05 m
Kreisquerschnitt eingleisiger Tunnel (nur zwischen Isartor und Rosenheimer Platz)	–	6,50 m
Gleisabstand	3,75 m	4,70 m (mit 0,90 m Schutzstreifen)
Mindesthalbmesser im:		
▷ Bahnsteigbereich	500 m	500 m
▷ zwischen den Bahnhöfen	180 m	285 m
Bahnsteiglänge	135 m	210 m
Bahnsteighöhe (über Schienenoberkante)	0,96 m	0,96 m
größte Steigung	40 ‰	32 ‰
Höchstgeschwindigkeit im Tunnel	80 km/h	80 km/h

Tabelle 1: Trassierungselemente der zur Reichsbahnzeit geplanten und durch die Bundesbahn ausgeführten Münchner S-Bahn-Tunnel

gewiesen. Dabei war ein 20-Minuten-Takt untertags, mit Verdichtung auf 10 Minuten im Berufsverkehr vorgesehen. Im West-Ost-Tunnel hätte sich damit eine Belegung mit bis zu 36 Zügen in der Stunde ergeben, bei einer minimalen Zugfolge von 90 Sekunden, was ein selbsttätiges Signalsystem bedingte. Als Fahrzeuge waren neue Triebwagen für das übliche Stromsystem (15 kV, 16⅔ Hz mit Oberleitung) vorgesehen. Ein Vollzug hätte aus zwei Halbzügen mit je drei Wagen von 61,3 Metern Länge bestanden, als Bahnsteiglängen wären also etwa 125 Meter nötig gewesen. Für die Unterhaltung der Fahrzeuge wurde ein neues Ausbesserungswerk bei Unterföhring geplant.

Über die Trassierungselemente gibt Tabelle 1 Auskunft.

Wie man sieht, hat sich die heutige S-Bahn im wesentlichen an die damalige Planung angelehnt, nur der Süd-Nord-Tunnel ist entfallen; auf dieser Trasse verkehrt heute die städtische U-Bahn (U 3/8). Der S-Bahn-Ring ist nach wie vor, aber nur für eine fernere Zukunft, im Gespräch. Lediglich die Zug- bzw. Bahnsteiglängen weichen mit 210 Metern von den damaligen Planungen ab; in der jetzigen Konzeption sind zwei weitere Linien in den West-Ost-Tunnel eingeführt, die S 7 von Wolfratshausen und künftig die S 8 als Flughafenlinie.

Planungen für den Güterverkehr

Wenngleich der Personenverkehr und hauptsächlich die Verlegung des Hauptbahnhofs der Ausgangspunkt für die Umgestaltung der Bahnanlagen waren, so wurden auch für den Güterverkehr neue Anlagen notwendig. Zwei Gesichtspunkte waren maßgeblich:

- ▷ Die beiden vorhandenen Bahnhöfe Laim-Rbf und Ost-Rbf waren aufgrund ihrer damals schon veralteten Anlagen nicht leistungsfähig genug. Das gleiche gilt für den Südbahnhof, der überdies wegen seiner beengten Lage nicht erweiterungsfähig war; darüber hinaus waren auch die Verladeanlagen (Freiladegleise und Güterhallen) teilweise überlastet und nicht erweiterungsfähig.
- ▷ Die Flächen von Laim Rbf und Ost Rbf sollten für die Neuanlage des Hbf beziehungsweise des Abstellbahnhofs Ost freigemacht werden.

Es lag also nahe, einen neuen Platz für einen Hochleistungsrangierbahnhof, dem auch leistungsfähige Umladeanlagen für den Umschlag Straße/Schiene anzuschließen waren, zu suchen. Er fand sich im Norden von München zwischen Allach und Milbertshofen. Der Rbf wurde in Hochlage und als zweiseitige Anlage geplant und sollte über neu zu bauende Verbindungen im Westen in Olching (Richtung Augsburg) und beim Steinwerk (Richtung Buchloe) an die bestehenden Strecken angeschlossen werden. Im Osten konnte die schon vorhandene eingleisige Strecke von Moosach über Milbertshofen nach Freimann und Johanneskirchen bei gleichzeitigem zweigleisigen Ausbau benutzt werden; sie sollte dann allerdings noch um die direkte Verbindung nach Feldkirchen (Richtung Mühldorf) und Zorneding (Richtung Rosenheim) ergänzt werden.

Der Rbf sollte etwa 9000 Wagen im Ausgang bewältigen können, was eine Leistungsfähigkeit der Ablaufanlagen von zusammen 10 700 Wagen bedeutete. Gleichzeitig waren an den neuen Rbf in direkter Verbindung die neuen Anlagen für Eil- und Stückgut, für die Abfertigung der Kunden, für Zoll und Spediteure anzuschließen. Diese Anlagen sollten auf dem Oberwiesenfeld, dem früheren Flugplatz, entstehen. Weiterhin wurde noch die Verlegung des Schlachthofs, des Milchhofs und der Großmarkthalle an diese Stelle vorgesehen.

Die Gesamtplanungen sind im Plan 2 (von 1941) dargestellt.

Bauausführung

Der Ausbau Münchens sollte in seinen wichtigsten Abschnitten im Sommer 1950 abgeschlossen sein. Da die Verlegung des Hbf für die Erbauung der Prachtstraße sehr wesentlich war, ist es verständlich, daß die Planungen der DR unter erheblichem Zeitdruck standen und mit der Baudurchführung so früh wie möglich begonnen wurde.

Im folgenden wird in Stichworten aufgeführt, was bis Kriegsende fertiggestellt bzw. welcher Bauzustand erreicht wurde:

Süd-Nord-S-Bahn:

700 Meter Tunnel einschließlich des Bahnhofs Goetheplatz (nach Kriegsende teilweise mit Schutt voll gekippt, heute ein Teil der U-Bahn-Linie 3/6)

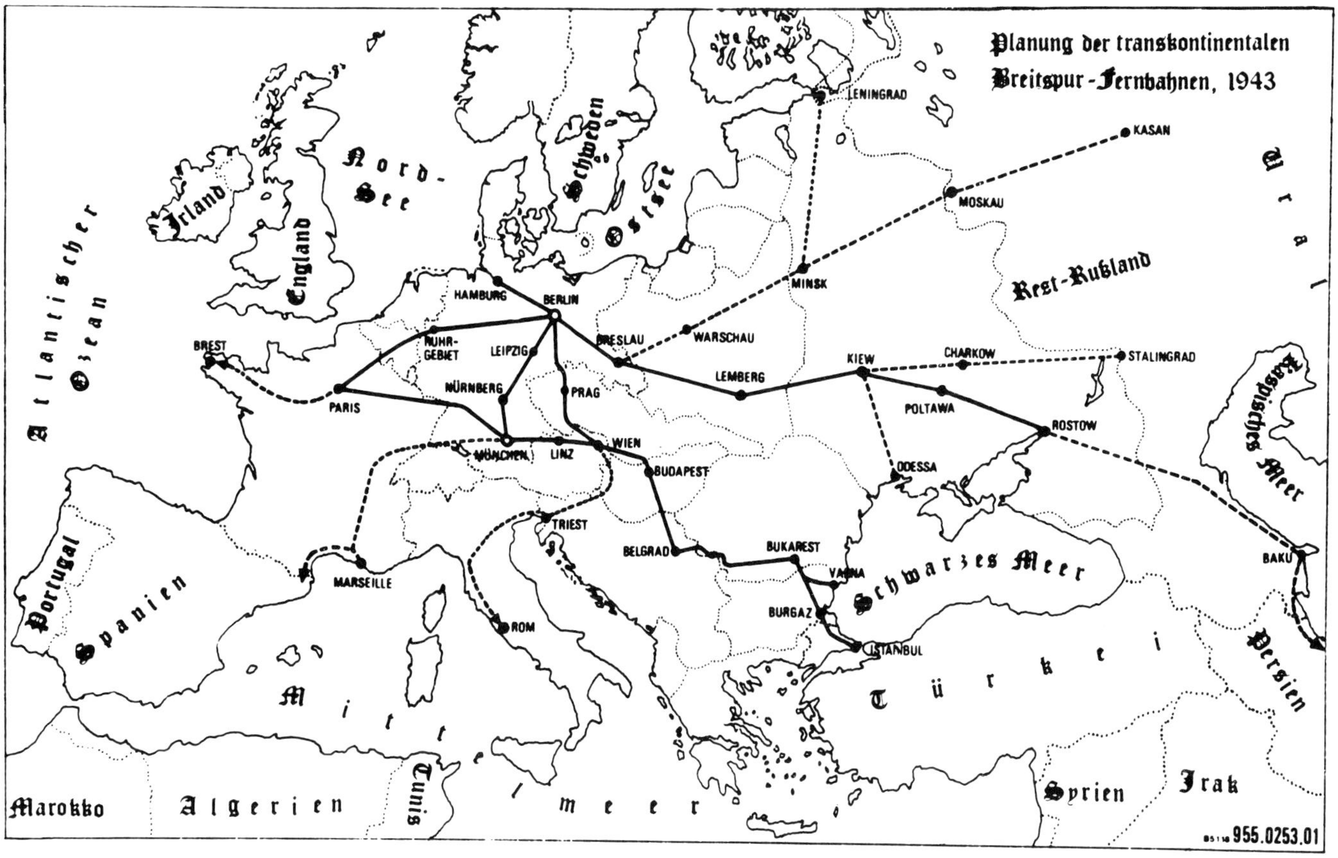

Plan 3: Die für Europa vorgesehenen Breitspurstrecken mit Ergänzungslinien 1943

Nordring:

Zwei Gleise von Olching/Steinwerk über Milbertshofen-Johanneskirchen bis Trudering mit eingleisiger Abzweigung bis Feldkirchen. Nach den kriegsbedingten Zerstörungen von Hbf und Ostbahnhof lief der Betrieb weitgehend über den Nordring, wodurch die lebenswichtige Versorgung Münchens möglich wurde.

Rangierbahnhof:

Von 12,5 Millionen m³ benötigten Schüttmengen wurden 5,3 Millionen m³ bis Mitte 1942 aufgebracht. Aus den Entnahmestellen entstanden die vier beliebten Seen im Münchner Norden: Lerchenauer See, Fasanerie See, Feldmochinger See und Karlsfelder See. Südlich anschließend entstand der Baugüterbahnhof, später Ludwigsfeld genannt.

Weiterhin sind zu nennen:

- ▷ Wagenhalle und Abstellanlage in Pasing-West,
- ▷ neue Ortsgutanlage für Frachtgut östlich des Bahnhofs Pasing,
- ▷ Fernmeldewerkstätte in Aubing,
- ▷ Kraftwagenbetriebswerk auf dem Oberwiesenfeld,
- ▷ Dampflokhalle des Ausbesserungswerkes mit Schadwagengruppe in Freimann,
- ▷ Dampfkraftwerk zur Stromversorgung der S-Bahn (erst 1951 fertiggestellt, 1971 mit der Auflassung der bayerischen Kohleförderung wieder stillgelegt) in Penzberg,
- ▷ Bahnkörper und Brücken für zweites Gleis der Strecke Giesing—Deisenhofen,
- ▷ Erste Schüttungen für den Abstellbahnhof beim Ost-Rangierbahnhof und
- ▷ Freimachung des Geländes des Ausbesserungswerks (frühere Central- oder Hauptwerkstätte) für den neuen Hauptbahnhof.

Für die Jahre 1938 bis 1941 ergibt sich folgender Umfang der ausgeführten Arbeiten:

- ▷ Etwa 10 Millionen m³ Schüttmengen,
- ▷ 152 Kilometer Gleise,
- ▷ 399 Weicheneinheiten und
- ▷ 74 Brücken.

1.2.3 *Breitspurbahn (1942 bis 1945)*

Im Jahre 1942 begann die Deutsche Reichsbahn aufgrund eines Befehls von Hitler mit den Planungen für eine Breitspurbahn, deren Netz im Plan 3 wiedergegeben ist. Die Spurweite sollte zuerst vier Meter, später drei Meter, das Lichtraumprofil 8 Meter x 8 Meter betragen, die Höchstgeschwindigkeit im Personenverkehr 250 km/h, im Güterverkehr 100 km/h erreichen. Genaue Angaben über dieses Projekt, vor allem über seine Geschichte und über den bis 1945 erzielten Fortschritt bei der Konstruktion von Lokomotiven, Wagen, Oberbau, der Entwicklung des Signalsystems sowie der Festlegung der Linienführung sind in der sehr umfangreichen und genauen Dokumentation von Anton Joachimsthaler „Die Breitspurbahn Hitlers" gegeben.

So wird hier nur kurz auf die Planungen für München eingegangen. Nach ihnen sollten sich zwei Strecken von Paris und von Berlin über Leipzig und Nürnberg kommend zu einer

Plan 4 (rechts): Die Breitspurbahn im Raum München

Plan 5 (unten): Der nach Westen verlegte Hauptbahnhof und die vorgeschlagene U-Bahn-Trassierung aus dem Jahr 1946 von Stadtbaurat K. Meitinger

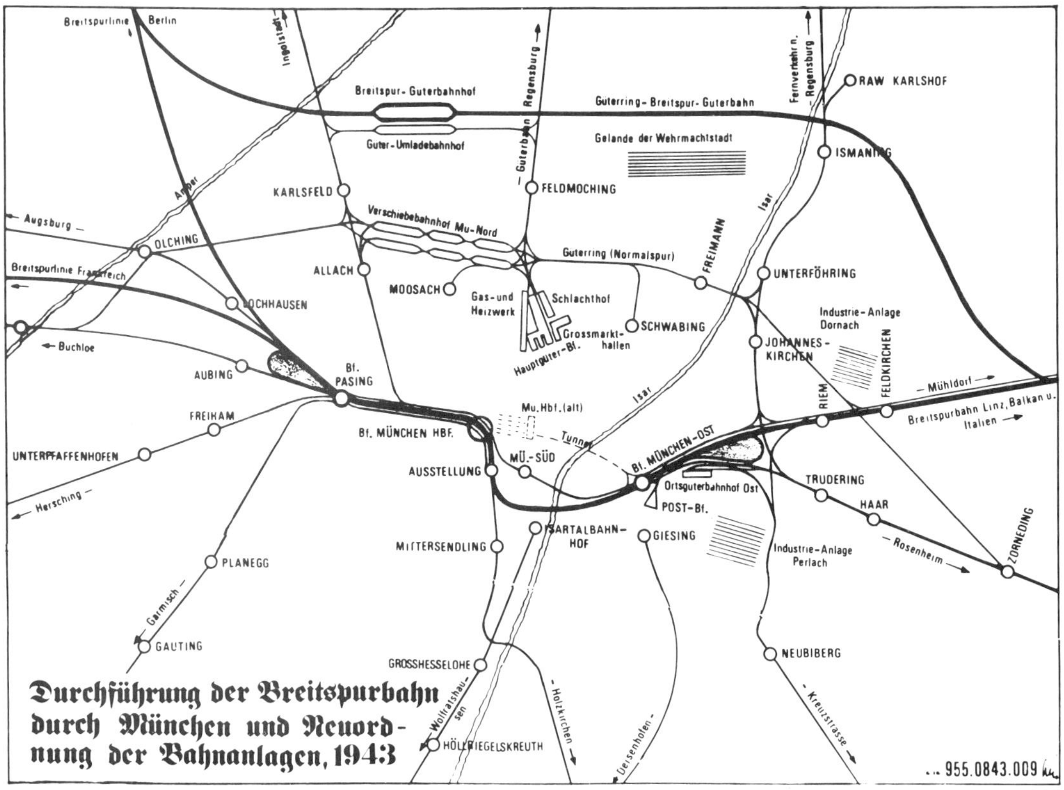

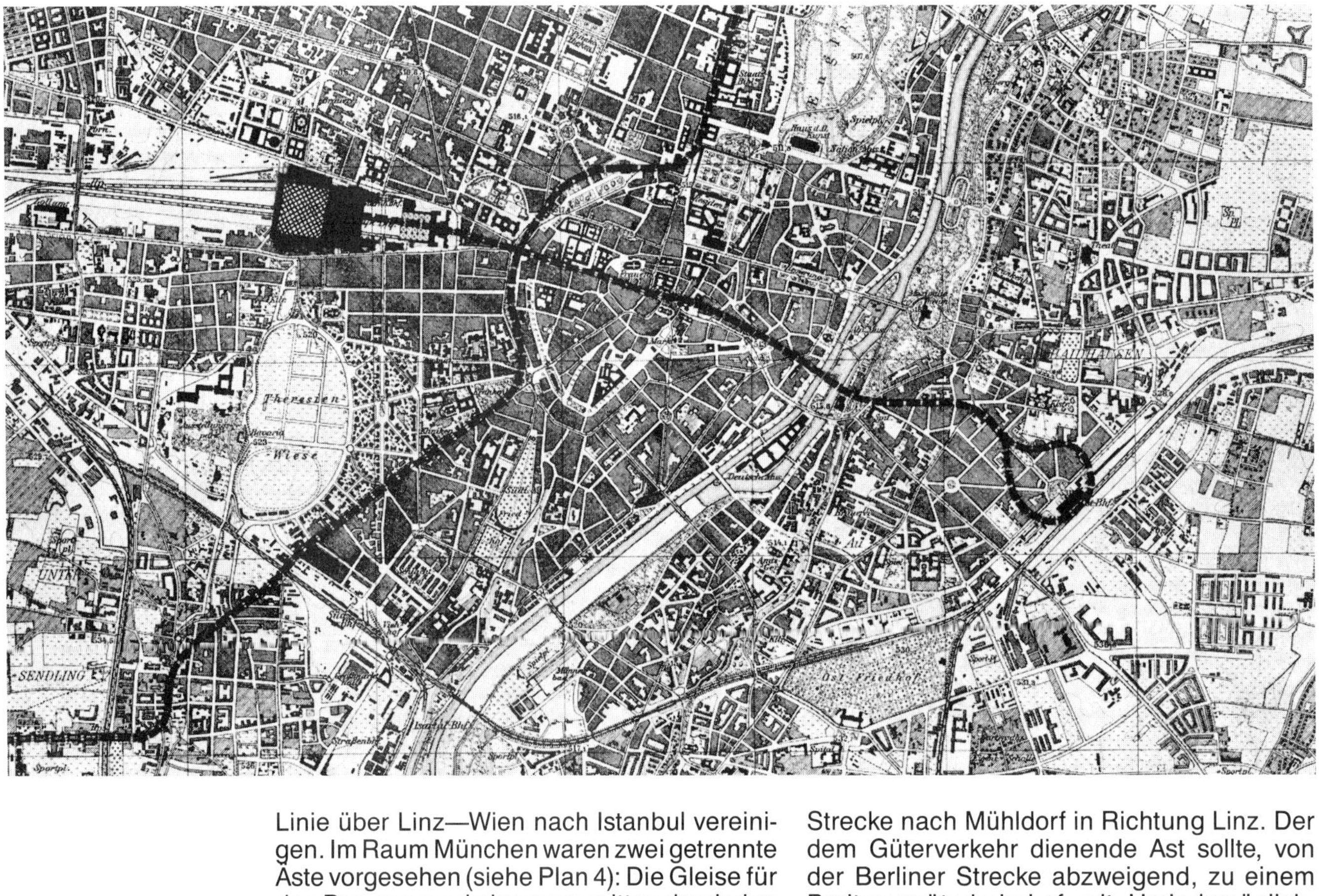

Linie über Linz—Wien nach Istanbul vereinigen. Im Raum München waren zwei getrennte Äste vorgesehen (siehe Plan 4): Die Gleise für den Personenverkehr waren mitten durch den neuen Hbf zu führen, was zu dem in Kapitel 1.2.2 geschilderten gigantischen Kuppelbau von 285 Meter Durchmesser und etwa 141 Meter Höhe geführt hätte. die Linienführung verlief von Lochhausen, wo die Verzweigung in Richtung Paris und Berlin gedacht war, über Pasing—Ostbahnhof—Riem entlang der Strecke nach Mühldorf in Richtung Linz. Der dem Güterverkehr dienende Ast sollte, von der Berliner Strecke abzweigend, zu einem Breitspurgüterbahnhof mit Umlademöglichkeiten zur Normalspur nördlich vom neuen Rangierbahnhof führen, dann die Isar nördlich von Ismaning querend ebenfalls an die Strecke in Richtung Linz — etwa bei Poing — angebunden werden. Die Trassierung war wegen des Lichtraumprofils schwierig und wurde nicht mehr festgelegt.

1.3 Zeit der deutschen Bundesbahn (1946 bis heute)

Die ersten Nachkriegsjahre waren vom Wiederaufbau geprägt. Als erstes mußten die Gleisanlagen und die Stellwerke wieder betriebsfähig gemacht werden, ebenso die Behandlungsanlagen für Lokomotiven und Wagen, die Voraussetzung für einen einwandfreien Eisenbahnbetrieb sind. Die Beseitigung der Trümmer und die Sicherung erhaltenswerter Bausubstanz waren die Aufgaben jener Tage, wenngleich aus heutiger Sicht damals vielleicht etwas zuviel an historisch Wertvollem beseitigt wurde. An eine Verlegung des Hbf konnte unter diesen Umständen die Eisenbahn keineswegs denken, wie es der ehemalige Stadtbaurat K. Meitinger bereits 1946 in seiner Denkschrift „Das neue München und Vorschläge zum Wiederaufbau", als Mitglied des großen Wiederaufbauausschusses der Stadt München, vorgeschlagen hat (Plan 5). Nach seinen Vorstellungen wäre der neue Hauptbahnhof zwischen der Paul-Heyse-Straße/Seidelstraße und der Hackerbrücke zu liegen gekommen, die großen Zerstörungen des Kriegs in diesem Bereich hätten dies wohl ermöglicht. Der Nahverkehr sollte unter dem neuen Bahnhofsvorplatz unterirdisch enden, die Verbindungen in die Altstadt hätte eine U-Bahn zwischen Hbf und Ostbahnhof hergestellt, zusätzlich war eine Süd-Nord-U-Bahnlinie vorgesehen.

(oben): Eine Lok der Baureihe 98 mit einem Triebwagenanhänger als Straßenbahnersatz in der Ludwigstraße

(unten): Trümmerbahn als „Behelfsstraßenbahn" in der Äußeren Wiener Straße

Daß die Bahn damals auch der Stadt kräftig beim Nahverkehr half, solange die Straßenbahn noch nicht wieder einsatzfähig war, mag das Bild oben zeigen, auf dem eine Dampflok einen Personenwagen durch die Leopoldstraße zieht. Sonst wurde zur Personenbeförderung auch auf Trümmerbahnen zurückgegriffen (Bild unten).

Mitte der fünfziger Jahre endlich war der Wiederaufbau so weit gediehen, daß man wieder an Ausbaumaßnahmen denken konnte — die Zunahme der Zugzahlen im Personen- wie auch im Güterverkehr zwang dazu. So wurden die S-Bahn-Planungen erneut aufgegriffen, die Deutsche Bundesbahn (DB) stellte zum Beispiel solche Planungen in der „Eisenbahntechnischen Rundschau" von 1958 mit dem Aufsatz von Otto Bullemer „Münchner Verkehrsprobleme und die Deutsche Bundesbahn" vor. Wegen ihrer Bedeutung wird der S-Bahn ein eigenes Kapitel (Kap. 2.3) gewidmet.

In die Zeit der fünfziger Jahre fällt weiterhin der durchgreifende Strukturwandel in der Zugförderung. Boten auch die elektrischen Lokomotiven in München schon seit Jahrzehnten ein vertrautes Bild, tauchten 1957 die ersten Neubauloks der DB auf: E 10 und E 41 (heute 110 und 141) für den Personenverkehr, E 40 und E 50 (140 und 150) für den Güterverkehr, ET 30 (430) als Triebwagen für den Nahverkehr. Auf den nichtelektrifizierten Strecken waren die ersten Dieselloks zu sehen: die V 200 (220) für das Allgäu erschien 1953, die V 60 (260/360) verdrängte ab 1957 die Dampfloks im Rangierdienst des Hbf; Loks der Reihe V 100 (211) werden ab 1965 im Nahverkehr eingesetzt, die V 90 (290) ab 1968 im schweren Ablaufbetrieb der Rangierbahnhöfe. Am 1. September 1973 verabschiedet sich die letzte Dampflok, eine 01, vom Hbf.

In den darauffolgenden Jahren beanspruchten Planung und Bau der S-Bahn alle Kräfte der Bahn. So mußte leider der inzwischen ebenfalls dringend gewordene Rangierbahnhof im Münchner Norden zurückgestellt werden, mit all den negativen Folgen für die Bedienung der Kunden und damit für die Münchner Wirtschaft, für die Betriebsführung und für die Wirtschaftlichkeit der Bahn überhaupt. Konnte doch seinerzeit niemand ahnen, welche großen Auseinandersetzungen bis vor das höchste Gericht diese zeitliche Verschiebung mit sich bringen würde! So konnte erst 1987 mit seinem Bau begonnen werden. Ein ebenso zähes Ringen begleiteten die Planungen des Containerbahnhofs. Wenngleich der kombinierte Verkehr mit seinen Zweigen Container und Rollende Landstraße erst 1965 aufkam, erfuhr er doch so große Steigerungsraten, daß die Kapazitäten an der Arnulfstraße, wo dieser Verkehr seit 1969 betrieben wird, schon lange erschöpft sind, obwohl immer weitere Gleise provisorisch dafür genutzt werden; auch hier waren die Widerstände so stark, daß der Baubeginn der neuen Anlage zwischen Riem und Feldkirchen erst 1989 erfolgen konnte.

Streckennetz in München, Entwicklung 1839—1987

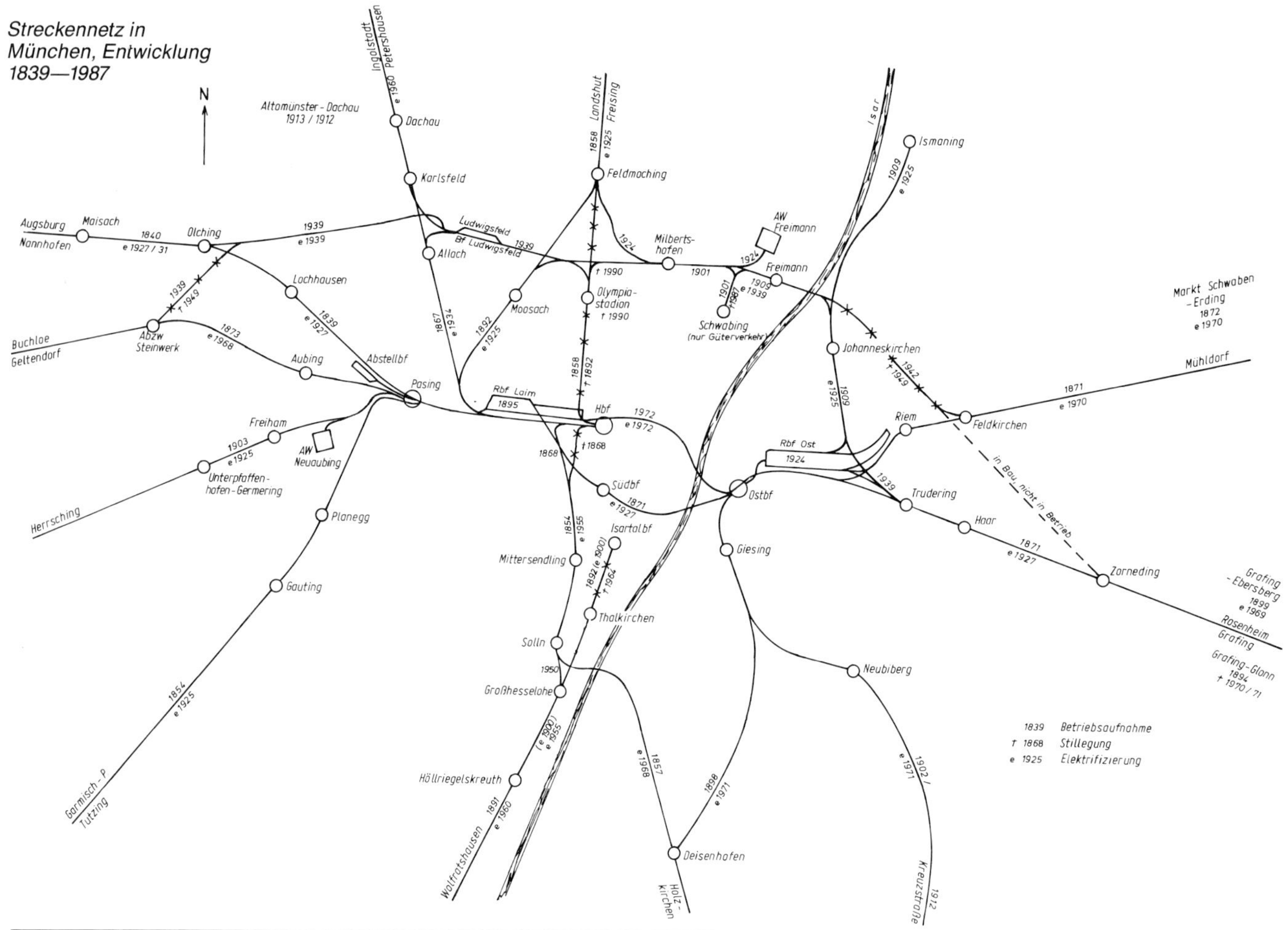

Streckennetz in München von 1990

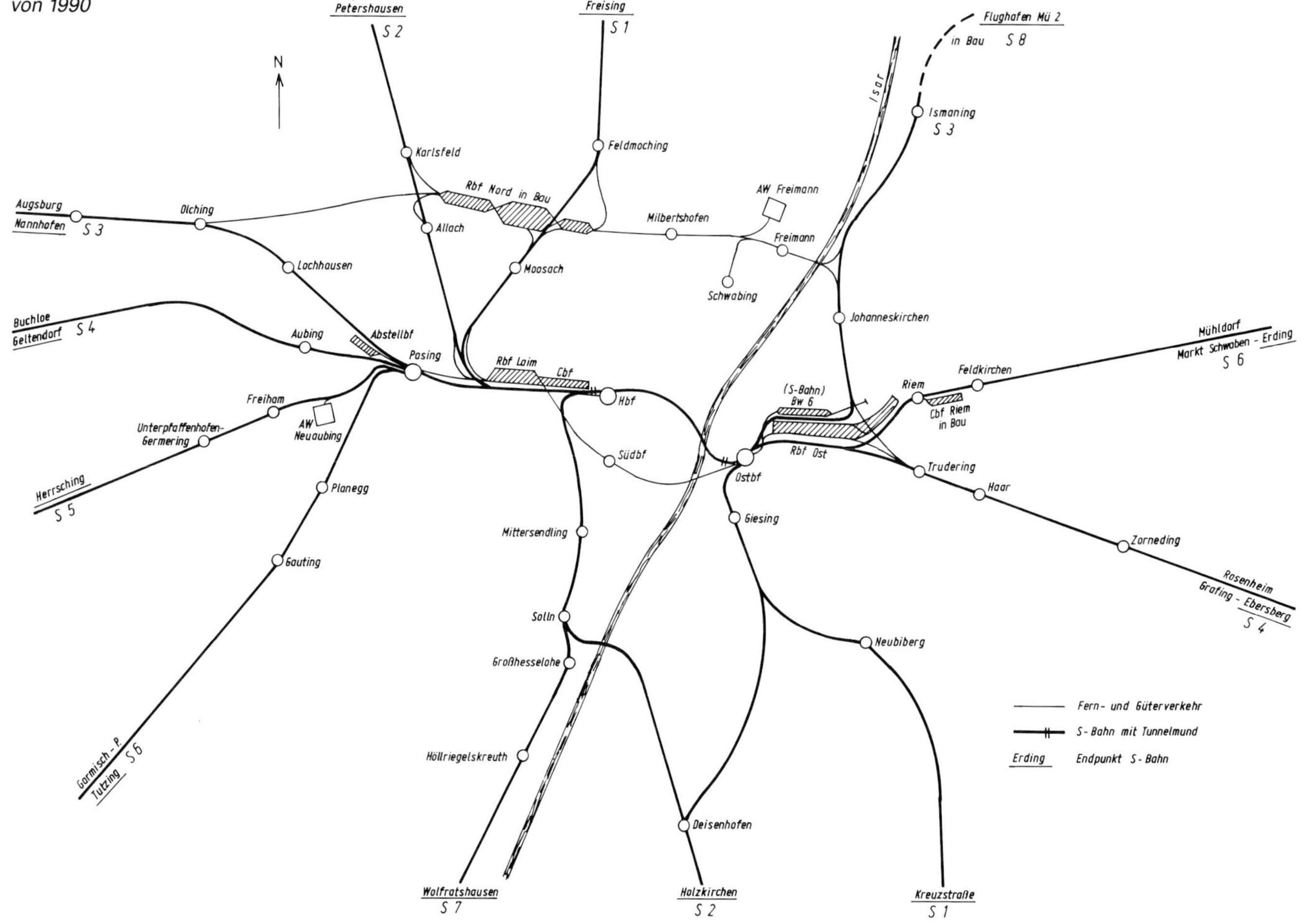

2

Personenverkehr

2.1 Allgemeines

Das Schienennetz der DB hat heute eine Betriebslänge von etwa 28500 Kilometer. Auf Bayern entfallen davon 7150 Kilometer, auf die Bundesbahndirektion München, die im wesentlichen den Raum südlich der Donau umfaßt, 3400 Kilometer, das sind etwa zwölf Prozent des gesamten Schienennetzes der DB. Wegen der Lage am Südrand der Bundesrepublik mit Anschluß an eine Reihe von Nachbarstaaten im Süden und Südosten Europas, die nicht nur als Ferienländer, sondern auch als Handelspartner von besonderer Bedeutung für Deutschland sind, ist das Gebiet Südbayern auch für die Schiene ein wichtiges Durchgangsland. München als bedeutendes Zentrum innerhalb des Schienennetzes in Südbayern wird deshalb auch „Drehscheibe zum Süden" genannt.

Nicht umsonst ist München der Ausgangspunkt für drei InterCity-Linien mit 45 Zügen je Richtung und Werktag. Die Internationalität Münchens stellt sich mit 43 Zügen im Verkehr mit dem Ausland dar, darunter sind 18 EuroCity. Beim Studium der großen gelben Abfahrtstafeln im Hbf stößt man auf viele Züge mit Namen, die wie der Orientexpreß an den Glanz vergangener Epochen erinnern; Namen, die wie Luna oder Meteor die hohe Bequemlichkeit eines Schlafwagenzuges signalisieren; Namen, die das Fernweh wecken: Dolomitenexpreß, Blauer Enzian, Mostar-Dalmacija, Akropolis, Hellas-Expreß; Namen, die bayerische Ziele angeben, wie Nymphenburg, Linderhof, Wetterstein, Chiemgau, Königssee, oder an Bayern oder München selbst erinnern: Bavaria, Münchner Kindl, Rosenkavalier, Stachus; schließlich auch Namen, die berühmte Personen zum Leben erwecken: Mozart, Riemenschneider, Michelangelo, Albrecht Dürer, Erasmus, Friedrich Schiller, Bettina von Arnim, Heinrich der Löwe, Jakob Fugger, Max Planck.

Wer würde nicht gleich einsteigen wollen in die Züge nach Athen, Rom, Neapel, Istanbul; wen reizen nicht Ziele wie Paris, Amsterdam, Bern oder Wien; wer wollte nicht in neuerdings endlich problemlos zu erreichende Städte des Ostens wie Prag oder Warschau reisen; in wem werden nicht bei Namen wie Rijeka, Split usw. Urlaubsgefühle geweckt!

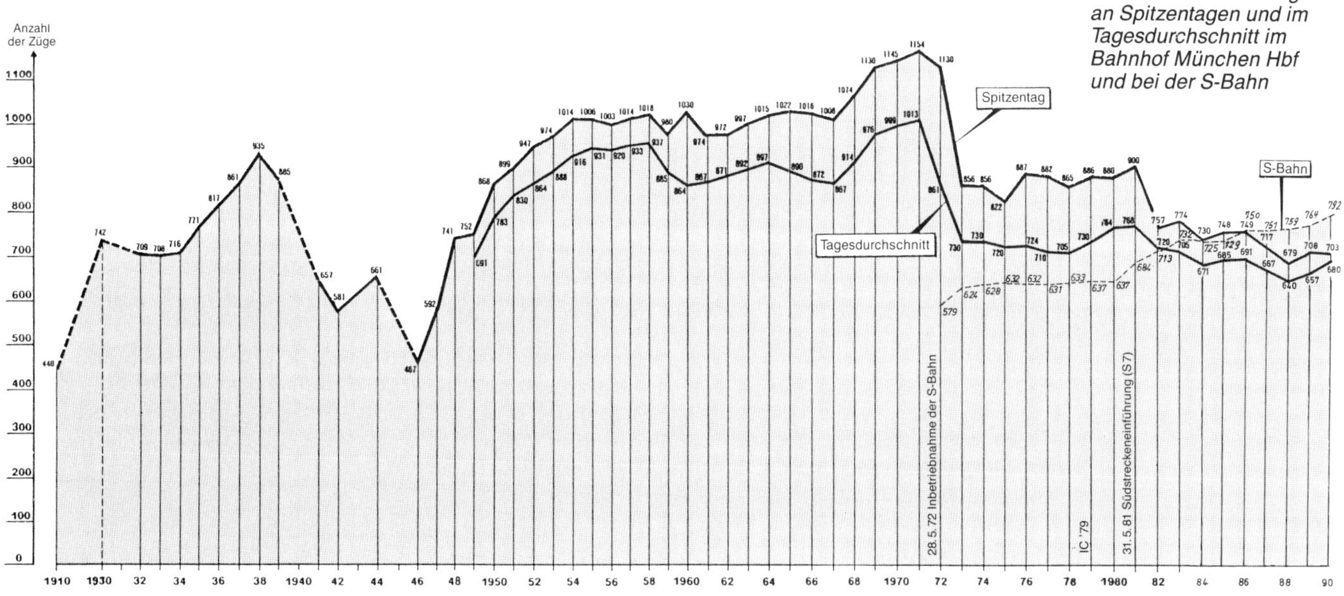

Tabelle 2: Zahl der Züge an Spitzentagen und im Tagesdurchschnitt im Bahnhof München Hbf und bei der S-Bahn

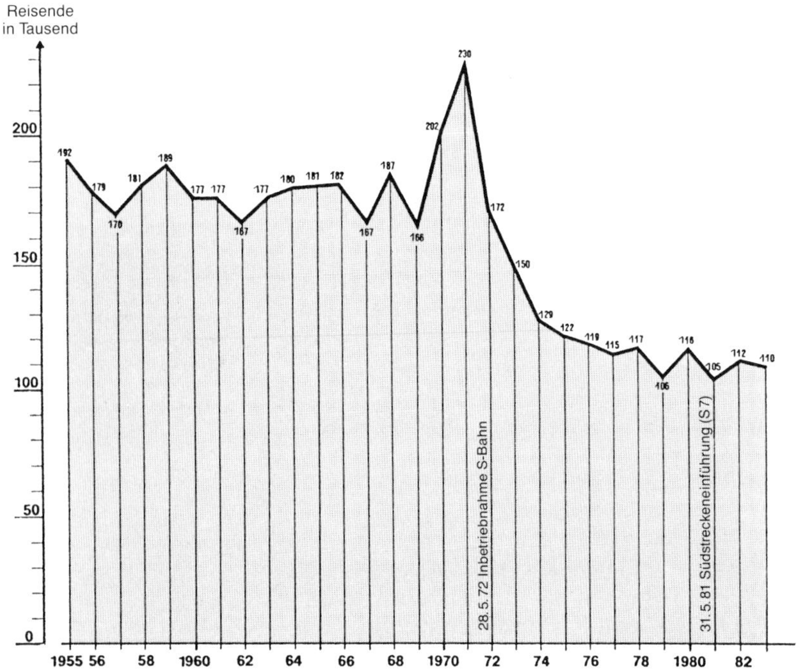

Tabelle 3 (oben): Anzahl der Reisenden im Bahnhof München Hbf im werktäglichen Durchschnitt

(unten): Auto im Reisezug: Eben verläßt ein „Old-Timer" im Mai 1987 den Auffahrwagen in der Verladeanlage des Ostbahnhofs

Weiter ist die bayerische Landeshauptstadt der Mittelpunkt für den Bezirks- und Nahverkehr der Region; die Bedeutung des Hbf spiegelt sich in den Zahlen der Reisenden wieder, wie sie über Jahre hinweg in den Tabellen 2 und 3 für den Hauptbahnhof im täglichen Durchschnitt dargestellt sind. Von den im Jahre 1986 im ganzen Direktionsbezirk beförderten etwa 239 Millionen Personen im Schienenverkehr trafen etwa 217 Millionen auf den Berufs- und Schülerverkehr, die S-Bahn übernahm dabei mit etwa 192 Millionen den Hauptanteil.

Die vielen namenlosen Züge, die dem Bezirks- und Berufsverkehr dienen, Schnellzüge, Eilzüge, Nahverkehrszüge, S-Bahnen finden wenig Beachtung, sind aber für die Funktion eines großen Gemeinwesens wie München unverzichtbar. Sie erregen nur dann Aufsehen, wenn es mit ihnen mal nicht so klappt — bei größeren Verspätungen etwa. Diese Züge tragen allerdings die Hauptlast des Schienenpersonenverkehrs, wie die eingangs genannten Zahlen zeigen.

2.2 Auto im Reisezug

Erhebliche Bedeutung erlangte seit 1956 in München auch der Auto-Reisezugverkehr, dessen Verladebahnhof, der Ostbahnhof (von 1956 bis 1959 fand die Verladung noch im Holzkirchner Flügelbahnhof des Hbf statt), einen guten Anschluß zur Autobahn nach Salzburg hat. Etwa 50 Prozent aller mit den Zügen der DB transportierten Autos beginnen oder beenden hier ihre Reise auf der Schiene, in Europa nimmt er die zweite Stelle ein. Tägliche Verbindungen mit Hamburg, Bremen, Hannover, Düsseldorf und Köln bestehen ab hier, Fernreiseziele ins Ausland sind zum Beispiel Narbonne, Paris, Rom, Rimini, Rijeka, Split, Saloniki und Athen.

Der Gedanke zur Beförderung eigener Fahrzeuge mit der Eisenbahn ist übrigens schon fast so alt wie die Eisenbahn, beförderte doch im Geschäftsjahr 1841/42 die München-Augsburger Eisenbahn 851 mit Reisenden besetzte private Reisekutschen!

2.3 S-Bahn München

2.3.1 *Bau und gegenwärtiger Zustand*

Der Grundgedanke der S-Bahn, nämlich die beiden voneinander getrennten Eisenbahnnetze des Westens mit sieben Strecken, endend im Hauptbahnhof, und des Ostens mit fünf Strecken, endend im Ostbahnhof, miteinander zu verbinden und somit einen Durchlauf der Züge von West nach Ost und umgekehrt zu ermöglichen, ist eigentlich schon uralt. Bereits 1911 wurde im September eine Denkschrift des Königlichen Staatsministeriums für Verkehrsangelegenheiten vorgelegt, die sich intensiv mit den Problemen des Centralbahnhofs (siehe Kapitel 3.1) beschäftigte. In ihrem Schlußkapitel „Über die spätere Entwicklung der Münchner Bahnanlagen" wird bei einem weiteren Anwachsen der Bevölkerung Münchens unter anderem auch von der Notwendigkeit gesprochen, daß die meisten Nahzüge, für die „eigene Nahverkehrs-Doppelbahnen neben den Fernbahnen zu bauen wären, mit einer Untergrundbahn durch die Stadt hindurch zu leiten seien". Dies kann allerdings „in nächster Zeit noch nicht in Betracht kommen". Es dauerte dann auch noch 25 Jahre, bis erneut Pläne für eine S-Bahn gemacht wurden, diesmal im Zusammenhang mit der Umgestaltung der Münchner Bahnanlagen in der Zeit von 1938 bis 1945 (siehe Kapitel 1.2.2).

Nach Kriegsende mußten erst die langen Jahre des Wiederaufbaus vergehen, bis solche Gedanken wieder auftauchten, als die Stadt bereits durch den stark geförderten und entsprechend ausufernden Individualverkehr dem Verkehrsinfarkt nahe war. Diesem war nur mehr durch ein leistungsfähiges Nahverkehrssystem, bestehend aus S- und U-Bahn, zu begegnen. Nachdem die DB 1959 ihre grundsätzliche Bereitschaft erklärt hatte, eine unterirdische „Verbindungsbahn" (V-Bahn) zwischen Hauptbahnhof und Ostbahnhof über den Marienplatz zu bauen, brachte der Gesamtverkehrsplan und der Stadtentwicklungsplan von 1963 die Grundlage für das heutige Schnellbahnnetz. Die S-Bahn sollte dabei mit ihrer hohen Reisegeschwindigkeit und ihrem großen Leistungsvermögen die Hauptverbindung zwischen Umland und Stadt übernehmen, die U-Bahn mit den Straßenbahnen die Bedienung des Stadtgebietes. Die Stadt hatte damals 1,34 Millionen Einwohner, das Umland, 0,58 Millionen; für die Stadt wurden bis 1975 1,5 Millionen Bewohner, für das Umland etwa 0,8 Millionen, bis 1990 sogar 1,1 Millionen, zusammen also 2,6 Millionen Bewohner erwartet, Zahlen, die 1990 mit zusammen 2,3 Millionen noch nicht ganz erreicht wurden.

Im Juli 1965 endlich genehmigte die Bundesregierung den Bau der damals noch V-Bahn genannten S-Bahn; der Konsortialvertrag vom 16. September 1965 zwischen der Bundesrepublik Deutschland, dem Freistaat Bayern, der Landeshauptstadt München und der Deutschen Bundesbahn sicherte die Finanzierung. Eine erhebliche Schubkraft erhielt die S-Bahn zusätzlich durch die Vergabe der 20. Olympischen Sommerspiele für 1972 nach München, nachdem die DB sich bereit erklärte und in der Lage sah, sie bis zu diesem Termin fertigzustellen. So erfolgte am 15. Juni 1966 der Baubeginn in Höhe des Starnberger Bahnhofs, als unter lautem Pfeifkonzert von je einer Dampf-, Diesel- und E-Lok der Bayerische Ministerpräsident Goppel den ersten Bohrpfahl absenkte — ein erhebendes Ereignis für alle betroffenen Planer, mit dem ein langer „Traum" endlich in Erfüllung ging.

Zunächst aber bedeutete dieser Traum harte Arbeit für die nächsten sechs Jahre: Das Kernstück war die Herstellung der 4,1 Kilometer langen Tunnelstrecke quer durch die Innenstadt vom Hbf zum Ostbahnhof mit den fünf Tunnelbahnhöfen, wobei die in Bau oder in Planung befindlichen U-Bahn-Linien baulich mitberücksichtigt werden mußten; das bedeutete auch die fast unlösbare Aufgabe, trotz einer praktisch vier Kilometer langen, offenen Baustelle — nur die Isarquerung vom Isartorplatz bis zum Rosenheimer Platz konnte in Schildbauweise erfolgen — den städtischen Verkehr einigermaßen aufrechtzuerhalten. Weiter waren rund 400 Kilometer Außenstrecken mit etwa 130 Bahnhöfen und Haltepunkten für die S-Bahn herzurichten. Das bedeutete zum Beispiel den Umbau vieler Bahnhöfe mit Verlegung neuer Gleise und Weichen, um 76 oder 95 Zentimeter hohe Bahnsteige mit höhenfreien Zugängen zu schaffen

Baugrube der S-Bahn in der Kaufinger Straße am 8. Juni 1969

— alles unter Aufrechterhaltung des Betriebs; die Stromversorgung des S-Bahn-Netzes war zu ergänzen; es brachte den Bau von etwa 35 neuen Dr-Stellwerken, worunter so große wie das Zentralstellwerk des Ostbahnhofs, ein weiteres für die westliche Tunnelstrecke bis Pasing fielen; es beinhaltete die Elektrifizierung von sechs Strecken. Nicht zuletzt waren komplizierte Brückenbauwerke zu erstellen, um die Außenstrecken an die künftige Stammstrecke — unter Verwendung der früheren Vorortbahn — in Pasing, Laim und Ostbahnhof anzubinden. Weiter war ein völlig neuer Fahrzeugpark, der „Olympia-Triebwagen" ET 420, zu entwickeln und zu beschaffen, der die schweren betrieblichen Anforderungen wie hohe Anfahrbeschleunigung (1,0 m/sec²), Höchstgeschwindigkeit von 120 km/h und rascher Fahrgastwechsel (vier Türen je Einzelfahrzeug) erfüllen konnte. Für diesen Fahrzeugpark von zunächst 101 dreiteiligen Triebwagen entstand — für die Öffentlichkeit fast unbemerkt — eine neue Behandlungsanlage *(rechts): Kreuzungsbauwerk für die S-Bahn über die Ferngleise zwischen Laim und Pasing am 20. Mai 1970*

(Mitte): Kreuzungsbauwerk für die S-Bahn nach Giesing über die Ferngleise im Ostbahnhof am 7. Dezember 1970

(unten): S-Bahnhof München-Perlach Süd, 15. Mai 1978. Der gleiche Bahnsteig ist auch Endpunkt der U-Bahnlinien U2 und U5 — ein gutes Beispiel für die Verknüpfung von U- und S-Bahn!

(Bw 6 in Steinhausen) mit Werkstätten, Wasch- und Reinigungsanlagen. Auf der Stammstrecke war ein völlig neu entwickeltes, rechnergesteuertes System von Zugzielanzeigern notwendig, das mit von den Signalanlagen abgegriffenen Steuerziffern automatisch die Zugziele und die Zuglängen anzeigt. Die Einbindung von zunächst sechs, später sieben S-Bahn-Linien im 20-Minuten-Takt auf den Außenstrecken erforderte für die Stammstrecke ein hochleistungsfähiges Signalsystem, das eine Zugfolge von etwa 90 Sekunden (zusammengesetzt aus technischer Zugwechselzeit am Bahnsteig und Haltezeit von etwa 24 Sekunden) ermöglichen mußte, ein Signalsystem, das theoretisch und praktisch erst noch zu entwickeln war. Die Trassierungselemente und die Daten für die S-Bahn können den Tabellen 1 und 4 entnommen werden.

Für den Fall von technischen Störungen besonders wichtig, wurde der damals bei der DB in Entwicklung befindliche Zugbahnfunk erstmals bei der S-Bahn eingesetzt. Bei der beschriebenen dichten Zugfolge im Tunnel und bei der sehr starken Belastung von Außenstrecken mit Fernverkehr (solche Strecken mit eignen S-Bahn-Gleisen auszurüsten, ist aus finanziellen Gründen leider auch heute noch nicht überall möglich), kommt es entscheidend auf eine präzise und schnelle Disposition an. Um diese zu ermöglichen, wurde für die Hauptabfuhrstrecken von Salzburg bis Treuchtlingen und für alle S-Bahn-Strecken eine rechnergestützte Zugüberwachung (ZÜ) im Haus der Bundesbahndirektion München eingerichtet, die mit ihren von den Signalanlagen automatisch abgegriffenen Anzeigen des Zuglaufs auf Monitoren die früheren, nicht immer zeitgerechten mündlichen Meldungen der Fahrdienstleiter an die ZÜ ablöste. Zu die-

(links): Blick in die Betriebssteuerzentrale München am 12. Juli 1977. An der Wand die große Stell- und Meldetafel, auf der alle Strecken zwischen Pasing (ganz rechts) über Hbf (Mitte) und Trudering (links) dargestellt sind. Im Vordergrund Monitore der rechnergestützten Zugüberwachung.

Tabelle 4 (unten): Daten zur S-Bahn München (1990)

sem baulichen Riesenprogramm kam noch die Ausbildung der Mitarbeiter, die zum Beispiel als Lokführer Fahrzeuge mit völlig andersartiger Technik, neue Fahrwege und Strecken mit neuartiger Signaltechnik vorfanden oder als Fahrdienstleiter neue Stellwerke und eine gänzlich veränderte Betriebsführung beherrschen sollten.

Parallel dazu liefen die Vorbereitungen für den Münchner Verkehrs- und Tarifverbund (MVV) auf vollen Touren. Nach seiner Gründung am 5. April 1971 folgte die Entwicklung für den neuen gemeinsamen Tarif durch den MVV, war doch von Anfang an allen Beteiligten bei Bund, Land, Stadt und DB klar, daß nur ein einheitliches Tarifsystem, das alle Verkehrsmittel (S-Bahn, U-Bahn, Straßenbahn und Bus) umfassen würde, den erhofften und erforderlichen Erfolg im öffentlichen Nahverkehr garantieren könnte.

Und so kam, nach dem Richtfest für den Tunnel am 25. Mai 1971, das Jahr 1972, in dem am 17. April der betriebsinterne Probebetrieb beginnen konnte und in dem am 28. April die feierliche offizielle Eröffnung stattfand. Pünktlich zum Sommerfahrplan am 28. Mai um 5.00 Uhr konnte dann die S-Bahn ihren Betrieb endlich aufnehmen und der MVV seinen neuen Verbundtarif — ein Fahrschein für alle Verkehrsmittel — in Kraft setzen. Und es dauerte nicht lange, bis die S-Bahn ihre erste Bewährungsprobe bei den „Olympischen Spielen" vom 26. August bis 11. September ablegen mußte, mit gleichzeitiger Bedienung des ebenfalls neuen Bahnhofs „Olympiastadion". In diesen 17 Tagen brachte die S-Bahn mit der verlängerten S 5 über den Nordring von Osten her und mit der eigens eingerichteten Linie S 11 von Westen her insgesamt über 3,18 Mil-

Erschließung

Stadt München mit 1,2 Millionen Einwohnern, umliegende Region mit 1,1 Millionen Einwohnern, insgesamt 2,3 Millionen Einwohner auf einer Fläche von 5500 qkm

Streckenlänge

412 km (incl. Nebenbahn Dachau–Altomünster), reicht bis zu 40 km in die Region

Linien und Haltepunkte

7 S-Bahn-Linien aus dem Westen und
5 S-Bahn-Linien aus dem Osten,
vereinigt im Stadtgebiet in einer 12 km langen Stammstrecke (4,1 km unterirdisch)
5 S-Bahn-Linien sind Durchmesserlinien,
2 S-Bahn-Linien aus dem Westen enden in München Ost.
Künftig zusätzlich S-Bahn-Linie von Pasing zum Flughafen (S8)
Zahl der Haltestellen: 144
Mittlerer Haltestellenabstand: 2,6 km

Zugfolge

Grundtakt: 40-Minuten-Takt; Verdichtung im stadtnahen Bereich – sonst nur in der Hauptverkehrszeit (HVZ) – auf ganztägigen 20-Minuten-Takt
HVZ = ca. 6.00–8.30 Uhr und ca. 16.00–19.00 Uhr.
Zugfolge auf der Stammstrecke:
In der HVZ im Mittel 2,5 Minuten, minimal 2 Minuten, außerhalb der HVZ im Mittel 3 Minuten

Leistungen pro Werktag

860 S-Bahn-Züge, davon 800 Züge auf der Stammstrecke
645 000 Fahrgäste insgesamt, davon
230 000 Fahrgäste auf dem stärkst belasteten Abschnitt der Stammstrecke
30 000 Fahrgäste/Stunde und Richtung in der Spitzenstunde der HVZ
195 000 Fahrgäste am Marienplatz, davon 43 % Fahrtrichtung Ost und 56 % Fahrtrichtung West
170 000 Fahrgäste am Hauptbahnhof, davon 46 % Fahrtrichtung Ost und 49 % Fahrtrichtung West

Parkplätze

Pkw-Stellplätze: 13 029 an 85 S-Bahn-Stationen
Fahrrad- und Moped-Plätze: 23 826 an 120 S-Bahn-Stationen

Fahrzeuge

189 Triebzüge, bestehend aus je drei Wagen der Baureihe 420 (15 kV, 16⅔ Hz) mit 120 km/h Höchstgeschwindigkeit

Zugbildung

Bezeichnung der Zugeinheiten	Länge (m)	Platzangebot: Sitzplätze	Stehplätze bei 4 Personen/m²	Plätze insgesamt
Kurzzug	67,4	194	254	448
Vollzug	134,8	388	508	896
Langzug	202,2	582	762	1344

(rechts): S 5 bei der Ausfahrt aus dem Bahnhof Seefeld-Hechendorf nach Herrsching im Jahre 1978. Die Ausfahrsignale sind noch von bayerischer Bauart

(unten): Südstreckeneinführung: Blick von der Donnersberger Brücke auf die beiden Tunnelrampen am 31. Mai 1981

lionen Reisende in 7138 Zügen aus der Altstadt auf das Olympiafeld!

In den nächsten Jahren folgte dann mit Lieferung von weiteren Triebzügen die Verlängerung einzelner S-Bahn-Strecken zu den anfangs noch nicht angefahrenen Endpunkten Kreuzstraße (S 1), Ismaning (S 3), Holzkirchen (S 2) und Geltendorf (S 4). Es begann ferner der Bau eigener S-Bahn-Gleise nach Nannhofen (S 3) und Zorneding (S 4), der zweigleisige Ausbau bis Weßling (S 5) und der Bau der Wendeanlage Buchenau (S 4) — alles Baumaßnahmen, die den ganztägigen 20-Minuten-Takt ermöglichten. Besonders hervorzuheben ist der 31. Mai 1981, seit dem die S 7 von Wolfratshausen über den 260 Meter langen, sogenannten „Südstreckentunnel" beim Haltepunkt „Donnersberger Brücke" in die Stammstrecke eingeführt wurde. Der große Erfolg der S-Bahn machte alle diese Baumaßnahmen notwendig, ein Erfolg, den einige Zahlen verdeutlichen mögen: Vor 1972 benutzten etwa 170 000 Reisende an Werktagen die Vorortzüge der DB, für die S-Bahn waren anfangs 250 000 Reisende je Tag vorhergesagt. Tatsächlich benutzten bereits 1972 430 000 Reisende je Tag die S-Bahn und 1989 waren es 645 000 Reisende je Tag. Zur Bewältigung dieser hohen Fahrgastzahlen sind derzeit 189 S-Bahn-Triebwagen vorhanden; durch geschickte Gestaltung des Umlaufs gelingt es trotz dieser geringen Zahl von Triebzügen doch, der Nachfrage einigermaßen gerecht zu werden, wenn auch damit Einbußen an Bequemlichkeit und Risiken für die Pünktlichkeit ob der notwendigen Verstärkung der Züge vom Kurzzug über den Vollzug zum Langzug beziehungsweise der Schwächung in umgekehrtem Sinn verbunden sind. Die Entwicklung der Zahl der Reisenden und der Züge über die Jahre hinweg kann den Tabellen 5 und 2 entnommen werden.

2.3.2 *Weiterer Ausbau des S-Bahn-Netzes*

Was Wunder, wenn nun die S-Bahn am Rande ihrer Leistungsfähigkeit angekommen ist und sie in den Massenmedien als „Sardinendose" bezeichnet wird, mit „untragbaren" Verhältnissen für die Fahrgäste in den Stoßzeiten. Ein Ausbau tut dringend Not; die Forderung nach einem 10-Minuten-Takt auf den Außenstrekken wird von allen Seiten laut, wird doch, trotz des — nur in München — so hohen Anteils des

(links): Probebetrieb mit den niederländischen Doppelstockwagen auf der S4 in Baldham am 14. Juni 1989

Tabelle 5 (unten): Anzahl der Fahrgäste bei der S-Bahn im Jahr

öffentlichen Personennahverkehrs im Berufsverkehr von zur Zeit 32 Prozent, der totale Verkehrsinfarkt mit allen seinen negativen Folgen wie Lärmimmissionen, Abgase usw. für die Lebensqualität und die Umwelt befürchtet. „Kooperatives Verkehrsmanagement", „Integrierte Planung für den öffentlichen Personennahverkehr" sind die Schlagworte. Alle Verkehrsmittel, Bus, Straßenbahn, U-Bahn und S-Bahn werden einbezogen.

In diesem Rahmen wird die Forderung nach Fortführung und Fortschreibung des längst von MVV und DB entwickelten „S-Bahn-Denkmodells" immer lauter und das auch berechtigterweise — nur, dieses Konzept sieht neben der Beschaffung weiterer Fahrzeuge bislang nur die Fortführung des S-Bahn-Ausbaus auf den Außenstrecken nebst Ausbau der Stromversorgung vor; hier wäre dann eine Taktverdichtung auf einen 10-Minuten-Betrieb technisch denkbar. Für die Autoren allerdings stellt sich die Frage, auf welchen Wegen die zusätzlichen Züge in die Innenstadt gelangen sollen. Die Leistungsfähigkeit der Stammstrecke zwischen Pasing und dem Ostbahnhof ist mit der neuen Flughafen-S-Bahn (S 8) im gegenwärtigen Ausbauzustand fast ausgeschöpft; ein möglich erscheinender Ausbau der Verbindung über den Südbahnhof (Südring) könnte wohl eine betriebliche Entlastung bringen. Aber wird ein Südring auch von den Fahrgästen im notwendigen Umfang angenommen, um eine echte Entlastung der Stammstrecke bringen zu können? Das Gros der Fahrgäste hat schließlich die Innenstadt zum Ziel. Eine Taktfolge mit zehn Minuten wäre beim Südring wohl für das zu erwartende Reisendenaufkommen ausreichend, auch wenn man an neu entstehende Umsteigemöglichkeiten zur U-Bahn denkt. Eine Ableitung weiterer S-Bahn-

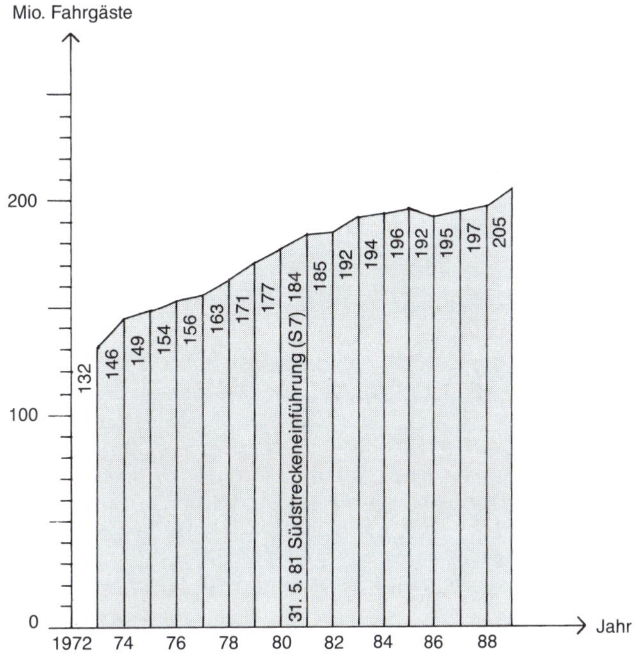

Züge auf den Südring hätte sicherlich einen erheblichen Umsteigeverkehr an den Verknüpfungspunkten zur Folge. Dieser zusätzlichen Belastung wären die Bahnsteiganlagen des Ostbahnhofs wohl nicht mehr gewachsen. Daß der Südring dazu außerdem mit zwei eigenen S-Bahn-Gleisen ausgestattet werden müßte, ist wohl unbestritten.

Auch die Fahrzeugfrage ist von entscheidender Bedeutung; so wurde im Jahr 1989 ein Probebetrieb mit von den Niederländischen Eisenbahnen entliehenen Doppelstockwagen durchgeführt, um ihre Eignung und Akzeptanz durch die Benutzer zu testen. Ob ihrer gediegenen Ausstattung und ihrer bestechenden Laufruhe waren sie bald der Liebling des

Neubaustrecke der S-Bahn zwischen Ismaning und Flughafen im Herbst 1989

Publikums und deshalb hoffnungslos überfüllt! Dabei zeigte sich, daß wegen des größeren Platzangebotes das Doppelstockprinzip zwar eine fühlbare Leistungssteigerung bringen könnte, die aber leider durch die erheblich längeren Aufenthaltszeiten am Bahnsteig, die der Fahrgastwechsel wegen der auf die Hälfte reduzierten Anzahl der Türen erfordert, wieder stark eingeschränkt wird. Für den Bezirksverkehr dagegen eignen sie sich hervorragend — für diesen Verkehr sind sie auch gebaut!

Die Bauart des Doppelstockwagens — auch als Triebwagen — ist also für die dichtbefahrene Stammstrecke nicht so gut geeignet, eher könnte eine Verbesserung des Signalsystems durch Einsatz der Linienzugbeeinflussung (LZB) eine Steigerung der Leistungsfähigkeit bringen. Diese LZB war nach 1972 zwar schon einmal vorhanden, mit ihr waren die Stammstrecke und einige Fahrzeuge ausgerüstet; doch wegen der damals nicht so leistungsfähigen Technik hatte sie nicht den erhofften leistungssteigernden Effekt, wie intensive Versuche und Untersuchungen zeigten. Heutzutage steigt durch den Einsatz von Rechnern die technische Leistungsfähigkeit; so ist es nur folgerichtig, daß zur Zeit ihr erneuter Einsatz für die S-Bahn untersucht wird. Unter Wahrung der für eine pünktliche Betriebsabwicklung unverzichtbaren zeitlichen Toleranzen und angesichts der Tatsache, daß die Aufenthaltszeiten am Bahnsteig nicht verkürzbar sind — sie werden in der Stoßzeit eher überschritten —, lassen sich auch mit einer LZB maximal etwa 33 Fahrplantrassen in der Stunde erzielen. Dies bedeutet, daß neben den bereits für die S 1 bis S 8 beim 20-Minuten-Takt verbrauchten 24 Trassen noch neun verfügbar wären. Davon sind drei Trassen unbedingt für verspätete Züge freizuhalten, sonst würden von einer solchen Verspätung alle anderen Züge über einen langen Zeitraum negativ beeinflußt werden. Es stehen also nur noch sechs Trassen auf der Stammstrecke zur Verfügung, das heißt, daß im Westen nur zwei Strecken im 10-Minuten-Takt bedient werden könnten, nicht aber alle sieben Strecken. Im Osten allerdings wäre die Lage nicht so prekär, da ja heute zwei, künftig drei Linien im Ostbahnhof enden, die man verlängern könnte. Trotzdem wäre auch auf zwei Linien kein 10-Minuten-Takt möglich. Weitgehend entfallen müßte auch das heute im Ostbahnhof geübte Schwächen und Verstärken der S-Bahn-Züge, da die künftige Belastung der Gleise dies nicht mehr zuläßt.

Durch eine so dichte Belastung der Stammstrecke allerdings wird die Pünktlichkeit sicherlich nicht besser, eher tritt das Gegenteil ein! Zusammenfassend muß man also feststellen, daß das erklärte Ziel eines 10-Minuten-Taktes für alle Außenstrecken nicht erreicht wird. Nach Meinung der Autoren kann auf längere Sicht nur ein zweiter Tunnel für die S-Bahn Abhilfe schaffen, die ein Südring aus den schon erläuterten Gründen nicht erbringen kann. Die Trassierung erscheint von Laim, wo die Verknüpfung mit der bisherigen Stammstrecke erfolgen könnte, über Karlsplatz Nord—Promenadeplatz—Maximilianstraße—Max-Weber-Platz mit Anschluß nach Berg am Laim und zum Ostbahnhof möglich. Er läge damit dem vorhandenen Tunnel so nahe, daß sich ihre Einzugsbereiche überdecken und ergänzen könnten, und läge damit im Schwerpunkt des Fahrgastaufkommens, das auch weiterhin vom Hbf, Karlsplatz und Marienplatz getragen wird. Er allein würde deshalb die Aufteilung der acht S-Bahn-Linien auf zwei Wege ermöglichen und damit die gewünschte und geforderte Kapazität bringen.

Es wäre also zwingend notwendig, in Zusammenarbeit mit dem MVV und allen zuständigen Stellen entsprechende Verkehrsuntersuchungen zu führen, wie dies ja wohl schon geschieht. Weiterhin wären baldmöglichst Vorplanungen über die Linienführung des zweiten Tunnels im Grund- und Aufriß einzuleiten und die Trasse vorsorglich freizuhalten — noch sind die Flächen der zukünftigen Verknüpfungspunkte — Laim Rbf und Ost Rbf —, die mit dem Bau des Rbf München Nord frei werden, verfügbar!

Allerdings muß an dieser Stelle auch die Frage der Finanzierung angesprochen werden. Dies betrifft nicht nur den Bau der Anlagen — hierfür ist ja das Gemeindefinanzierungsgesetz geschaffen —, sondern vornehmlich auch die Beschaffung der Fahrzeuge und — das scheint nach Ansicht der Autoren das schwierigste Problem zu sein — vor allem die zu erwartenden Folgekosten. Kein Nahverkehrsmittel kann kostendeckend betrieben werden und die DB ist unter den jetzigen Bedingungen nicht in der Lage, den durch den Betrieb eines zweiten Tunnels und des 10-Minuten-Taktes sich vergrößernden Fehlbetrag künftig abzudecken. Hier sind endlich mutige politische Entscheidungen notwendig, um von einem „kooperativen Verkehrsmanagement" auch zu einem „kooperativen Finanzmanagement" zu kommen!

2.3.3 *S-Bahn zum Flughafen*

Am 17. Mai 1992 wird der neue Flughafen München II, nördlich von Erding, in Betrieb gehen. Seine Erreichbarkeit mit öffentlichen Verkehrsmitteln ist unabdingbar notwendig. So wurde von Anfang an ein S-Bahn-Anschluß geplant und in die Baudurchführung mit einbezogen. Direkt unter dem Flughafenterminal liegt der zweigleisige S-Bahnhof im Tunnel, mit kurzen Wegen zu den Einrichtungen des Flughafens. Eine zweigleisige Neubautrasse führt zum einstigen S-Bahn-Endpunkt Ismaning. Die bisher nur eingleisige Strecke zwischen Ismaning und Johanneskirchen wird ebenfalls zweigleisig und höhenfrei in den zweigleisigen Nordring eingebunden. In zähen Verhandlungen hat die Gemeinde Ismaning eine teilweise Führung der Strecke im Tunnel und im Trog (Länge etwa 2,3 Kilometer) durchgesetzt, mit Einwilligung zur Zahlung der Mehrkosten, ähnliche Verhandlungen laufen mit der Gemeinde Unterföhring. Bis auf den hier verlaufenden Streckenteil ist der Bau voll im Plan, die Fertigstellung ist für das Frühjahr 1992 vorgesehen. In Unterföhring muß möglicherweise zum Zeitpunkt der Eröffnung noch eingleisig gefahren werden, mit allen damit verbundenen Risiken für eine pünktliche Betriebsabwicklung.

Mit Betriebsbeginn soll eine eigene Flughafen-Linie (S 8) von Pasing über Marienplatz—Ostbahnhof—Ismaning im 20-Minuten-Takt eingerichtet werden, um den Fluggästen mit ihrem höheren Anteil an Gepäck auch in den Stoßzeiten ausreichend Platz bieten zu können. Die dazu notwendigen sechs Triebwagen werden fabrikneu beschafft, sie sollen eine Sonderausstattung für ihren speziellen Einsatzbereich erhalten. Die weiteren 15 dafür notwendigen Triebwagen, die dem Bestand zu entnehmen sind, sollen ebenfalls mit neuer Innenraumausstattung versehen werden, so daß für den Flughafenanschluß dann 21 Triebwagen mit Sonderausstattung zur Verfügung stehen werden. So ist sichergestellt, daß mit

Tunnelbaustelle in Ismaning im Herbst 1989

Aufnahme des Flugbetriebs im Frühjahr 1992 auch die S 8 ihren Betrieb aufnehmen kann. Bis zum Flughafen werden sich folgende Reisezeiten ergeben:

▷ vom Hauptbahnhof: etwa 38 Minuten,
▷ vom Marienplatz: etwa 35 Minuten,
▷ vom Ostbahnhof: etwa 30 Minuten.

Die Kapazität dieser Strecke wird auch bei steigenden Fluggastzahlen — in den ersten Jahren nach Inbetriebnahme werden an den Spitzentagen bis zu 25 000 Fahrgäste auf der S-Bahn erwartet — über eine Reihe von Jahren hinweg ausreichen, um eine verkehrsgerechte Anbindung des Flughafens an das S-Bahn-Netz mit guten Verknüpfungen zum Fernverkehr sicherzustellen.

Im Regionalplan München ist allerdings ein zweiter Anschluß des Flughafens an die S-Bahn vorgesehen, nämlich im Westen an die S 1 in Neufahrn. Dazu ist eine etwa sieben Kilometer lange zweigleisige Neubaustrecke zwischen Flughafen und Neufahrn mit einer neuen Isarbrücke nötig, für die im Sommer 1990 das Raumordnungsverfahren eingeleitet wurde (Plan 6). Bei zügigem Verlauf der baurechtlichen Verfahren und bei rechtzeiti-

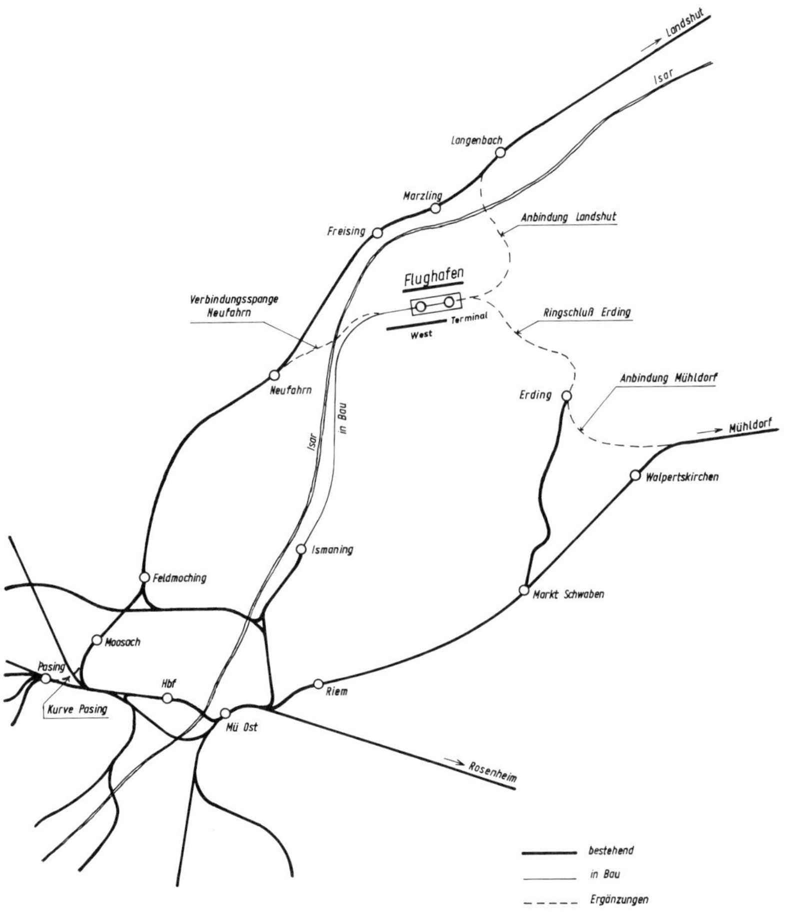

Plan 6: Planungen zur Anbindung des Flughafens München 2 an S- und Fernbahn

ger Bereitstellung der Finanzmittel könnte sie bis 1995 fertiggestellt werden und in einer ersten Stufe gemeinsam mit der S 1 nach Freising — Trennung beziehungsweise Koppelung der Triebzüge in Neufahrn — im 20/40-Minuten-Takt betrieben werden. Mit weiteren Streckenausbauten zwischen München und Neufahrn wäre ein 20-Minuten-Takt ganztägig möglich, ebenso als dritte Stufe ein zusätzlicher 20-Minuten-Takt einer eigenen Expreß-S-Bahn-Linie zwischen Pasing und Flughafen; dies macht allerdings weitere Gleisanlagen erforderlich:

- eine Verbindungskurve zwischen dem Bahnhof Pasing und der S-Bahn-Strecke nach Freising,
- ein abschnittsweiser Ausbau für die S-Bahn auf dieser Strecke mit einem beziehungsweise zwei eigenen S-Bahn-Gleisen.

Des weiteren ist noch der sogenannte „Ringschluß“ über Erding angedacht, der eine Neubaustrecke von etwa 13 Kilometern Länge (davon etwa 2 Kilometer in Tunnellage) von Erding zum Flughafen erfordert, um die S 6 bis zum Flughafen verlängern zu können. Ein ganztägiger 20-Minuten-Takt in einer zweiten Stufe hätte weitere Ausbaumaßnahmen zwischen Ostbahnhof und Erding zur Voraussetzung.

Mit Auflassung des gegenwärtigen Flughafens in Riem soll dort das neue Ausstellungsgelände angesiedelt werden. Die Untersuchungen für einen Anschluß mit drei S-Bahn-Linien sind im Gange.

Die S-Bahn hat sich in ihrem bisherigen Bestehen zu einem unverzichtbaren Verkehrsmittel für die Stadt und die Region entwickelt. Ihre Weiterentwicklung ist eine große Aufgabe der kommenden Jahre, an der sich alle Körperschaften beteiligen müssen, wenn die S-Bahn den weiter auf sie zukommenden Belastungen gewachsen sein soll.

2.3.4 *Portrait einer S-Bahn-Anschlußstrecke — die Dachauer Lokalbahn*

Ende des Jahres 1913 war es endlich so weit — der Malerort Dachau und der Marktflecken Altomünster waren durch eine 29,9 Kilometer lange Eisenbahnlinie miteinander verbunden. Längst ist sie zu einem Stück Heimatgeschichte geworden, was vor allem ein Verdienst des Dichters und Schriftstellers Ludwig Thoma ist, der die mehr als zehn Jahre lang anhaltenden Streitigkeiten um ihre Linienführung und den im Ergebnis doch sehr merkwürdigen Streckenverlauf wiederholt in Komödien und Romanen (Die Lokalbahn, I. Klasse, Altaich und der Ruepp) literarisch aufbereitet hat.

Die Planungen, die in ihren ersten Anfängen bis zum Jahr 1862 zurückreichen, waren zu Beginn dieses Jahrhunderts Tagesgespräch und es verging keine Woche, in der nicht in der örtlichen Presse ein polemischer Artikel zu diesem Thema erschien. Ludwig Thoma, der zu dieser Zeit Rechtsanwalt in Dachau war (von 1894 bis 1897) und in den späteren Jahren immer noch zur Jagd ins Dachauer Hinterland kam, blieb dieser Streit natürlich nicht verborgen. Bei seiner Vorliebe für die Eisenbahn hat er dieses Thema wiederholt aufgegriffen, weshalb die Bahnlinie schließlich den Beinamen „Ludwig-Thoma-Bahn“ bekam. Erstmals beschäftigte sich Thoma in seiner 1902 uraufgeführten Komödie „Die Lokalbahn“ mit den Streitigkeiten um ihre Streckenführung. Mit Beginn des Bahnbaus im Jahre 1910 verfaßt er unter der Überschrift „Verkehr in Bayern“ einen sehr kritischen Artikel über diese Bahnlinie nach Altomünster. Darin beklagt er zunächst, daß man nicht *„frischweg eine Vollbahn von Dachau nach Aichach gelegt hat, die nach allen Seiten hundertfältigen Nutzen spenden könnte“*. Solche Bahnen sind nach seinen Worten schon seit Jahrzehnten nicht mehr im „Königreich“ angelegt worden. *„Viel lieber baut man bald diesem, bald jenem Abgeordneten für seine Wähler Gefälligkeitsbahnen.“* Anstatt nun diese Sackbahn nach Altomünster, die er mit dem Ausdruck *„Crailsheim'sche*) Saugader“* belegt, *„in ziemlich gerader Linie dorthin zu legen, nimmt sie den Umweg nach Kloster Indersdorf. Dort sitzt ein vielvermögender, geistlicher Herr, der sich's vorgenommen hat, daß*

*) damaliger Verkehrsminister

Der Personenzug Allach—Altomünster im Jahr 1963 mit der Lok 86 808 zwischen Bachern und Schwabhausen

ihm die Sackbahn vor die Haustür fahren muß. Seine Wünsche werden selbstverständlich berücksichtigt, und man legt in einer kaum drei Kilometer breiten Talmulde die Schienen nach Indersdorf und wieder zurück und lenkt dann erst gemütlich zum Ziele ein". In seinem 1922 erschienenen Roman „Der Ruepp" greift Thoma das Thema zum letzten Male auf und macht sich — sehr zum Ärger der Dachauer — ganz unverhohlen über die kuriose Linienführung und den Alltagsbetrieb lustig.

Längst gehören diese in der Rückschau idyllisch anmutenden ersten Betriebsjahre der Vergangenheit an. Damals brauchten die Züge für die 29,9 Kilometer lange Strecke noch fast zwei Stunden. Die heutigen, mit Diesellloks bespannten Züge, die als Wendezüge verkehren, benötigen hingegen nur noch 40 Minuten. Seit der Aufnahme des S-Bahn-Betriebs gehört die Strecke zum Münchner Verkehrsverbund, und über den Fortbestand der Strecke braucht man sich — welch eine Ausnahme für eine Lokalbahn — beileibe keine Sorgen zu machen — ganz im Gegenteil! Seit der Fahrplanperiode 1982/83 hat der Landkreis Dachau in Zusammenarbeit mit den betroffenen Gemeinden und dem Münchner Verkehrsverbund ein Busnetz entwickelt, das sich schwerpunktmäßig auf diese Strecke abstützt und ihr infolgedessen ein zunehmendes Reisendenaufkommen gebracht hat. Die für das Gelingen dieser Konzeption notwendige Geschwindigkeitserhöhung wurde einerseits durch Beseitigung oder technische Sicherung von Bahnübergängen erzielt, andererseits aber auch durch Einführung einer neuartigen Signaltechnik mit Streckenblock.

Die Strecke wurde früher im „vereinfachten Zugleitbetrieb" (VZB) betrieben, der zwar kostengünstig ist, aber nur eine Höchstgeschwindigkeit von 60 km/h zuläßt. Nunmehr wurde sie als Pilotstrecke mit dem von der Bundesbahndirektion München entwickelten „Signalisierten Zugleitbetrieb (SZB)" ausgerüstet, der einen echten Streckenblock beinhaltet und deshalb Geschwindigkeiten von 100 km/h zuläßt — auf unserer Strecke allerdings nur 80 km/h: aus Gründen der Linienführung und da eine Umwandlung zur Hauptbahn nicht in Frage kommen kann.

Diese Signaltechnik arbeitet mit Rückfallweichen, mit vereinfachten Signalen, die zugbewirkt oder vom Lokführer mit einem Infrarotsender angesteuert werden, und mit einer magnetischen Zugschlußmeldung. Deren Magnet wird am letzten Wagen eingehängt und wirkt auf einen Empfänger im Gleis, so daß eine Gleisbelegung beziehungsweise -freimeldung mit einfachen technischen Mitteln erreicht wird. Die ganze Signalanlage, die mit erprobten technischen Elementen arbeitet, ist gegenüber einer sonst notwendigen Fernsteuerung wesentlich kostengünstiger in Einrichtung und Betrieb und macht es zudem möglich, auf eine örtliche Besetzung der Bahnhöfe und auf Zugbegleiter für die Betriebsführung zu verzichten.

Die Lok 3201 — bayerische S 2/6, später 15 001 —, die am 2. Juli 1907 auf der Strecke München—Augsburg mit 150 t Zuggewicht die Weltrekordgeschwindigkeit von 154,5 km/h erreichte! Sie ist heute im Verkehrsmuseum Nürnberg zu bewundern

So hat die „Ludwig-Thoma-Bahn" nicht nur literarisches Aufsehen erzielt, sondern ist mittlerweile auch aus signaltechnischen Gründen weltweit bekannt geworden.

2.4 Herausragende Leistungen und Ereignisse

Strecke München—Augsburg

Die Strecke München—Augsburg ist von jeher dank ihrer gestreckten Linienführung für Versuche im oberen Geschwindigkeitsbereich wie geschaffen, was Wunder, daß sie öfter Schauplatz von Rekorden war. So wurde im Jahre 1906 bei der Lokomotivfabrik Maffei in München von ihrem Chefkonstrukteur Anton Hammel eine eigene 2'B2'-h4v-Schnellfahrlokomotive mit der Gattungsbezeichnung S 2/6 und der Betriebsnummer 3201 mit einem Treibraddurchmesser von 2200 Millimeter und einer Verdampfungsheizfläche von 214,5 m^2 gebaut. Mit ihrer formalen Ausgewogenheit und Eleganz wurde sie von vielen als die schönste Dampflok Deutschlands angesehen, die später nur noch von der legendären S 3/6, ebenfalls von Anton Hammel konstruiert, übertroffen wurde. Nach Versuchsfahrten, bei denen langsam Leistung und Geschwindigkeit gesteigert wurden — man stieß hier ja in Neuland vor —, war es endlich so weit: Am 2. Juli 1907 fuhr sie vor einem Zug von vier Schnellzugwagen mit 150 Tonnen Gewicht die Weltrekordgeschwindigkeit von 154,5 km/h!

Die indizierte Leistung betrug dabei 2150 PS, eine für die damalige Zeit ungeheuere Leistung. Heute kann man diese Weltrekordlok im Verkehrsmuseum Nürnberg bewundern.

Aber auch später, nach ihrer Elektrifizierung, war die Strecke für Schnellfahrten gut. So erzielte am 28. Juni 1933 die E-Lok E 04 09 mit 309 Tonnen Anhängelast eine Geschwindigkeit von 151,5 km/h.

Im Jahr 1965 machte die Strecke wieder von sich reden, als während der Internationalen Verkehrsausstellung vom 25. Juni bis 3. Oktober (siehe weiter unten) die damals neu entwickelte Schnellfahrlok E 03 jeden Tag planmäßige Fahrten nach Augsburg mit 200 km/h absolvierte. Das waren keine einmaligen Versuchsfahrten mehr, sondern systematische Dauertests für Fahrzeuge und Signalisierung, denn auch die neu entwickelte Linienzugbeeinflussung (LZB) wurde hier erstmals eingesetzt. Sie überträgt die Stellung der bis fünf Kilometer entfernten Signale in den Führerstand des fahrenden Zuges. Die LZB ist Voraussetzung für Fahrten über 160 km/h, für die wesentlich höhere Bremswege erforderlich sind. Die DB wollte schließlich künftig einen Intercity-Verkehr mit 200 km/h anbieten. Ab 1971 kam dieser IC-Verkehr zum Laufen und schon lange ist eine Geschwindigkeit von 200 km/h für jeweils drei Züge je Stunde und Richtung betrieblicher Alltag auf dieser Strecke geworden. Aber auch heute noch dient die Strecke immer wieder Versuchszwecken in hohen Geschwindigkeitsbereichen, ohne dabei jedoch spektakuläre Rekordfahrten aufzuweisen. Diese Versuche dienen vielmehr der Erprobung der mannigfachen Systemkomponenten wie Laufwerk, Stromabnehmer, Oberleitung usw., wie sie für den Hochgeschwindigkeitsverkehr notwendig sind. So ist es eigentlich nur recht und billig, daß diese Strecke seit Fahrplan 1991 in die künftige Schnellstrecke München—Hamburg eingebunden ist, auf der der neue InterCityExpress (ICE) das Zeitalter des Hochgeschwindigkeitsverkehrs bei der DB einläuten wird.

Eucharistischer Weltkongreß München 31. Juli bis 7. August 1960

Das größte internationale Ereignis in der ersten Nachkriegszeit war der „Eucharistische Weltkongreß" vom 31. Juli bis 7. August 1960. Er verlangte der DB höchste Leistungen ab, wurden doch für den Hauptgottesdienst auf der Theresienwiese eine Million Gläubige erwartet, dementsprechend hoch war auch die Zahl der Gläubigen, die an den übrigen Tagen teilnahmen. Aus dem In- und Ausland waren 65 Mehrtageszüge für die An- und Abreise zu fahren; tägliche Quartierpendler, insgesamt 40 Zugpaare, sorgten neben dem normalen Vorortverkehr für die Anreise der auswärts untergebrachten Besucher; hinzu kamen 50 Eintageszüge aus weiteren Entfernungen; acht Sonderzüge nach Dachau und weitere Sonderzüge zu den eigens angesetzten Passionsspielen in Oberammergau ermöglichten den Besuch besonderer Veranstaltungen.

Der Höhepunkt war der Sonntag, der 7. August, der Tag des Hauptgottesdienstes auf der Theresienwiese, der um 9.30 Uhr begann. Die Füllzeit, entsprechend der Leistungsfähigkeit der für den Fahrverkehr gesperrten Zufahrstraßen, betrug für die eine Million Gläubigen etwa vier Stunden. Dementsprechend früh waren die ersten Sonderzüge bei den Bahnhöfen Pasing, Süd und Ost und den eigens dafür eingerichteten Haltepunkten Heimeranplatz und Margaretenplatz anzubringen. Die Abstellung der 120 Sonderzüge fand in den genannten Bahnhöfen und auf der Isartalbahn nach Wolfratshausen statt, deren schon längst geplante Elektrifizierung zu diesem Termin durchgeführt wurde. Mit den Entlastungszügen im Vorortverkehr, der an diesem Sonntag außerdem wie an Werktagen betrieben wurde, wurden an diesem Tag 300 zusätzliche Züge gefahren; insgesamt waren es in den acht Tagen etwa 600 zusätzliche Züge. Zu berücksichtigen ist dabei, daß in diesen Wochen der übrige Verkehr voll weiterlief, wobei er in München wegen der Ferien ohnehin sehr stark war.

Internationale Verkehrsausstellung 25. Juni bis 3. Oktober 1965

Bei dieser Verkehrsausstellung spielte der Schienenverkehr eine besondere Rolle. Außer der DB waren weitere sieben ausländische Bahnen beteiligt, neben unzähligen Firmen, die ihre Produkte oder Dienstleistungen präsentierten. So wurden in zwei Hallen alle Aspekte des Schienenverkehrs mit Originalen, Modellen, Schautafeln, Filmen und dergleichen gezeigt; auf dem Freigelände waren etwa 30 Gleisbaumaschinen, Kräne, Gleisbagger usw. zu sehen, ebenso über 30 Lokomotiven und Triebwagen und über 50 Personen- und Güterwagen. Besondere Attraktionen waren eine funkferngesteuerte Diesellok (V 90), ein Fahrsimulator, der den Besucher als „Lokführer" wirklichkeitsgetreue Eindrücke bei 200 km/h vermittelte, und eine riesige Modellbahn mit einem Spurplanstellwerk, die die modernste Betriebs- und Signaltechnik vorführte. Absolute Höhepunkte stellten einmal das „Circarama" der Schweizerischen Bundesbahnen dar, ein Rundkino, wo sich der Besucher bei einer Bahnfahrt inmitten der herrlichen Schweizer Bergwelt wiederfand; zum anderen waren es die schon erwähnten Schnellfahrten mit 200 km/h vom Ausstellungsbahnsteig nach Augsburg. Gebannt blickten die Fahrgäste auf die im Großraumwagen installierten Geschwindigkeitsmesser und klatschten begeistert Beifall, sobald die 200-km/h-Marke erreicht wurde. War anfangs nur eine Fahrt täglich eingeplant, mußte schon bald wegen des großen Andrangs dreimal täglich gefahren werden.

(oben): Blick auf das Freigelände der Internationalen Verkehrsausstellung in München (25. Juni bis 3. Oktober 1965)

(unten): Bahnhof Olympiastadion am 1. September 1972. Am rechten Bahnsteig, Gleis 1, steht ein „Superwendezug" aus 15 Silberlingen (Bn-Wagen) mit der Lok in der Mitte

Olympische Sommerspiele 26. August bis 11. September 1972

Die Olympischen Sommerspiele verlangten der DB in vielerlei Hinsicht Höchstleistungen ab. Ein wesentlicher Punkt war die termingerechte Fertigstellung der S-Bahn (Kapitel 2.3), daneben waren allerdings auch bauliche Maßnahmen für die Spiele selbst durchzuführen, wie zum Beispiel der Bf Olympiastadion mit vier Gleisen von je 470 Metern Nutzlänge, sein zweiseitiger Anschluß an den Nordring, der mehrere Brückenbauwerke und entsprechende Abstellgleise im Anschluß an den Bahnhof einschloß. Die Planung des Personenverkehrs stellte die DB vor besondere Aufgaben, waren doch für die Spiele etwa 2,8 Millionen Eintrittskarten verkauft worden. Dabei waren verschiedene Verkehrsarten und -ströme zu unterscheiden:

▷ Besucherverkehr zu den Sportstätten aus dem Großraum München, in den sich S-Bahn, U-Bahn, Straßenbahn und Omnibusse teilten. Dabei wurde das Olympiastadion mit zwei S-Bahn-Linien angebunden: S 11 vom Ostbahnhof über die Stammstrecke und die westliche Zufahrt im 10-Minuten-Takt und die Verlängerung der S 5 von Herrsching durch den

Das Oberhaupt der katholischen Christenheit verläßt am 18. November 1980 im Münchner Hbf den Sonderzug, in dem der Papst von Altötting nach München reiste

Tunnel über den Ostbahnhof hinaus und den östlichen Nordring im 20-Minuten-Takt. Dieser Grundtakt bot eine Leistungsfähigkeit von 12000 Reisenden pro Stunde. Er wurde für den Spitzenverkehr durch Bildung von Langzügen und durch zusätzliche Wendezüge aufgestockt, die vom Ostbahnhof über den Nordring direkt zum Stadion verkehrten, um so die S 5 zu ergänzen. Die Wendezüge waren dabei aus 15 Wagen gebildet, mit der Lok in der Mitte und je einen Steuerwagen an jedem Ende. Die Leistung im Spitzenverkehr betrug somit 25000 Reisende pro Stunde.

Zur Abfahrt der Besucher bei Endspielen oder der Schlußveranstaltung war es durch die großen Bahnsteiglängen möglich, insgesamt acht Langzüge bereitzustellen, drei weitere Langzüge standen noch in den Abstellgleisen bereit. Sie konnten im 5-Minuten-Abstand den Olympiabahnhof verlassen und fuhren teilweise bis zu den S-Bahn-Endpunkten durch.

Die anderen Sportstätten (Riem und Poing für Pferdesport, Oberschleißheim für Kanuwettbewerbe) wurden mit dem Regelangebot bedient, das zu Beginn und Ende mit Zusatzzügen verstärkt wurde.

▷ Quartierverkehr nach München für außerhalb untergebrachte Besucher. Für diesen Besucherkreis wurden täglich 20 Sonderzüge gefahren, Ankunft war teilweise im Stadion, Abfahrt im Hauptbahnhof.

▷ Sonderzüge aus dem weiteren In- und dem Ausland zu besonderen Veranstaltungen (zum Beispiel Endspiele, Schlußveranstaltung).

▷ Sportstättenverkehr, um Sportler vom Olympischen Dorf zu auswärtigen Sportstätten zu bringen, zum Beispiel zu den Kanuwettbewerben in Augsburg (47 Züge) und zu weiteren sieben Orten mit 30 Zügen. Diese Züge führten unter anderem Liegewagen mit Massageabteilen und Speisewagen zur Betreuung der Sportler.

Aus all dem wird ersichtlich, daß der starke Verkehr in München und auf dem Nordring kaum mehr Platz für den Güterverkehr ließ. Er mußte an München vorbeigeleitet werden mit weit ausstrahlenden Einflüssen bis nach Norddeutschland und Oberitalien; so war es möglich, den Rangierbahnhof München Ost völlig für die Abstellung und Behandlung der vielen Sonderzüge freizumachen. Nur die direkt für die Stadt bestimmten Güterzüge durften München anfahren, ihre zuverlässige „Verarbeitung“ war allerdings für die Versorgung der zusätzlichen Besucher unumgänglich. So wurden in diesen turbulenten Tagen nicht weniger als 1733 Sonderzüge (ohne S-Bahn-Verkehr) mit 835000 Reisenden gefahren, wobei an Spitzentagen 194 Sonderzüge anfielen. Bei der S-Bahn waren es 7138 zusätzliche Züge mit 3,18 Millionen Reisenden, zusammen 11 222 Züge (mit Leerzügen) mit 4,01 Millionen Reisenden. Zu bedenken ist ja, daß diese Züge zusätzlich zum Berufsverkehr und dem voll laufenden Ferienverkehr zu bewältigen waren. In der Presse wurde abschließend zum Ausdruck gebracht, daß auch die DB eine Goldmedaille verdient habe — ein hohes Lob nicht nur für die Organisation und den Einsatz von Fahrzeugen, sondern vor allem auch für die Eisenbahner, die mit ihrem Einsatz — unterstützt von 1250 Eisenbahnern aus ganz Deutschland — diese großartige Leistung ohne Pannen bewältigt haben.

Papstbesuche in München 18. bis 19. November 1980 und 3. Mai 1987

Das Oberhaupt der katholischen Christenheit hat zweimal Deutschland besucht, wobei es auch jeweils Station in München machte. Der erste Besuch war geprägt vom Aufenthalt in Altötting, von wo aus der Papst mit einem Sonderzug nach München reiste. Zur heiligen Messe auf der Theresienwiese am 19. November 1980 waren etwa 930 000 Gottesdienstbesucher gekommen, von denen rund 30 000 mit 47 Sonder- und Entlastungszügen neben den Regelzügen aus der weiteren Umgebung anreisten; auch die S-Bahn hatte wieder eine Belastungsprobe zu bestehen, besorgte sie doch die reibungslose An- und Abreise aus dem Stadt- und Außenraum jeweils mit einer Zugfolge von zwei Minuten an der Hackerbrücke.

Der zweite Besuch im Jahre 1987 verlangte mit der heiligen Messe und der Seligsprechung von Pater Ruppert Mayer im Olympiastadion keine größeren Leistungen als bei sonstigen Veranstaltungen. Die Veranstaltungen in Augsburg mußten jedoch wegen Dauerregens abgesagt werden, womit auch das vorbereitete umfangreiche Sonderzugprogramm nach Augsburg entfiel.

Bedeutende Personenbahnhöfe in München

3.1 München Hauptbahnhof

Der „Ur"-Bahnhof auf dem Marsfeld

Mit der ersten Eisenbahn in München schlug natürlich auch die Geburtsstunde des ersten Münchner Bahnhofs. Er wurde auf dem Marsfeld — etwa in Höhe der heutigen Hackerbrücke, damals eine halbe Stunde vor den Toren der Stadt — als Provisorium errichtet und war dementsprechend nur ein schmuckloses Holzgebäude mit zwei „Kassahüttchen". Die Länge der hölzernen Halle betrug immerhin 260 Fuß und seine Weite 53 bayerische Fuß, das entspricht 75,4 beziehungsweise 15,37 Metern (1 Fuß = 0,29 Meter); in ihr befanden sich zwei Gleise und zwei Drehscheiben. Außerdem war noch ein Maschinenhaus für die Lokomotiven vorhanden. Das Reisendenaufkommen betrug bei 100 000 Einwohnern damals etwa 400 Personen pro Tag.

Der erste Bahnhof an heutiger Stelle von Bürklein

Bereits im nächsten Jahr mußte der Bahnhof erweitert werden. Seine bisherige Lage — das war schon vor Baubeginn klar — entsprach keineswegs den Bedürfnissen. In einem Gutachten des berühmten Architekten Friedrich von Gärtner an König Ludwig I. aus dem Jahre 1843 wurden drei Projekte von F. Pertsch und Johann Ulrich Himbsel vorgestellt, mit unterschiedlichen Entfernungen zur Stadt: Platz an der Schießstätte, auf der Marsfeldhöhe und an der Sonnenstraße. Nach längerem Abwägen der günstigsten Lage griff das Schicksal ein: Am Ostersonntag, dem 4. April 1847, brannte das hölzerne Bahnhofsgebäude mit Halle und Wagenschuppen vollständig ab und erzwang eine sofortige Entscheidung. Die Wahl fiel auf den Platz an der alten Schießstätte, einer beliebten Ausflugsgaststätte der „Münchner

Der provisorische „Ur"-Bahnhof von 1839 auf dem Marsfeld, der am 4. April 1847 abbrannte.

(rechts): Der erste Bahnhof an heutiger Stelle, von Friedrich Bürklein 1847—1849 erbaut, Straßenansicht.

(unten): Blick in die Gleishalle des ersten Bahnhofs, 1848, mit fünf Gleisen.

Feuerschützengesellschaft" vor dem „Carls-Thor", wo er sich heute noch befindet. Die Leitung des „Königlichen Bauamtes", eigens für den Bau des neuen Bahnhofs eingerichtet, wurde dem Baukonstrukteur Friedrich Bürklein (1813 bis 1872), einem Schüler und Mitarbeiter von Gärtner, übertragen. Bereits 1848 konnte die neue Bahnsteighalle mit 111 Meter Länge, 29 Meter Breite und 20 Meter Höhe für fünf Gleise in Betrieb genommen werden. Am 1. Oktober 1849 wurde auch das neue Empfangsgebäude eröffnet. In dieser Zeit wurden immerhin schon etwa 1500 Reisende täglich gezählt. Neben zahlreichen technischen Neuerungen, wie einer zentralen Heißwasserheizung, einer Schlaguhr mit zentralem Antrieb ihrer bis zu 130 Meter entfernten Zifferblätter und einer Beleuchtung mit „Pettenkoferschem Leuchtgas" galt vor allem die künstlerische Qualität von Architektur, Gestaltung und Ausstattung als epochemachende Leistung.

Falttafel I, Plan 1

In den folgenden Jahren erfuhr das bayerische Eisenbahnnetz eine stetige Erweiterung, wovon auch München durch neue Strecken betroffen war. Schon bald erwies sich der Bahnhof in seinen Gleisanlagen als zu klein, vor allem als die „Königlich privilegierte Aktiengesellschaft der Bayerischen Ostbahnen" ihre Linie von München nach Landshut am 3. November 1858 eröffnete. So errichtete diese Privatbahngesellschaft nördlich an den Staatsbahnhof anschließend einen eigenen Bahnhof, den sogenannten „Ostbahnhof", der über eine Bahnsteighalle mit vier Gleisen (145 Meter lang, 24 Meter breit), eine Wagenremise mit drei Gleisen, Lokremise, Werkstatt, Güterhalle und weitere Nebengebäude verfügte. Diese neue Halle war um so wichtiger, als am 12. August 1860 die Strecke Rosenheim - Salzburg eröffnet wurde, womit eine durchgehende Verbindung mit Wien geschaffen war. So wurden in diesem Jahr etwa 3500 Reisende täglich gezählt.

Der neue Centralbahnhof

Die Eröffnung weiterer Linien (München—Ingolstadt 1867, München—Haidhausen—Mühldorf—Simbach und München—Rosenheim über Grafing 1871, München—Buchloe 1873) und der fortschreitende zweigleisige Ausbau der Strecken verursachten indes immer neue Kapazitätsprobleme, so daß eine umfassende Neugestaltung der Gleisanlagen des Centralbahnhofs, wie er nunmehr hieß, unumgänglich wurde. In diese Umgestaltung sollte auch der Bahnhof der inzwischen verstaatlichten Ostbahn einbezogen werden. Dachte Bürklein ursprünglich noch an eine dritte südliche Halle entlang der Bayerstraße, wurde dies doch zugunsten einer großzügigeren Lösung verworfen.

In den Jahren 1877 bis 1883 entstand unter der

(links): Blick in die Gleishalle des „Ostbahnhofs", den die bayerische Ostbahn am 1. November 1858 nördlich des Staatsbahnhofs eröffnete, mit vier Gleisen.

(Mitte): Blick auf das Gleisfeld des ersten Bahnhofs in München. In der Mitte ist die Halle von F. von Gärtner zu erkennen, links davon die Halle der Ostbahn. Das Bild muß also zwischen 1858 und 1877 entstanden sein.

(unten): Bau des neuen Centralbahnhofs von Bürklein um 1877 bis 1878. Im Hintergrund die Halle des „Ostbahnhofs" der Ostbahn.

Leitung von Carl Schnorr von Carlsfeld (Bahnhofsanlage), Jacob Graff (Hochbau) und Heinrich Gerber (Konstruktion), dem „Altmeister der Deutschen Eisenbaukunst" — jedem Bauingenieur von den „Gerber-Trägern" im Brückenbau bekannt — eine neue vierschiffige Bahnsteighalle mit 16 Gleisen (sie bildet heute noch mit der Bezeichnung „Haupthalle" das Herzstück des Hauptbahnhofs). Sie wurde der alten Gleishalle, die zwar um die Hälfte verkürzt, aber sonst als Schalterhalle erhalten blieb, westlich vorgelagert. Auch die sonstigen Bauten von Bürklein blieben erhalten, wurden aber teilweise noch nach seinen Plänen erweitert. Ebenso wurde das Gleisfeld gänzlich umgestaltet, wobei eine Teilung in drei Zonen erfolgte:

1. = Innerer Teil (Personenhalle bis Hackerbrücke): Personen-, Eilgut- und Stückgutverkehr
2. = Mittlerer Teil (bis zum „Arbeitersteg", der

(rechts): Die Straßenseite des neuen Centralbahnhofs von Bürklein mit den vier Gleishallen, die von 1877 bis 1883 errichtet wurden.

(unten): So präsentierte sich 1882 das Innere der Gleishallen mit ihren 16 Gleisen dem Fahrgast.

späteren Donnersberger Brücke): Wagenladungsverkehr und Rangierbahnhof

3. = Äußerer Teil (bis etwa heutige Friedenheimer Brücke): Maschinen- und Werkstättendienst mit Lokremisen südlich und Centralwerkstätte nördlich der Gleisanlagen.

Falttafel I, Plan 4

Mit dem Abschluß der Bauarbeiten Ende 1884 hatte der Hbf beträchtliche Ausmaße erreicht:

▷ Länge bis zur letzten westlichen Weiche: 2900 Meter
▷ Größte Breite: 580 Meter
▷ Gesamtlänge der Gleise: 82,3 Kilometer mit 226 Weicheneinheiten und 47 Drehscheiben.

Glaubte man nun, daß der Centralbahnhof „allen vom bau- und betriebstechnischen Standpunkt zu stellenden Anforderungen entsprechen werde“, wie die Chronisten vermeldeten, so täuschte man sich: Er erwies sich bereits wenige Jahre später wieder als zu klein; so war es kein Wunder, daß Friedrich Graf im Jahre 1889 vehement für die Verlegung des Bahnhofs nach Westen, etwa in die Höhe der äußeren Landsberger Straße, eintrat und folgerichtig eine Stadtring-Bahn über Südbahnhof —Ostbahnhof—Bahnhof Schwabing—Nordbahnhof (neu) zur Verknüpfung aller Zulaufstrecken forderte. Doch die im gleichen Jahr aufgestellten Grundsätze sahen nur folgende Erweiterungen vor:

1. Trennung des Güterverkehrs vom Personenverkehr durch weitgehende Konzentration der Güterverkehrsanlagen an der Arnulfstraße (Stückgut und Wagenladungen)
2. Bau eines eigenen Rangierbahnhofes in Laim einschließlich der Verbindungsgleise zu den einzelnen Strecken
3. Bündelung des Fernverkehrs in der alten Bahnsteighalle und Verdrängung des Lokal-Verkehrs in neue Flügelbahnhöfe zu beiden Seiten.

1891 begannen die Bauarbeiten; 1893 wurde der neue Starnberger Flügelbahnhof — wie er heute genannt wird — als erstes größeres Bauwerk in Gestalt eines hölzernen Provisoriums mit sechs Gleisen eröffnet. Doch gerade hier dokumentierte sich der eisenbahntechnische Fortschritt: Dieser Bahnhofsteil bekam 1897 das erste „Kraftstellwerk“ Bayerns, wie die elektromechanischen Stellwerke seinerzeit hießen! Ein Teil dieses Stellwerks kann im Verkehrsmuseeum Nürnberg besichtigt werden. (Leider hielt diese neue Technik nicht auch Einzug im neuen Rangierbahnhof Laim; seine drei mechanischen Stellwerke aus gleicher Zeit auf der Ostseite bei der Friedenheimer Brücke sind immer noch in Betrieb — Qualitätsarbeit verkommt eben nicht, kann man da nur sagen!)

Weiterhin war damit auch die Verlegung der Strecke nach Landshut jenseits des Nymphenburger Parks verbunden; die heutige Landshuter Allee folgt der alten Trasse. Ebenso waren zwei Überwerfungsbauwerke notwendig: eines zwischen Laim und Pasing zur Überführung der Starnberger Strecken (Fern-

(oben): Die Gleisseite des Centralbahnhofs in den Jahren zwischen 1894 und 1900. Links ist bereits der Starnberger Flügelbahnhof mit seinem hölzernen Empfangsgebäude zu erkennen.

(Mitte): Daß München zur gleichen Zeit eine „Bierstadt" war, beweist dieses Bild von Bierwagen, die auf den Gleisen südlich des Centralbahnhofs auf ihre Beladung warten.

(unten): Im Jahr 1903 ging es auf dem Bahnhofsvorplatz noch recht gemütlich zu, wie die Pferdedroschken und Straßenbahnen zeigen.

Plan 7: Studie von Th. Lechner mit Bahnhof auf der Kohleninsel von 1900.

bahn und Vorortbahn ab 1894) über die beiden Strecken nach Landshut und Ingolstadt und ein zweites im Westen für die Holzkirchener Strecke über die Gleise zum Ostbahnhof.

Die beiden Flügelbahnhöfe

Mit dem Abschluß der Bauarbeiten für die Personenverkehrsanlagen im Jahr 1894 verfügte der Centralbahnhof der 407 000 Einwohner zählenden Stadt nunmehr über 22 Gleise für bis zu 300 Züge und 18 000 Reisende täglich. Aber die Anforderungen wuchsen weiter, so daß alsbald neue Pläne heranreiften:

- ▷ Zwei verschiedene Pläne für einen Durchgangsbahnhof auf der Kohleninsel, an der Stelle des heutigen Deutschen Museums, von F. X. Liebig (1896) und Theodor Lechner (1900). Lechner war Direktor der Lokalbahn-AG und wollte u.a. auch die Isartalbahn in den neuen, nur dem Vorortverkehr dienenden Bahnhof einführen. Seine Vorstellungen, die er in einer eigenen Studie veröffentlichte, sind in Plan 7 wiedergegeben.
- ▷ Verschiebung des alten Bahnhofs als Kopfbahnhof westlich der Hackerbrücke.
- ▷ Durchgangsbahnhof an alter Stelle mit einer Untergrundbahn in Richtung Ostbahnhof.
- ▷ Schleifenbahnprojekt, das weit ausholend die Vorortgleise nach Starnberg und Holzkirchen entlang der Achse der heutigen Paul-Heyse-Straße—Seidlstraße, die anderen Gleisanlagen senkrecht kreuzend, miteinander verbunden hätte. Dort wäre ein unterirdischer Bahnhof für den Vorortverkehr entstanden und hätte so den Centralbahnhof dem Fernverkehr allein vorbehalten.
- ▷ Durchgangsbahnhof in der Gegend des heutigen Südbahnhofs.
- ▷ Ausbau des Südbahnhofs selbst zu einem Centralbahnhof.

Wie man sieht, gab es eine große Zahl von Vorschlägen.

Eine Denkschrift vom September 1911 des Königlichen Staatsministeriums für Verkehrsangelegenheiten, in der „die jetzigen Verkehrs- und Betriebsverhältnisse im Münchner Hbf" eingehend analysiert wurden, hat einige dieser Vorschläge durchleuchtet und verworfen, um schließlich einen Regierungsentwurf vorzustellen und als einzig machbaren zu schildern. Er sah — neben einer Erweiterung des Rbf Laim — endlich einen endgültigen Bau des bisher provisorischen Starnberger Flügelbahnhofs (1910 noch auf neun Gleise erweitert) vor und als Pendant dazu auf der Südseite den Bau des Holzkirchener Flügelbahnhofs mit sechs bis acht Bahnsteiggleisen und zwei Ladegleisen. Damit sollte der Nahverkehr ganz aus der Haupthalle herausgenommen werden.

(oben): So stellte sich das Gleisfeld von der Donnersberger Brücke bis zu den Einsteighallen im Jahre 1937 dem Blick dar (vom Hauptzollamt aus). Deutlich ist auch die Kuppel des ehemaligen Verkehrsministeriums zu erkennen.

(unten): Stellwerk 5 war als Reiterstellwerk ausgebildet und war offensichtlich erst erweitert worden. Die bayerische Weichenlaternen, die Oberleitung aus der Anfangszeit der Elektrifizierung und die Kuppel des Starnberger Flügelbahnhofs deuten auf ein Aufnahmedatum zwischen 1930 und 1940 hin, ebenso die Personenwagen bayerischer Bauart mit der Beschriftung nach dem Schema der DR.

Weiter sah der Regierungsentwurf die Anlage eines Abstellbahnhofs westlich der Centralwerkstätte mit kreuzungsfreien Verbindungsgleisen zu den Bahnsteiggleisen, einen eigenen Eilgutbahnhof und moderne Sicherungsanlagen vor.

Für die ferne Zukunft allerdings, jedoch für damals noch nicht spruchreif, heißt es in der Denkschrift bereits visionär, daß *„eine Untergrundbahn für die Züge des großen Fernverkehrs nach dem Osten und Süden Bedürfnis werden"* wird, ebenso auch eine eigene Untergrundbahn von Westen nach Osten für die Nahverkehrszüge. Letztere wurde 60 Jahre später mit der S-Bahn verwirklicht.

Der Regierungsentwurf kam zur Ausführung: 1913 Baubeginn für den Holzkirchener, 1914 Neubau für den Starnberger Flügelbahnhof, 1921 und 1922 Eröffnung beider Flügelbahnhöfe nach kriegsbedingten Unterbrechungen. Damit hatte der Hbf zu Beginn der Reichsbahnzeit mit nunmehr 36 Bahnsteiggleisen seine heutige Größe erreicht. In den folgenden Jahren (1922 bis 1929) wurden neue Stellwerke in elektro-mechanischer Technik in Betrieb genommen. Zum Bau des Abstellbahnhofes kam es jedoch nicht.

Die Reichsbahnzeit

In diese Zeit fiel das große Elektrifizierungsprogramm der Deutschen Reichsbahn, das vor allem im Süden Bayerns mit Zentrum München durchgeführt wurde. So wurde zwischen 1925 und 1927 auf sechs den Hbf berührenden Strecken der elektrische Betrieb aufgenommen.

Anschließend bis zum Ende des Zweiten Weltkriegs blieb nun der Hbf von größeren Umbauten verschont, was aber nicht bedeutet, daß in dieser Zeit keine Pläne für eine durchgreifende Umgestaltung gewälzt worden wären. Bis 1933 waren es hauptsächlich Stellen der Deutschen Reichsbahn (Reichsbahndirektion München, Gruppenverwaltung Bayern und Hauptverwaltung der Deutschen Reichsbahn Berlin), die unter Leitung des Vizepräsidenten Miller groß angelegte Projektierungen für einen Durchgangsbahnhof westlich der Hackerbrücke in Laim aufgriffen, mit neuer Linienführung der Gleise zum Südbahnhof und einem 1900 Meter langen Tunnel unter der Theresienwiese. Gleichzeitig wäre ein neuer Rangierbahnhof in Milbertshofen notwendig geworden, um in Laim Platz zu schaffen. Der Nahverkehr von Westen sollte dagegen in einem eigenen Kopfbahnhof neben dem neuen Hbf enden. Die Weltwirtschaftskrise vereitelte allerdings diese Pläne.

Die Jahre von 1933 bis 1945, dem Ende des Zweiten Weltkriegs, waren gekennzeichnet durch die riesigen Planungen zur völligen Umgestaltung der Münchner Bahnanlagen. Auf sie wird an anderer Stelle ausführlich eingegangen (siehe Kapitel 1.2.2), so daß hier auf eine Beschreibung verzichtet werden kann, zumal die Anlagen des Hbf noch nicht für eine Bautätigkeit angetastet worden waren. Es folgten lediglich bei Kriegsbeginn umfangreiche Arbeiten für den Luftschutz.

Ein Ereignis in diesem Zeitraum verdient es, erwähnt zu werden, da es dem Hbf Höchstleistungen abverlangte: Die Olympischen Winterspiele 1936 in Garmisch-Partenkirchen. So wurden beispielsweise zur Schlußfeier 43 Sonderzüge mit je etwa 1000 Reisenden im Starnberger Flügelbahnhof auf sechs Gleisen mit einem Zugfolgeabstand von sieben Minuten abgefertigt.

(oben): Der Krieg hinterließ die Stadt München und den Hauptbahnhof als Trümmerfeld, wie diese Aufnahme von 1945 belegt.

(Mitte): Deutlich sind die teilweise zerstörten und abgedeckten Konstruktionen der Bahnhofshallen, die Trümmer der Randbauten, die Bretterbude des Starnberger Flügelbahnhofs und die angeschlagenen Gebäude mit der Kuppel des ehemaligen Verkehrsministeriums zu erkennen.

(unten): Blick durch das abgedeckte bzw. fehlende Hallendach in den Himmel.

Mit dem Fortgang des Kriegs begann die schwere Zeit der Luftangriffe auf München, von denen auch der Hbf nicht verschont blieb. Penibel genau aufgeführt sind in den Kriegstagebüchern der Reichsbahndirektion München unter anderem Zeitdauer der Angriffe, Zahl und Art der Bomben, Schäden an einzelnen Anlageteilen, Schadensbekämpfung, Verluste an Menschen und Material, Wiederaufnahme des Betriebs, eingesetztes Material usw. Waren die Schäden 1942 und 43 noch relativ gering, steigerten sich die Angriffe 1944 an Zahl und Intensität: Neun Angriffe mit schwersten Schäden — kein Wunder, daß die tägliche Zugzahl auf 570 absank! 1945 endlich zerstörten zwei Angriffe (7. Januar und 25. Februar) den Hbf fast restlos mit allen Hochbauten, Bahnsteighallen- und -anlagen, Gleisanlagen, Stellwerken usw. Bis auf wenige Vorortzüge, die auf Sicht pendelten, war kein

(links): 1949 waren die Stellwerksanlagen schon längst wieder betriebsbereit, wie die Signalbrücke des Holzkirchner Flügelbahnhofs beweist. Sie wurde übrigens am 3. Februar 1965 abgebrochen, nachdem das neue Zentralstellwerk am 11. Oktober 1964 in Betrieb gegangen war.

(Mitte): 1950 waren die zerstörten Hallen abgebrochen, und die ersten vier Felder der Haupthalle, die den Querbahnsteig überdachen, sind in Bau.

(unten): 1951 geht es wieder mächtig zu im Hauptbahnhof: Eben hat die Lok 18481 (ehemalige bayerische S3/6) einen Zug aus dem Allgäu angebracht.

Zugverkehr mehr möglich. Sämtliche Fernzüge mußten umgeleitet werden. Die Schäden bezifferten sich auf etwa 7,1 Millionen DM, vom menschlichen Leid mit zahlreichen Toten und Verletzten nicht zu reden.

Wiederaufbau nach dem Zweiten Weltkrieg

Nach dem Einzug der Amerikaner in München am 30. April 1945 — eine Verteidigung des Hbf durch deutsche Truppen konnte, da sinnlos, gerade noch verhindert werden — begann bereits am 6. Mai 1945 der Wiederaufbau der Gleisanlagen und die provisorische Betriebsaufnahme. Wiederaufbau hieß damals: Umständliche Genehmigungsverfahren und Entscheidungen der Besatzungsmacht, Zigarettenwährung, Baustoffmangel, Lebensmittelnot. Trotz allem: Die Zugzahl konnte von sechs Zügen auf der Vorortbahn nach Pasing am 10. Mai stetig auf 128 (24. Juni), 148 (24. August) und endlich auf 235 (16. Dezember) Züge erhöht werden. Nach und nach gelang es unter Bevorzugung der Anlagen, die der Betriebsführung dienten, den Wiederaufbau zügig voranzutreiben. Nach Abbruch der einsturzgefährdeten Hallenkonstruktion (16. Mai bis 16. August 1949) und nach Sprengung der nicht mehr verwendbaren Gebäuderuinen erfolgte im Mai 1950 die Fertigstellung der Schalterhalle, des Starnberger Flügelbahnhofs und der ersten vier Felder des Dachs der Haupthalle.

Die endgültige Überdachung der Haupthalle über die gesamte Länge zog sich noch bis 1960 hin; sie bietet aber mit ihrer einzigen Stützenreihe in der Mitte bei den doch beträchtlichen Ausmaßen (Breite: 140 Meter = 2 x 70 Meter Spannweite, Länge: 222 Meter) ein

(oben): Auf dem Bild vom 9. Februar 1965 ist die Wirkung der Weichenheizung zu erkennen, mit der der Hauptbahnhof seit 1960 ausgerüstet wurde.

(unten): Die neue Haupthalle wurde am 1. August 1960 fertiggestellt. Auf diesen Bildern allerdings ist sie noch voll in Bau.

imposantes und auch faszinierendes Bild, wie der bewundernde Blick der Königin von England bei ihrer Ankunft in München am 21. Mai 1965 bei ihrem Staatsbesuch in Deutschland bewies. Gleichzeitig mit der Fertigstellung der Halle (1. August 1960) wurde auch das neue Empfangsgebäude vollendet, mit dem sich heute der Hbf zur Stadtseite hin präsentiert.

Für diese Aufbaujahre sind noch nachfolgende Ereignisse erwähnenswert:

▷ 26. Juni 1952: Elektrischer Wendezugbetrieb mit E 44 G (geschoben) und roten Abteilwagen

▷ Mai 1954: Holzkirchener Flügelbahnhof ist mit elektrischer Oberleitung überspannt

▷ 6. Februar 1956: Rangierfunk für den Hbf in Betrieb, damit verbunden eine Beschleunigung des Rangierbetriebes und Steigerung der Sicherheit

▷ 1. Juli 1956: Erster Autoreisezug in München (Holzkirchener Bf)

▷ 1. August 1958: Überdachung des Querbahnsteiges des Holzkirchner Flügelbahnhofes.

Zentralstellwerk

Ein bedeutendes Datum für die sichere und beschleunigte Betriebsführung und für eine wesentliche Verbesserung der Wirtschaftlichkeit war der 11. Oktober 1964: Um 4.00 Uhr morgens konnte nach einer vierstündigen Betriebsruhe, in der kein Zug verkehrte, das neue Zentralstellwerk für den Hauptbahnhof in der Bauart SpDrS 60 in Betrieb genommen werden. Von ihm wurden 295 Weichen und 446 Signale, 300 Abschnitte der elektrischen Gleisfreimeldung und sieben Selbstblockstrecken mit 60 Hauptsignalen gesteuert. Der Bedienung des Stellwerkes dienten vier Stelltische: je ein Tisch für die beiden Flügelbahnhöfe, zwei für die Haupthalle. Eine Fernsteue-

(links): Am 26. Juni 1952 wird der Wendezugbetrieb versuchsweise aufgenommen. Eine E44G (G für geschoben) verkehrt mit rot gestrichenen Abteilwagen und einem Steuerwagen zwischen München und Dachau und entlastet so die Bahnhöfe, da die Lok beim Wenden nicht mehr den Zug umfahren muß. Es war der erste Versuch dieser Art in Deutschland.

(Mitte links): Im internationalen Verkehr werden 1957 die „Trans Europ Expreß"-Züge (TEE) in Fahrt gesetzt: Am 15. Oktober 1957 verläßt der TEE „Mediolanum", ein italienischer Dieseltriebwagen, den Hauptbahnhof in Richtung Mailand.

(Mitte rechts): ET 11 vom Bw München Hbf steht am 12. März 1958 als „Münchener Kindl" abfahrbereit im Hauptbahnhof. Zu dieser Zeit versorgten noch „Bauchladenhändler" die Reisenden mit Proviant.

(unten): Ausfahrt des VT601 als „Mediolanum" aus dem Hauptbahnhof.

rung entfernter Abzweigstellen, eine Zug- und Loknummernmeldeanlage, eine automatische Zuglenkung und ein Belegblattdrucker ergänzten die Anlage. Waren in den alten Stellwerken vorher 155 Bedienstete für die Bedienung und zwölf für die Unterhaltung notwendig, so benötigte das neue Stellwerk nur noch 58 Bedienstete für den Betrieb und allerdings 16 für die Unterhaltung.

Es konnten also 93 Bedienstete für andere Aufgaben gewonnen werden. Mit dem markanten Stellwerksbau an der Hackerbrücke mitten im Gleisfeld, wurde auch ein unübersehbarer optischer Akzent gesetzt.

Paketumschlagbahnhof der Post

Ein großer Personenbahnhof hat vor allem den Reisenden zu dienen; dies traf allerdings für den Hauptbahnhof nicht mehr zu. Er war im Laufe der Jahre zu einem ausgedehnten Umschlagbahnhof für die Post geworden, sogar über eine eigene Post-U-Bahn mit dem *(rechts): Blick vom Zentralstellwerk des Hauptbahnhofs auf den Tunnelmund der S-Bahn und das Bundesbahn-Zentralamt München (linkes Gebäude).*

(unten): Die Halle des Postbahnhofs mit Stellwerk im Jahr 1969.

Postamt an der Hopfenstraße verbunden. Um die allmählich immer unerträglicher werdenden Verhältnisse für die Reisenden endlich zu verbessern, aber auch um dem ständig wachsenden Aufkommen an Paketen auch weiterhin gewachsen zu sein, hat die Post am 18. August 1969 einen großen Paketumschlagbahnhof an der Wilhelm-Hale-Straße in Betrieb genommen, etwa drei Kilometer westlich des Hauptbahnhofs. Kernstück ist eine große freitragende Halle von beachtlichen Ausmaßen: eine bis 27 Meter hohe Bogenkonstruktion mit fast 150 Meter Spannweite überdacht ohne jede Zwischenstütze eine Fläche von 20 000 m^2 mit 15 Gleisen und Ladebahnsteigen. Ein eigenes Gleisbildstellwerk steuert die 67 Weichen und 77 Signale des Postbahnhofes.

Sein zweigleisiger Anschluß an den Hauptbahnhof erforderte einen eigenen Tunnel von 235 Meter Länge — zusammen mit den Rampen beträgt die Länge sogar rund 600 Meter. Er unterfährt die Gleise zum Containerbahnhof, die heutige S-Bahn-Stammstrecke und die Strecke nach Garmisch, in Höhe der Donnersberger Brücke.

S-Bahn-Bau

Bald folgten mit dem Baubeginn der S-Bahn (siehe Kapitel 2.3) am 6. März 1967 auch für den Hbf betrieblich schwierige Zeiten. Die Bahnsteige im Starnberger Flügelbahnhof mußten für den Vorlaufbetrieb mit den neuen S-Bahn-Triebwagen (ET 420) auf die notwendige Höhe gebracht werden und die frühere Starnberger Vorortbahn war zur S-Bahn-Stammstrecke auszubauen. Letzteres erforderte umfangreiche neue Gleisverbindungen zwischen den Zulaufstrecken und der Stammstrecke und neue Bahnsteiganlagen für die Haltepunkte. Die Reisenden waren jedoch am meisten von der Baugrube des Tunnelbahnhofs unter der Arnulfstraße betroffen. So war denn der Betriebsbeginn der S-Bahn am 28. Mai 1972 für alle eine große Erlösung.

Dem Betriebsbeginn der S-Bahn folgte wenig später der sportliche Höhepunkt in Münchens Geschichte: die Olympischen Sommerspiele vom 26. August bis 11. September 1972, die der Bahn in München Höchstleistungen abverlangten. So wurden beispielsweise am 2. September 1972 194 Sonderzüge mit etwa 35 000 Reisenden gefahren; in diesen Zahlen sind die Anteile der S-Bahn nicht enthalten. Dies belastete natürlich auch den Hauptbahnhof bis an seine Leistungsgrenze, der Verkehr konnte aber ohne Zwischenfälle abgewickelt werden.

In den folgenden Jahren tat sich im Gleisfeld des Hbf nichts besonderes, aber es liefen bereits Planungen für zwei einschneidende Veränderungen der baulichen Anlagen des Hbf,

(links): Südstreckeneinführung: Überwerfungsbauwerk zwischen Donnersberger Brücke und Hackerbrücke am 31. Mai 1981.

(unten): Die Hackerbrücke mit S-Bahn-Haltepunkt, vom Stellwerk Hbf aus gesehen.

deren Ausführung 1978 anlief: Der Bau der sogenannten Südstreckeneinführung für die S-Bahn und die Bahnsteigaufhöhung in der Haupthalle.

Südstreckeneinführung

Die Südstreckeneinführung brachte den Anschluß der Linie von Wolfratshausen an die Stammstrecke als S 7, gleichzeitig auch die Anbindung der Südstrecken von Holzkirchen (—Bayrischzell/Lenggries/Tegernsee) an den Starnberger Flügelbahnhof und damit erheblich kürzere Wege für die Reisenden. Einschneidend war die Baudurchführung, mußte doch das ganze Vorfeld des Hbf mit 13 bzw. 14 Gleisen in Höhe der Donnersberger Brücke mit einem 260 Meter langen Tunnel mit anschließenden Rampen (Gesamtlänge des Bauwerkes: 570 Meter) unterfahren werden. Dies hatte sehr difizile Bau- und Betriebszustände zur Folge. Gleichzeitig wurde auch die Brücke zwischen der Hackerbrücke und der Donnersberger Brücke fertiggestellt. Nach einer Bauzeit von drei Jahren konnte am 31. Mai 1981 hier der Betrieb aufgenommen werden.

Bahnsteigaufhöhung und Vorstellgruppen

Baubeginn für die zweite bauliche Veränderung, nämlich für die Aufhöhung der Bahnsteige in der Haupthalle, war im August 1978 am Gleis 26. Die alten Bahnsteige mit Bahnsteighöhen von 20 bis 38 Zentimetern über Schienenoberkante und Breiten von nur 5,40 Meter bis 6,00 Metern entsprachen keinesfalls mehr den Anforderungen; ebenso waren ihre Längen nicht mehr ausreichend. Unter Aufgabe der alten, noch kürzeren und schmalen (3,20 Meter) Gepäckbahnsteige war es möglich, alle Bahnsteige auf Breiten bis zu 10,20 Meter und Höhen von 76 Zentimetern zu bringen und mit einer einheitlichen gefälligen Bahnsteigausrüstung (Vitrinen, Bänke, usw.) zu versehen. Weiter konnten neun Bahnsteige auf eine Länge von 430 Metern gebracht werden, womit sie auch dem Verkehr mit dem InterCityExpress (ICE) gerecht werden können. Längs unter dem Bahnsteig 12/13 wurde außerdem ein Gepäcktunnel errichtet. Mit seinen Zufahrtsrampen und Quertunneln entlastet er wesentlich den Querbahnsteig vom Karrenverkehr für Gepäck, Expreßgut und Post.

Weiterhin wurden zwei vorhandene Abstellgleisgruppen erweitert und zu Vorstellgruppen für die maschinentechnische Behandlung (Reinigung, Untersuchungen, Bremsproben, kleinere Reparaturen usw.) mit Bühnen und Anschlüssen für Luft, Wasser, Elektro ausgebaut: Die Vorstellgruppe Nord (Vn) mit 14 und Süd (Vs) mit zehn Gleisen und eigener

(rechts): ICE-Waschanlage zwischen Hackerbrücke und Donnersberger Brücke. Nicht sichtbar: Die Kläranlage unter der Halle zur Reinigung des Waschwassers (Rückgewinnung bis 90 Prozent!). Rechts ist der neue ICE zu sehen.

(Mitte): Die große Informationstafel am Querbahnsteig im Dezember 1980.

(unten): Ein besonders beliebtes Gefährt der Münchner darf nicht fehlen: Der „Gläserne Zug" oder ET 49 001, wie er amtlich heißt, vor der Abfahrt im September 1986 von Gleis 35 im Starnberger Flügelbahnhof.

Waschanlage. Sie werden von eigenen Dr-Stellwerken (SpDrS 60) bedient. Vor allem bei der Vorstellgruppe Süd konnte eine erhebliche Rationalisierung erzielt werden, ersetzte doch hier das Stellwerk acht Handweichenposten mit 36 Dienstkräften und den Tisch 1 für den Holzkirchener Flügelbahnhof im Zentralstellwerk. Die beiden Vorstellgruppen ermöglichten eine wesentliche Leistungssteigerung des Hbf, weil in ihnen die Züge fertig gebildet und mit der Zuglok zum Bahnsteig gebracht werden können. Dadurch verkürzt sich die Aufenthaltsdauer am Bahnsteig und mehr Züge als bisher können das gleiche Gleis benutzen. Dieser für die Betriebsführung so bedeutende Ausbau blieb allerdings für die Reisenden weitgehend unbemerkt.

Falttafel II, Plan 7

Der Abschluß aller Baumaßnahmen wurde erst zu Weihnachten 1987 erreicht; die lange Bauzeit von zehn Jahren erklärt sich zum einen aus dem großen Umfang der Bauarbeiten, zum anderen aus ihren erheblichen Auswirkungen auf den Betriebsablauf, der nicht zu sehr beeinträchtigt werden durfte.

Informationsanlage

Noch während der eben erwähnten Bauarbeiten an den Bahnsteigen gab es 1981 eine große Verbesserung im Kundendienst der Reisenden: Eine neue Informationsanlage ging in Betrieb!

Sie umfaßt folgende Anzeigemedien:

- ▷ Eine große zentrale Informationstafel mit Faltblattanzeigern am Querbahnsteig beim Ausgang aus der Schalterhalle.
- ▷ Zuganzeiger an den einzelnen Gleisen (Gleise 11 bis 26 der Haupthalle, 27 bis 36 des Starnberger Flügelbahnhofs), ebenfalls als Faltblattanzeiger. Sie ersetzten die alten, von Hand gesteckten Tafeln auf dem Prellbock.
- ▷ 37 Monitore für innerbetriebliche Stellen, z. B. Auskunft, Fahrkartenschalter, Gepäckladedienst usw.

Die Anlage wird von einem Rechner gesteuert, in dem die einzelnen Zugdaten jeweils beim Fahrplanwechsel abgespeichert werden. Sonderzüge sind für den einzelnen Verkehrstag einzugeben. Die aktuellen Daten werden an der Signalanlage abgegriffen wie

(links): Blick vom Hallendach des Hauptbahnhofs über das Gleisvorfeld zur Hackerbrücke. Ein neuer ICE fährt am 15. Mai 1991 auf Gleis 14 in die Haupthalle ein.

(unten): Blick vom Stellwerk auf das Gleisvorfeld des Hauptbahnhofs am 17. Februar 1991.

z.B. das tatsächlich benutzte Gleis und die Löschung bei Abfahrt, Verspätungen werden von der rechnergestützten Zuglaufüberwachung in der Betriebssteuerzentrale im Hause der Bundesbahndirektion übernommen. Dieser hohe Automatisierungsgrad ermöglicht eine rasche und zuverlässige Information der Reisenden.

Waschanlage für den ICE

Bis 1989 gab es nur eine kurze Verschnaufpause bei den Bauarbeiten: In der Vorstellgruppe Süd wurde mit dem Bau einer neuen Waschanlage für den ICE begonnen, die in einer geschlossenen Halle von 212 Meter Länge untergebracht ist und für einen neuen Blickfang von der Hackerbrücke und der Donnersberger Brücke aus sorgt. Sie wird bis zum Sommerfahrplan 1991 fertiggestellt sein, wenn die DB den auf 250 km/h ausgelegten Hochgeschwindigkeitsverkehr über die Neubaustrecken aufnimmt. Die ersten ICE-Züge werden bekanntlich zwischen Hamburg und München über Frankfurt (Main)—Stuttgart verkehren. Nebenbei sei noch erwähnt, daß sich im Keller der Waschanlage — unter dem Gleis — eine Aufbereitungsanlage für das Waschwasser befindet, die im Endausbau bis zu 90% des verbrauchten Wassers rückgewinnen läßt.

Ausblick

Aber damit wird es nicht sein Bewenden haben, weitere Neubau- und Ausbaustrecken sind bereits im Bau oder in Planung, zusätzliche ICE sind bestellt. Für München ergibt sich dadurch die Notwendigkeit einer neuen Behandlungsanlage. Die Planungen für dieses ICE-Betriebswerk sind längst angelaufen, der Baubeginn läßt sicher nicht mehr lange auf sich warten.

Die Geschichte des Münchner Hbf läßt von Anbeginn an das stetige Bemühen der Eisenbahn erkennen, seine Leistungsfähigkeit in sparsamer Weise immer wieder den Anforderungen der Reisenden und der Betriebsführung anzupassen, sind doch ein guter Fahrplan und eine hohe Pünktlichkeit der beste Kundendienst. Die zentrale Lage am Rande der Altstadt und die gute Anbindung an das Nahverkehrsnetz (S-Bahn, U-Bahn) sind dabei ein großer Vorzug, für den manche Behinderungen und Beengungen in Kauf genom-

Länge des Bahnhofsbereiches	1900 m
größte Breite des Gleisvorfeldes	400 m
geringste Breite des Gleisvorfeldes (Bereich Hackerbrücke)	130 m
Zahl der Bahnsteiggleise, Zuggleise in ()	
▷ Holzkirchener Flügelbahnhof	8 (6)
▷ Haupthalle	16 (16)
▷ Starnberger Flügelbahnhof	10 (10)
Daten der Haupthalle: Länge / Breite / Höhe	222 / 140 / 17 m
Zahl der Hauptsignale	52
Zahl der Weicheneinheiten	ca. 550
Zahl möglicher Fahrstraßen	224 (nur Stw Mf*)
Zahl der Fahrdienstleiterstellwerke	3 (Mf, Mfs, Kn)*
Zahl der Weichenwärterstellwerke	4 (Pt, Vn, Bw Ost, Bw Süd)*
Zahl fernbedienter Abzweigstellen	2
Zugfahrten	ca. 700, in der Spitze 800
Rangierfahrten	ca. 4000 / Tag
Lokbewegungen	ca. 600 / Tag
Anteil beginnender und endender Züge	96 %
Reisende im Fern- und Bezirksverkehr	120000 Tagesmittel
S-Bahnfahrgäste	170000 Tagesmittel
Zahl der Mitarbeiter	1075

*Bezeichnung der Stellwerke:
Mf: München-Fahrdienstleiter (Zentralstellwerk mit 3 Stelltischen und Betriebsüberwachung)
Mfs: München-Fahrdienstleiter Süd (früher Vorstellgruppe Süd)
Kn: Abzweigstelle Kanal
Pt: Postbahnhof
Vn: Vorstellgruppe Nord
Bw Ost: Bereich Bw München 1 östlich der Ellokhalle
Bw Süd: Bereich Bw München 1 südlich des ehemaligen Rundlokschuppens 3

Tabelle 6 (oben): Daten zum Münchner Hauptbahnhof.

(unten): Der erste Pasinger Bahnhof aus dem Jahr 1854 steht noch immer. Doch kaum jemandem fällt er auf, da ihn Bäume weitgehend den Blicken entziehen.

men werden müssen. Die wiederholt diskutierte und doch immer wieder verworfene Verlegung, die sich durch die 150-jährige Geschichte des Hbf zieht, wird daher auch für die Zukunft wohl nicht zum Tragen kommen.

Abschließend wird noch auf die Tabelle 6 verwiesen, in der die wichtigsten Daten des Hauptbahnhofs, einer der größten Kopfbahnhöfe Europas, zusammengetragen sind.

3.2 Bahnhof München-Pasing

Der Bahnhof Pasing zur Staatsbahnzeit

Faltplan I, Plan 2

Als am Sonntag, dem 25. August 1839, der erste Zug von München nach Lochhausen (damalige Endstation) fuhr, hatte das weit vor den Toren Münchens gelegene Dorf Pasing noch keine eigene Station. Erst im Zuge der Verlängerung der Strecke bis Augsburg, wurde in Pasing ein Haltepunkt mit zwei kleinen Holzhäuschen eingerichtet. Seinen ersten Bahnhof erhielt es jedoch erst zehn Jahre nach der Verstaatlichung der Eisenbahn, also 1854. Ausschlaggebend hierfür war der Bau der Bahnlinie nach Starnberg. Das seinerzeit errichtete Bahnhofsgebäude, ein zweigeschossiger Backsteinbau mit zwei ebenerdigen Flügelbauten rechts und links davon, verbunden durch eine halboffene Wartehalle, steht noch heute.

Der Verkauf von Grundstücken für den Eisenbahnbau brachte alsbald Wohlstand ins Dorf und war, als immer weitere Strecken gebaut wurden, schließlich ausschlaggebend für die rasche Entwicklung von Pasing. Deshalb nahm auch niemand daran Anstoß, daß die immer breiter werdenden Bahnanlagen die nördliche Dorfflur von der südlichen allmählich wie ein Riegel voneinander trennten. Die zunächst damit verbundene Entwicklungsstagnation im Bereich der nördlichen Dorfflur erwies sich jedoch gegen Ende des Jahrhunderts als günstige Vorbedingung für die Errichtung zweier Villenkolonien.

In den ersten Jahren kreuzten die Pasinger Gleisanlagen noch vier schienengleiche Übergänge. Sie wurden jedoch wegen des stetig wachsenden Zugverkehrs nach und nach beseitigt. Zuerst entstand in den siebziger Jahren die Unterführung an der Pippingerstraße westlich des Bahnhofs. Als gegen Ende des letzten Jahrhunderts August Exter die erste Villenkolonie errichtete, baute er östlich des Bahnhofs einen eisernen Steg über die Gleise, den Extersteg, der 1903 durch eine Unterführung unmittelbar neben dem „Urbahnhof" ersetzt wurde. Schließlich bedurfte es zur Verbindung der heutigen Mendelsohnstraße mit der Landsberger Straße noch einer weiteren Unterführung. Im Zuge der Neugestaltung der Bahnanlagen in den 50er Jahren schüttete man diese Unterführung allerdings wieder zu und ersetzte sie durch die jetzige Offenbachunterführung.

Als 1872 die Arbeiten für die Bahnlinie nach Buchloe begannen und der Bahnhof auf sechs Gleise mit 25 Wärterhäuschen erweitert wurde, platzte der aus dem Jahre 1854 stammende Bahnhofsbau aus allen Nähten. Noch im gleichen Jahr begann man mit dem Bau eines neuen, inzwischen unter Denkmalschutz stehenden Bahnhofsgebäudes und auf der gegenüberliegenden Gleisseite mit dem Bau eines Güterschuppens.

Um die Jahrhundertwende war Pasing schließlich zu einem Eisenbahnknotenpunkt geworden, von dem vier Linien in westlicher Richtung abzweigten. Als 1905 Pasing eingemeindet wurde, hatte der Zugverkehr von und

(links): Der Pasinger Bahnhof am 15. Dezember 1951. Damals hatten die Bauarbeiten zur Verlegung des Bahnhofs erst begonnen; doch schon Jahre vorher hatte man das für den neuen Bahnhof vorgesehene Gelände um rund 2 Meter mit Kies und Trümmerschutt aufgefüllt.

(unten): Das unter Denkmalschutz stehende Gebäude des Pasinger Bahnhofs von der Straßenseite aus gesehen. Es ersetzte 1872/73 den zu klein gewordenen „Ur"-Bahnhof.

nach München mit einem 7,5-Minuten-Takt fast die Dichte des heutigen S-Bahn-Verkehrs erreicht. Dies war zugleich ein wichtiger Grund, weshalb diese „Stadt vor der Stadt" zu einem bevorzugten Ausflugsziel der Münchner wurde. Hinzu kam natürlich, daß Badeanstalten, Gaststätten und dergleichen entsprechende Anreize boten.

Elektrifizierung

Als am 23. Februar 1925 der elektrische Zugbetrieb von München nach Garmisch aufgenommen werden konnte, hatte mit dieser erstmals in Süddeutschland durchgeführten Elektrifizierung einer Hauptbahnstrecke ein neues Kapitel der Eisenbahngeschichte begonnen. Dies war damit auch der Tag, seitdem von Elloks der Gattung EP 2, EP 5 oder EG 3 gezogene Züge planmäßig den Pasinger Bahnhof erreichten. Ihre tägliche Anzahl nahm rasch zu, zumal seit 1. August des gleichen Jahres auch die Strecke nach Herrsching elektrisch betrieben wurde. Als zwei Jahre später, am 17. Oktober 1927, auch auf der Strecke nach Augsburg der elektrische Zugbetrieb bis Nannhofen aufgenommen wurde, waren in Pasing die Elektrifizierungsarbeiten bis auf weiteres abgeschlossen.

Umgestaltung der Anlagen in den 50er Jahren

Von den Planungen der Reichsbahnzeit, den Hauptbahnhof nach Westen Richtung Pasing zu verlegen, wäre auch der Pasinger Bahnhof betroffen gewesen. Doch nach Kriegsende wurden diese Planungen nicht wieder aufgenommen und der zerstörte Hauptbahnhof wurde an der alten Stelle neu aufgebaut. Man kam aber nicht umhin, seine Leistungsfähigkeit zu steigern, weshalb in den fünfziger Jahren auch die Pasinger Bahnanlagen entsprechend ausgebaut wurden. Hierzu hatte man bereits unmittelbar nach dem Kriege rund eine halbe Million Kubikmeter Kies und Trümmerschutt nördlich der bestehenden Bahnanlagen abgelagert, die schließlich eine 80—90 Meter breite und zwei Meter hohe Aufschüttung ergaben. Mit den Bauarbeiten begann man allerdings erst Ende 1951; sie erstreckten sich dann über einen Zeitraum von sieben Jahren. In dieser Zeit entstand ein völlig neuer Bahnhof mit rund 24 Kilometer Gleisen und zweiseitigem Zu- beziehungsweise Ausgang. Das alte Bahnhofsgebäude steht seitdem zwar „im Abseits", hat jedoch seine Funktion beibehalten und ist durch einen geschlossenen Verbindungsbau an die Bahnsteige angebunden. Im Zuge des Bahnhofneubaus wurden nicht nur die bestehenden Unterführungen durch neue ersetzt, sondern es wurde auch noch ein Post- und Gepäcktunnel mit Aufzügen zu den Bahnsteigen errichtet.

An weiteren baulichen Anlagen ist vor allem das auf einem Bahnsteig stehende Zentralstellwerk zu erwähnen. Das von Siemens in den Jahren 1954 bis 1957 installierte Gleisbildstellwerk der Bauart DrS ersetzte fünf mechanische Stellwerke sowie ein Befehlsstellwerk. Es benötigt gegenüber 46 nur noch 15 Bedienstete zur Bedienung. Angeschlossen an das neue Zentralstellwerk sind 120 Weichen und 83 Signale (einschließlich Signalwiederholer und Sperrsignale), mit denen sich insgesamt 409 Zug- und Rangierstraßen bilden lassen. In der Zeit von 1961—1964 wurde das Stellwerk noch mit einem Selbstblock und einer Zugnummernmeldeeinrichtung ausgestattet. Gleichzeitig wurde auch das neue Gleisbildstellwerk an der Abzweigstelle „Landsberger Straße" (Bauform Sp Dr S 60) über eine Fernsteuerung an das Pasinger Stellwerk angeschlossen.

Den Abschluß der Umbauarbeiten bildete der im Jahre 1959 durchgeführte kreuzungsfreie Ausbau des westlichen Bahnhofskopfes. Hierbei wurden die Gleise der Augsburger Strecke mit einem Überwerfungsbauwerk über die zum Betriebsbahnhof beziehungsweise von ihm kommenden Gleise hinweggeführt. Dazu mußte die Strecke nach Süden verschwenkt und angehoben werden. Auf der alten Bahntrasse und dem bis zum neuen Damm verbliebenen Gelände befindet sich seitdem eine Gartenanlage der Bundesbahn-Landwirtschaft (siehe Kap. 10.6).

Die schon erwähnte höhere Leistungsfähigkeit des Hauptbahnhofs konnte im übrigen nur durch einen entsprechenden Um- und Ausbau des Pasinger Betriebsbahnhofs, der noch aus Reichsbahnzeit stammt, erreicht werden. In ihm, der betriebsmäßig zum Bf Pasing gehört, wird ein Teil der Reisezüge für den Hbf zusammengestellt, wofür insgesamt 35 Gleise sowie eine große Wagenhalle zur Durchführung der laufenden Wartungsarbeiten zur Verfügung stehen. Neben dem Betriebsbahnhof ist dem Pasinger Bahnhof auch noch ein auf seiner Ostseite gelegener Güterbahnhof angeschlossen, der den Rangierarbeiten für die Bedienung der eigenen Ladeanlagen und der von Pasing ausgehenden Strecken dient.

Der Pasinger Bahnhof im S-Bahn-Zeitalter

Die Aufnahme des S-Bahn-Betriebs zum Sommerfahrplan 1972 hatte erneute Umbaumaßnahmen erforderlich gemacht, denn sein Spurplan mußte den geänderten Anforderungen angepaßt werden. Kernstück dieser Baumaßnahmen war die kreuzungsfreie Überführung der Gleise der S 3 und S 4 über die Gleise der in südlicher Richtung abbiegenden Strecken der S 5 und S 6.

Seit Beginn des S-Bahn-Betriebs wird der Pasinger Bahnhof täglich von rund 50 000 bis 70 000 MVV-Fahrgästen frequentiert. Hinzu kommen noch die Reisenden des Fernverkehrs. Diesen bedienen neben Eil- und Schnellzügen auch noch die tagsüber durchfahrenden InterCity-Züge, die nur in den Morgen- und Abendstunden halten. Ab dem Sommerfahrplan 1991 erfährt Pasing eine weitere bedeutende Verbesserung im Zugangebot, da nunmehr ein ganztägiger Systemhalt einiger InterRegio- und InterCity-Linien eingerichtet wird.

Falttafel I, Plan 5

3.3 Bahnhof München Ost Personenbahnhof

Zeit der Staatsbahn

Der Ostbahnhof in München verdankt seine Entstehung dem Bestreben, eine Abkürzungsbahn zu der 1857 in Betrieb gegangenen Strecke Holzkirchen—Rosenheim zu bauen. Die Trasse dieser Verbindung sollte nach den ersten Plänen nach der Großhesseloher Brücke in nordöstlicher Richtung von der Strecke München—Holzkirchen—Rosenheim abzweigen, um eine weitere Isarbrücke zu sparen. Dieser Plan wurde jedoch wieder verworfen, und man trug sich mit dem Gedanken, in München einen Westbahnhof und einen Ostbahnhof zu schaffen. Dabei sollte der bisherige Centralbahnhof als Westbahnhof für die nach Westen gehenden Linien ausgebaut und im Osten bei Haidhausen ein zweiter Münchner Bahnhof, der heutige Ostbahnhof, für die nach Osten gehenden künftigen Linien (Salzburg, Simbach, Landshut) angelegt werden. Beide Bahnhöfe sollten zugleich durch ein Verbindungsgleis über Giesing-Thalkirchen miteinander verbunden werden. Dazu bedurfte es allerdings auch des Baues einer neuen Isarbrücke, der heutigen Braunauer Eisenbahnbrücke. Sie wurde schließlich an einer Stelle errichtet, an der vorher ein Brückenbau für unmöglich gehalten wurde. Da eine solche Trassierung den Bahnbau entsprechend verteuerte, wurden die erforderlichen Geldmittel vom Bayerischen Landtag erst bewilligt, als dieser Streckenabschnitt zugleich als Teil der ebenfalls neu zu bauenden Strecke nach Mühldorf—Simbach und der bisherige Münchener Bahnhof als Centralbahnhof deklariert wurden. Schließlich genehmigte der Bayerische Landtag am 16. Mai 1869 den Bau einer Bahnlinie von München nach Rosenheim über Haidhausen und Kirchseeon.

Noch im Herbst des gleichen Jahres wurde mit dem Bau des ersten bis nach Haidhausen reichenden Streckenabschnitts begonnen. Das Empfangsgebäude wurde ebenfalls wie das des Centralbahnhofs von Bürklein entworfen und am 15. März 1871 eröffnet. Der Station Haidhausen, einer Bahnstation erster Klasse, waren von Anfang an auch Güterzugrangiergleise angegliedert. Sie bedienten vor allem die auf der südöstlichen Bahnhofsseite gelegenen Fabriken und Lagerhäuser (Eisengießerei Kustermann, Steinersche Waggonfabrik, Jaegersche Faßdaubenfabrik, Flossmannsche Lagerhäuser).

Alle Weichen der Station Haidhausen wurden bis Anfang der 80er Jahre noch einzeln vor Ort gestellt. 1881/82 wurde von der „Centralisierungsfabrik Schnabel und Henning" in Bruchsal die erste „Centralanlage" in Bayern installiert; 72 Weichen wurden von zwei „Thurmapparaten", wie die Stellwerke damals hießen, fernbedienbar gemacht. Schließlich ersetzte man in den Jahren 1906 bis 1912 die bisherigen Gestängeweichen gegen Drahtzugweichen.

In den Jahren 1898, 1904 und 1909 wurde der Ostbahnhof auch Ausgangspunkt der drei Lokalbahnen nach Giesing—Deisenhofen/Aying—(später Kreuzstraße) und Ismaning.

Der von Anbeginn sehr lebhafte Güterverkehr erforderte schon bald den Bau einer eigenen Rangieranlage im östlichen Stationsbereich, in der von 1896—1921, bis zum Jahr der ersten vorläufigen Inbetriebnahme des Rbf München Ost, der Rangierbetrieb abgewickelt wurde. Weiterhin errichtete man im südöstlichen Bereich an der Rosenheimer Straße noch eine Betriebswerkstätte (Bw) für den Einsatz der Güterzug- und Localbahndampfloks. Diese Werkstätte wurde mit Inbetriebnahme des neuen Bw München Ost (jetzt Bw München 4) im Jahre 1924 aufgelassen.

(oben): Das Empfangsgebäude der Station Haidhausen (heute Ostbahnhof), wie es 1868 bis 1871 von Bürklein erbaut wurde. Leider wurde es im Zweiten Weltkrieg zerstört.

(unten): Der Ostbahnhof im Jahr 1951 — die letzte Ruine Münchens!

Reichsbahnzeit

Mit der Elektrifizierung der Strecke München—Rosenheim wurde auch der mittlerweile als Ostbahnhof bezeichnete Bahnhof Haidhausen im Jahre 1927 mit Oberleitung überspannt. Bald darauf begann ein umfassender Um- und Ausbau des Gleisnetzes. Weiterhin wurden in den Jahren zwischen 1929—1937 die Bahnsteige verlängert und erhöht, die Bahnsteigdächer erneuert sowie die Zugangs-, Abgangs- und Gepäcktunnel umgestaltet und vermehrt. Doch kaum waren diese Arbeiten beendet, tauchten im Zuge der Neuordnung der Münchener Bahnanlagen vorübergehende Überlegungen zur Verlagerung des Ost-Personenbahnhofs auf. Während des Zweiten Weltkriegs wurde am 2. Oktober 1943 der mittlerweile über 70 Jahre alte Bürkleinsche Bahnhofsbau erstmals von Bomben getroffen. Weitere Bombardierungen führten bis zum Kriegsende zur fast vollständigen Zerstörung des Bahnhofsgebäudes. Während die Schalterhalle 1952 wiedereröffnet wurde, sind die restlichen Gebäudeteile nicht wiederhergestellt worden . Der Ostbahnhof wurde so zur letzten Ruine der Stadt!

Bundesbahnzeit

Bei den Gleisanlagen wurden nach dem Kriege erst mit Einführung des Autoreisezugverkehrs im Jahre 1959 nennenswerte Umbauten durchgeführt. Unvergleichlich größere Maßnahmen waren jedoch zur Aufnahme des S-Bahn-Betriebs erforderlich. Im Ostbahnhof wurden die betreffenden Bauarbeiten am 25. März 1968 begonnen:

▷ Verlegung der Autoreisezuganlage auf die gegenüberliegende Bahnhofseite an die Friedenstraße mit entsprechender Straßenanbindung, um Platz zu schaffen für die Einführung des S-Bahn-Tunnels in den Ostbahnhof,
▷ Neubau eines neuen Gleises am Bahnsteig A und Umgestaltung der beiden Bahnsteige A und B für den S-Bahn-Verkehr, dem seither vier Gleise zur Verfügung stehen,
▷ Bau einer Abstell- und Wendeanlage mit sechs Gleisen im nordöstlichen Bahnhofsteil und ihre Anbindung an die neuen Streckengleise zum Bw Steinhausen (Bw München 6),
▷ Durchführung mehrerer Gleisverschiebungen im Fernbahnteil und umfangreiche Umgestaltungen der beiden Weichenköpfe,
▷ Bau der beiden neuen Haltepunkte St. Martinstraße und Leuchtenbergring sowie
▷ Anbindung der beiden neuen Streckengleise nach Giesing an die Bahnsteiggleise, durch ein eigenes Überwerfungsbauwerk über die Strecke vom Ostbahnhof zum Südbahnhof. Dieses Bauwerk konnte

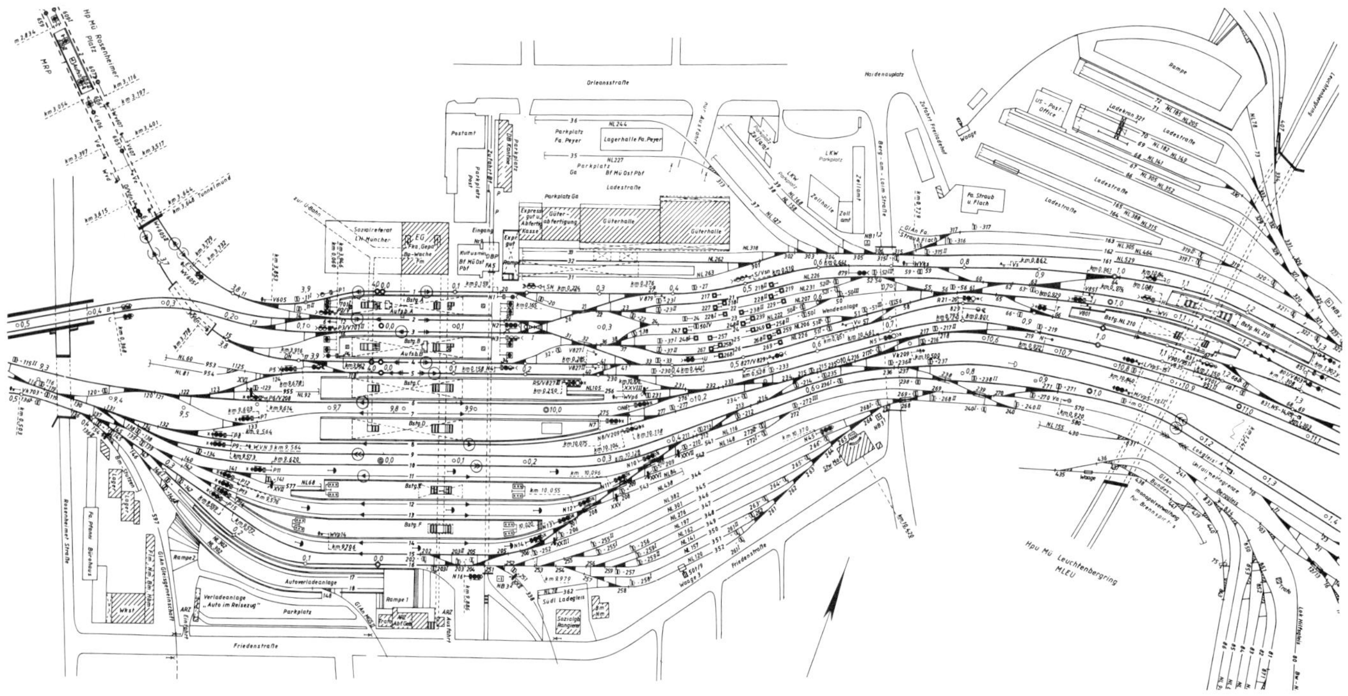

(oben): Gleisplan des Bahnhofs München-Ost Pbf, Stand 1990.

(unten): Seit der Fertigstellung des Mehrzweckgebäudes über den unterirdischen Verkaufs- und Serviceeinrichtungen der Deutschen Bundesbahn und dem Ersatz der alten Betonbahnsteigdächer durch moderne Dachkonstruktionen haben die Aufbauarbeiten am Ostbahnhof ihren Abschluß gefunden.

allerdings erst 1973 fertiggestellt werden. Die beiden Gleise nach Giesing werden im Linksbetrieb befahren, um Überkreuzungen der beiden S-Bahn-Linien beim Kopfmachen zu vermeiden.

Weitere wesentliche Baumaßnahmen waren die Errichtung eines Sozialgebäudes und die Inbetriebnahme einer neuen unterirdischen Schalterhalle im ehemaligen Ostteil des alten Bahnhofsgebäudes, das hierzu abgebrochen wurde. So verschwand die letzte Ruine Münchens. Diese, erst eineinhalb Jahre nach Eröffnung des S-Bahn-Betriebs fertiggestellte, neue, unterirdische Schalterhalle mit einem unterirdischen Zugang zu ebenfalls neu entstandenen Einsteiginseln für Straßenbahnen und Omnibusse war der erste Abschnitt einer sehr umfangreichen Bebauung. Später wurde diese Schalterhalle in einen Gebäudekomplex integriert, der sich in die umliegende Bebauung des Orleansplatzes gut einfügt. Außer dem nunmehr vergrößerten Untergeschoß haben die darüberliegenden Stockwerke keine bahnbezogenen Funktionen mehr zu erfüllen.

Rechtzeitig zur Eröffnung des S-Bahn-Betriebs ging am 15. April 1972, 101 Jahre nach Eröffnung des Bahnhofs Haidhausen, das Zentralstellwerk München Ost Personenbahnhof (Sp Dr S 60) mit einem Kostenaufwand von 23 Millionen DM nach nur zweijähriger Bauzeit in Betrieb. Es ersetzte fünf elektromechanische (E 43) und drei mechanische Stellwerke und bezieht die Gleisanlage des Bahnhofs München-Giesing in seinen Stellbereich mit ein. Bei der Inbetriebnahme war es das 100. Gleisbildstellwerk der BD München und das drittgrößte der DB (1145 Fahrstraßen, 308 Signale, 201 Weichen, etwa 200 Kilometer Erdkabel).

Die letzte große Baumaßnahme im Bereich des Ostbahnhofs war die Errichtung einer Eisenbahnbrücke über die Gleise zum Rangierbahnhof München-Ost und zum S-Bahn-Betriebswerk, um die S 4 und S 6 höhenfrei in die neue Bahnsteiganlage des Leuchtenbergringes mit vier Gleisen einführen zu können. Damit wurde der Betrieb auf der Verbindung zwischen Bw und Wendeanlage unabhängig von dem der S-Bahn-Strecken. Die Baumaßnahmen waren im Mai 1979 abgeschlossen. Das seitdem gültige Gleisschema zeigt der Plan 8.

Weiterhin ist noch ein Brückenbauwerk zwischen Trudering und Haar zu erwähnen, das am 17. September 1979 in Betrieb ging. Es wurde im Zusammenhang mit den beiden neuen S-Bahn-Gleisen zwischen den genannten Bahnhöfen zur höhenfreien Kreuzung der Güterzuggleise mit der S-Bahn und ihrer Einführung in die Fernbahngleise nach Rosenheim errichtet.

Wirtschaftlich durch perfekte Technik

Ob bei Verkehrsbetrieben, ob bei der Feuerwehr oder in der Industrie, wenn es um Tore geht: Gartner löst nahezu jedes Problem. Auch die optimale Durchführung der Oberleitung.

Wegen der perfekten Technik arbeiten Gartner-Tore noch nach Jahrzehnten problemlos und schnell – tagtäglich. Sie sind korrosionsgeschützt und wärmedämmend.

Deshalb: Gartner-Tore.

Das spart Geld.

GARTNER
Gartner heißt Qualität.

Werkstätten für Stahl- und Metallkonstruktionen.

Josef Gartner & Co., 8883 Gundelfingen/Donau,
Telefon (0 90 73) 84-0, Telefax (0 90 73) 84-21 09

Trischler und Partner GmbH
BERATENDE INGENIEURE
GEOTECHNIK · UMWELTSCHUTZ

Seit 11 Jahren Partner der Deutschen Bundesbahn

△ **Neubaustrecke**
Hannover - Würzburg

△ **Ausbaustrecken**
Fulda - Frankfurt
Frankfurt - Mannheim

Geotechnische Beratung für

200 Brücken

10 Talbrücken
(5,5 km Länge)

155 km freie Strecke

8 Tunnels
(11,4 km Länge)

Landsberger Straße 398
8000 München 60
Telefon 0 89 / 5 80 81 67
Telefax 0 89 / 5 80 64 75

Berliner Allee 6
6100 Darmstadt
Telefon 0 61 51 / 3 88 - 0
Telefax 0 61 51 / 38 89 99

Weitere Niederlassungen in
Karlsruhe · Braunschweig
Freiberg/Sachsen · Erfurt
Schönebeck b. Magdeburg

4

Wirtschaftsraum München

Das Knotenpunktsystem Kernstück der neuen Güterbahn

Kombinierter Ladungsverkehr

Züge im Güterzugnetz

Rahmenplanung Rangierbahnhöfe

Güterverkehr

4.1 Wirtschaftsraum München

Sowohl als bedeutender Umschlagplatz für den Güterverkehr in Südbayern und „Drehscheibe zum Süden" als auch durch sein Eigenaufkommen und eigenen Bedarf ist der Wirtschaftsraum München ein wichtiger Partner und Auftraggeber der Schiene. Hierbei summiert sich das Aufkommen der Eisenbahn aus einer Vielzahl von Quell- und Zielgebieten der unterschiedlichsten Größenordnung. Ein besonderer Schwerpunkt ist dabei die Landeshauptstadt München selbst. Die Bedeutung des hier konzentrierten Wirtschaftspotentials für die Bahn dokumentiert sich in 21 Tarifpunkten für den Wagenladungsverkehr, vier Stückgutbahnhöfen und in über 500 Firmen mit eigenen Privatgleisanschlüssen innerhalb der Stadtgrenzen. Aber auch das Umland von München, das sich weitgehend mit dem S-Bahn-Bereich deckt, ist mit der Stadt über vielfältige, gegenseitige Verflechtungen zum Großraum München zusammengewachsen. In ihm befinden sich zusammen fünf Stückgutbahnhöfe und 55 Tarifpunkte. 51 Prozent der in München ankommenden Wagen sind für diesen Großraum selbst bestimmt. Es überrascht daher nicht, daß München als eigener Wirtschaftsraum in das InterCargo-Netz der DB (ICG) eingebunden ist. Dieses Netz für eilbedürftige Wagenladungen verbindet elf Wirtschaftsräume der bisherigen Bundesrepublik untereinander im sogenannten Nachtsprung, den der Slogan „abends versandt, morgens zur Hand" treffend beschreibt.

4.2 Das Knotenpunktsystem Kernstück der neuen Güterbahn

Damit die Bahn ihren Wettbewerb mit Straße und Schiffahrt im Bereich des Güterverkehrs erfolgreich bestehen kann, bedarf es neben marktgerechten Güterwagentypen vor allem kurzer Transportzeiten, die teure Lagerhaltung sparen helfen . Im günstigsten Fall (zum Beispiel in der Autoindustrie) gelangt das Transportgut direkt vom Waggon in den Produktionsprozeß (just in time).

Um diesem Ziel näher zu rücken, mußten neue Wege beschritten werden, auf denen die Systemvorteile der Bahn, nämlich große Mengen über große Entfernungen mit hoher Geschwindigkeit und Zuverlässigkeit zu transportieren, voll zum Tragen kommen können. Da beim konventionellen Wagenladungsverkehr die Beförderungsdauer nicht unerheblich von den Rangierzeiten bestimmt wird, waren eine Reduzierung der Wagenumstellungen auf dem Weg vom Versender zum Empfänger und eine Verkürzung der Aufenthaltszeiten in den Rangierbahnhöfen unabdingbar. Je weniger rangiert werden muß, desto besser kann die Bahn ihre Systemvorteile ins Spiel bringen. Daher wurde der konventionelle Wagenladungsverkehr Mitte der siebziger Jahre neu organisiert und das Knotenpunktsystem eingeführt.

Beim Knotenpunktsystem ist der Güterverkehr auf wenige, leistungsfähige Linien und Bahnhöfe konzentriert. Die Fracht wird von den kleinsten Einheiten, den sogenannten Satelliten — das können Bahnhöfe oder Anschlußgleise sein — als Einzelwagen oder in Wagengruppen zum nächstgelegenen Knotenpunktbahnhof gefahren. Von diesen 217 Sammelstellen im Bundesgebiet West werden die Wagen in Nah- oder Übergabezügen zum dazugehörigen Rangierbahnhof gefahren. Von hier aus gelangt das Frachtgut — im Regelfall ohne weitere Zwischenaufenthalte — zu dem Rangierbahnhof, dem der Zielsatellit zugeordnet ist.

4.3 Kombinierter Ladungsverkehr

Als sinnvolle Arbeitsteilung zwischen Schiene und Straße gilt der sogenannte „kombinierte Ladungsverkehr (KLV)". Er umfaßt den Huckepack- und den Containerverkehr und damit eine Verkehrsart, die die jeweiligen Vorteile der beiden Verkehrsträger Schiene und Straße miteinander verbindet. Sie nützt zu-

Entsprechend der Zunahme des kombinierten Ladungsverkehrs wurde der nördliche Ladehof an der Arnulfstraße immer stärker zum Containerbahnhof umfunktioniert und verlor so schließlich fast ganz seine ursprüngliche Funktion, wie diese Aufnahme vom 28. Januar 1979 zeigt.

gleich die von der Eisenbahn vorgehaltenen Transportkapazitäten besser aus und trägt zur Entlastung des Fernstraßennetzes bei. Im kombinierten Ladungsverkehr, bei dem nur der Vor- und Nachlauf der Transporte auf der Straße erfolgt, werden kürzeste Transportzeiten angestrebt, weshalb diese Züge in der Regel als Ganzzüge verkehren, so daß zwischen dem Abgangs- und Endbahnhof nicht rangiert werden muß. Im Netz der DB sind 33 Umschlagterminals für den Binnenverkehr und drei für den Seeverkehr an das KLV-System angeschlossen. Daß dieses System Zukunft hat, beweisen jährlich zweistellige Zuwachsraten. Sein mengenmäßiger Anteil am gesamten frachtpflichtigen Wagenladungsverkehr beträgt in München etwa 7,5 Prozent. Er wird seit 1969 im nördlichen Ladehof der Güterabfertigung München Hbf an der Arnulfstraße abgewickelt.

4.4 Züge im Güterzugnetz

Entsprechend den Erfordernissen der Wirtschaft gliedert sich der Güterzugverkehr in verschiedene Teilbereiche:

Züge des konventionellen Wagenladungsverkehrs

▷ Züge im InterCargo-Netz (ICG). Dieses im Jahr 1984 eingerichtete, schon erwähnte Netz — etwa vergleichbar mit dem IC-Netz des Personenverkehrs — weist die kürzesten Transportzeiten auf und dient hochwertigen und eiligen Gütern. Seine Züge werden in ausgewählten Bahnhöfen behandelt, in München sind es Laim Rbf im Empfang und München Süd im Versand.

▷ TEEM und Sg. Während die Schnellgüterzüge (Sg) innerhalb Deutschlands fahren, verbinden die sogenannten Trans-Europ-Express-Marchandise-Züge (TEEM) München mit dem nahen und fernen Ausland. Als Abgangs- und Zielgebiete seien Italien, Österreich, Jugoslawien, Griechenland, aber auch Frankreich, Benelux, Dänemark und Schweden genannt; weiterhin werden die östlichen Staaten künftig über den bisherigen Umfang hinaus in Betracht kommen. Diese Züge sind für eilbedürftige Güter bestimmt und haben deshalb kürzeste Reisezeiten. Auch die Kühlwagenzüge, die für die Großmarkthalle in München Süd bestimmt sind, gehören in diese Kategorie (siehe Kapitel 5.3).

▷ Züge im Knotenpunktsystem. Sie umfassen — wie schon erwähnt — Wagen des konventionellen Wagenladungsverkehrs, also Einzelwagen und Wagengruppen. Sie werden in den Rangierbahnhöfen Laim und München Ost behandelt, die mit den anderen Rbf in Deutschland, möglichst ohne Zwischenumstellungen, verbunden sind. Das gilt auch für das südliche Ausland, wo folgende Ziele von München aus direkt angefahren werden:
in Österreich: Salzburg und Villach,
in Italien: Fortezza/Franzensfeste, Trento/Trient und Bologna.

Züge im Direktverkehr

Neben dem rangierbedürftigen Wagenladungsverkehr läßt sich ein Teil des Transportaufkommens auch ohne Rangiervorgänge befördern. Diese Idealform des Güterverkehrs stellen zum einen die Ganzzüge für den

Massengutverkehr dar, zum anderen ist sie beim KLV realisiert. Es sind im einzelnen folgende Züge:

▷ Ganzzüge, meist mit Spezialwagen, die oft in festen Umläufen der Versorgung der Industriewerke oder dem Abtransport der fertigen Produkte dienen. Dazu zählt zum Beispiel der Mineralölverkehr der Raffinerien, für den München vor allem als Empfänger bei der Versorgung seiner großen Tanklager in Erscheinung tritt. Die sechs Tanklager im Raum München werden fast ausschließlich über die Schiene versorgt. die Zufuhr erfolgt in der Regel in 1760 Tonnen schweren Zügen, bestehend aus 22 vierachsigen Kesselwagen, die entweder aus dem Raffineriegebiet zwischen Ingolstadt und Neustadt/Donau oder dem Karlsruher Hafen kommen. Im Wochendurchschnitt erreichen etwa 65 Züge mit je rund 1,6 Millionen Liter Treibstoff/Heizöl München.

(oben): Ganzzug mit Blechrollen im Bahnhof Karlsfeld, der mit dem Bau des Rangierbahnhofs weitgehend umgebaut wird. Im Vordergrund das Anschlußgleis der Firmen MAN und MTU.

(unten): Ein Güterzug durchfährt den Bahnhof Ludwigsfeld. Nach Inbetriebnahme des neuen Rangierbahnhofs wird sein Gelände nach landschaftsgestalterischen Gesichtspunkten neu angelegt.

Ein weiteres Beispiel sind die Züge der Autoindustrie, die die fertigen Pkw zu den Auslieferungslagern im In- und Ausland bringen: Für die im Münchner Norden ansässige Industrie wurde am 8. Juli 1988 in Garching-Hochbrück ein Kfz-Verteilzentrum in Betrieb genommen, von wo aus seitdem die vorher in Freimann durchgeführte Pkw-Auslieferung erfolgt. Über einen vom Bahnhof Lohhof abzweigenden Gleisanschluß, der mit 7,2 Kilometer inzwischen der längste im Raum München ist, werden im Wochendurchschnitt etwa 5000 Pkw in Ganzzügen nach Bremen und Zeebrügge auf die Reise geschickt. Ein weiteres Auslieferungslager für Pkw befindet sich in Pasing zwischen dem Betriebsbahnhof Pasing und der Strecke nach Augsburg. Hier werden arbeitstäglich 300 bis 400 Autos auf etwa 40 Güterwagen angeliefert.

Zu den Ganzzügen zählen auch die Züge im Zwischenwerksverkehr, die einzelne, räumlich getrennte Produktionsstätten miteinander verbinden und meist als Spezialwagen in festen Umläufen gebildet werden (sogenannte „Logistikzüge").

Erwähnenswert sind auch die Kohlenzüge für die Heizkraftwerke Münchens.

▷ Züge des unbegleiteten kombinierten Verkehrs, wie der Verkehr mit Containern, Wechselaufbauten und Sattelaufliegern genannt wird. Ähnlich dem ICG-Netz gibt es auch ein eigenes Netz mit Schnellgüterzügen des kombinierten Verkehrs, das die Umschlagbahnhöfe in den großen Wirtschaftsräumen des In- und Auslands miteinander verbindet. München ist ebenfalls ein Knotenpunkt dieses Netzes, und sein Umschlagbahnhof mit den drei großen Kränen an der Arnulfstraße platzt aus allen Nähten, so daß die Reparatur- und Abstellanlagen für die Container nach Johanneskirchen verlagert werden mußten — die dafür notwendigen Überführungsfahrten sind höchst unwirtschaftlich und kosten zusätzlich wertvolle Zeit.

▷ Züge des begleiteten kombinierten Verkehrs, weithin auch als „Rollende Landstraße“ bekannt, die komplette Lastzüge samt Fahrern transportieren. Für die Fahrer werden Liegewagen mitgeführt, die ihnen eine streßfreie und auf die Lenkzeit nicht anzurechnende Fahrt ermöglichen. Auch für diese Züge ist der Umschlagbahnhof an der Arnulfstraße bereits viel zu klein; seine Verladegleise, die besondere Voraussetzungen erfüllen müssen, sind auf drei Gleisgruppen verteilt. Ihre Kapazität ist voll ausgeschöpft, eine Ausweitung dieses Verkehrs ist in München derzeit nicht mehr möglich, so dringend sie auch ist und von allen Seiten immer wieder gefordert wird.

Die Bedeutung des Güterverkehrs im ganzen Direktionsbezirk mögen folgende Zahlen (für das Jahr 1986) veranschaulichen:

Beförderte Güter	30,4 Mio. t
davon in Wagenladungen (einschließlich in Ganzzügen)	30,0 Mio. t
davon Stückfracht	0,4 Mio. t
Zahl der gestellten DB-Güterwagen	468842
Zahl der gestellten Privat-Güterwagen	203105
zusammen	671947
Zahl der Sendungen im Containerverkehr	133500
Zahl der Sendungen im Huckepackverkehr	137966
zusammen	271466

Tabelle 7: Die Bedeutung des Güterverkehrs im Direktionsbezirk München.

Aus diesen Zahlen wird deutlich, daß der Schienengüterverkehr für die Wirtschaft Münchens eine bedeutende Rolle spielt.

Die oben geschilderte, bundesweite Einführung des Knotenpunktsystems war eine entscheidende Maßnahme, um die angestrebte Verringerung der Wagenumstellungen sowie die Konzentration der Zugbildungsaufgaben auf wenige Bahnhöfe realisieren zu können. In Verbindung mit den bereits greifenden Maßnahmen konnten so die Beförderungszeiten bedeutend verringert werden.

4.5 Rahmenplanung Rangierbahnhöfe

Weniger rangieren bedeutet zugleich geringeren Bedarf an Rangierbahnhöfen. So senkte die Deutsche Bundesbahn seit Mitte der 70er Jahre die Zahl der Rangierbahnhöfe von 135 auf 23. Mit dem Programm „Rahmenplanung Rangierbahnhöfe“ — eingebracht in den Bundesverkehrswegeplan 1980 beziehungsweise 1985 — sollten die verbleibenden Rangierbahnhöfe modernisiert, ausgebaut und durch zwei neue Anlagen (in Hamburg/Maschen und München) ergänzt werden. Für die insgesamt drei Stufen der Rahmenplanung sieht der Bundesverkehrswegeplan bis 1995 einen Investitionsbedarf in Höhe von 2,2 Milliarden DM vor. Erst moderne, automatisierte Anlagen bieten durch ihre wesentlich höhere Sicherheit und Qualität im Ablaufbetrieb und durch ihre höhere Leistungsfähigkeit die Voraussetzung für einen zuverlässigen Transport von hochwertigen Konsum- und Investitionsgütern. Hierbei wird das Kernstück des Schienengüterverkehrs auf den Transport zwischen den Wirtschaftszentren ausgerichtet sein.

Neue oder modernisierte Rangieranlagen können bei gleichem Gleisumfang gegenüber den klassischen alten Anlagen eine bis zu 30 Prozent höhere Leistung erbringen. Bauseits ermöglichen dies vor allem hohe Ablaufberge mit 60 Promille Gefälle in Verbindung mit schnell und gleichzeitig umlaufenden Weichenantrieben (0,5 Sekunden Umlaufzeit) der oberen Verteilweichen und Weiterführungseinrichtungen. Betriebsseitig tragen dazu vor allem funkferngesteuerte Rangierloks sowie die Rechnersteuerung des Ablaufbetriebs bei.

Die neue Anlage in Hamburg-Maschen konnte schon vor mehreren Jahren in Betrieb genommen werden; in München dagegen begann die lange „Leidenszeit“ für die Planung des Rangierbahnhofs München Nord — nicht zuletzt zum Nachteil der Münchner Wirtschaft. Ähnlich erging es bekanntlich ja auch dem bei München-Riem geplanten Umschlagbahnhof für den KLV-Verkehr. So ist es sehr zu begrüßen, daß die seit langem geplanten Bauvorhaben für einen neuen leistungsfähigen Rangierbahnhof und für eine allen Anforderungen der nahen Zukunft gewachsene Anlage des kombinierten Verkehrs endlich durchgeführt werden können — überfällig sind sie ja schon seit langem! Sie werden im Kapitel 6.2 eingehend behandelt.

Eine Aufgabe der nahen Zukunft wird weiterhin die Schaffung eines Frachtzentrums in München sein, in dem alle Aktivitäten der Bahn bei Stückgut, Partiefracht, Termindienst und Kleingut zusammengefaßt werden sollen; dadurch wird neben einer verbesserten Wirtschaftlichkeit zugleich auch eine weitere Verminderung der Transportdauer möglich.

Zur erhöhten Schnelligkeit im Güterverkehr werden ab Sommer 1991 auch direkte Züge zwischen München und Hamburg beitragen, die über die neue Schnellfahrstrecke Würzburg—Hannover mit einer Höchstgeschwindigkeit von 160 km/h verkehren und so die Transportzeiten zwischen diesen Städten um mehr als zwei Stunden verkürzen werden.

Zu erwähnen ist noch, daß jeder Güterwagen von einem „unsichtbaren Begleiter“ überwacht wird, einem bundesweiten System von Prozeßrechnern, das stets genaue Auskunft über seinen Aufenthaltsort geben kann. Mit diesem sogenannten „Fahrzeuginformations- und Vormeldesystem (FIV)“ kann ein Wagen jederzeit während des Transports umdirigiert werden, falls der Kunde dies wünscht. Weiter ermöglicht das System eine vorausschauende und bessere Disposition im Rangierbahnhof.

5

Rangierbahnhöfe München-Laim und München Ost

Bahnhof München Süd

Güterbahnhof München-Schwabing

Lange Anschlußgleise im Stadtgebiet

Anlagen für den Güterverkehr

5.1 Rangierbahnhöfe München-Laim und München Ost

Für den Großraum München, der einen Schwerpunkt des Güterverkehrsaufkommens im süddeutschen Raum bildet, hat die Deutsche Bundesbahn bisher zwei Rangierbahnhöfe vorgehalten: den Rbf München-Laim (Inbetriebnahme 1893) und den Rbf München Ost (Inbetriebnahme 1924).

5.1.1 *Aufgaben und Arbeitsweise eines Rangierbahnhofs*

Ein Rangierbahnhof (Rbf) dient reinen innerbetrieblichen Vorgängen der Eisenbahn. Er stellt eine Einrichtung dar, um die von den Strecken zulaufenden Güterzüge aufzulösen, die Güterwagen dieser Züge nach bestimmten neuen Verbindungen umzuordnen und neue Güterzüge für den Ausgang zu bilden.

Die Aufgabe eines Rbf besteht damit im Sammeln, Ordnen und Verteilen von Güterwagen. Wenn man so will, ist er eine große Güterwagensortieranlage, wobei kein Güterumschlag zwischen Schiene und Straße stattfindet. Folglich findet auch kein entsprechender Lkw-Verkehr, wie etwa bei einem Containerbahnhof, statt.

Um der genannten Aufgabe gerecht zu werden, besteht jeder leistungsfähige Rbf aus drei aneinander anschließenden Arbeitsbereichen:

Der Einfahr-, Richtungs- und Ausfahrgruppe. In dieser Reihenfolge durchlaufen die Güterwagen den Bahnhof (siehe Plan 9).

In der Einfahrgruppe werden die angekommenen Güterzüge für ihre Auflösung vorbereitet (Abkuppeln der Lokomotiven, Registrierung der einzelnen Güterwagen). Dann werden die Wagen oder Wagengruppen über eine Rampe, den Ablaufberg geschoben, von wo sie über Verteilerweichen in die verschiedenen Richtungsgleise der Richtungsgruppe (Gleisharfe) abwärts rollen. Dort werden die Wagen entsprechend ihren Zielen gesammelt und je nach Wagenaufkommen zu den im Fahrplan festgelegten Zeiten in die Ausfahrgruppe gezogen, in der die Züge für die Ausfahrt vorbereitet werden (Bespannung mit Lokomotiven, Bremsprobe, Vergleich der Güterwagen mit den Frachtpapieren und dergleichen).

5.1.2 *Einrichtungen und Aufgabe der beiden bisherigen Rangierbahnhöfe*

Kennzeichnend für die beiden bisherigen Rbf sind ihre teils nebeneinander liegenden, teils vereinigten Hauptarbeitsbereiche (Ein- und Ausfahrgruppen neben den Richtungsgruppen). In beiden Rangierbahnhöfen müssen die aufzulösenden Züge zuerst in eigene Ab-

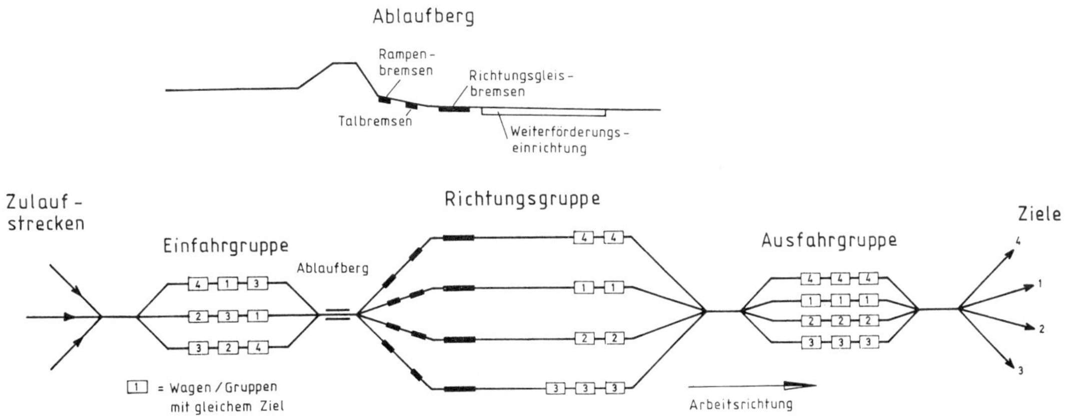

Plan 9: Systemplan eines Rangierbahnhofs

Plan 10 (rechts): Systemplan Rbf München-Laim.

Plan 11 (Mitte): Systemplan Rbf München Ost.

(unten): Auch Entgleisungen gehören zur Eisenbahn! Hier hat sich in Laim Rbf die Lok 1536 tief in den Schotter gebohrt. Sie wurde 1897 von Maffei gebaut und 1927 ausgemustert — der Unfall am 16. Mai 1908 hat ihr offenbar nicht viel anhaben können! Sie gehörte der Gattung C IV an, hatte die Achsfolge C-n2 und trug später die Betriebsnummer 53 8155.

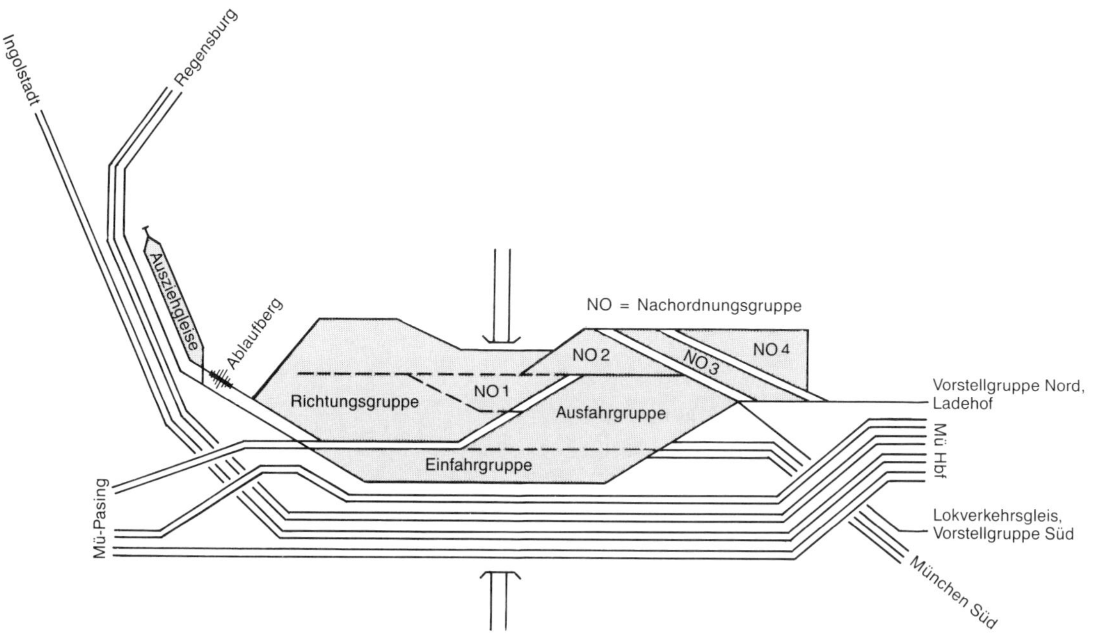

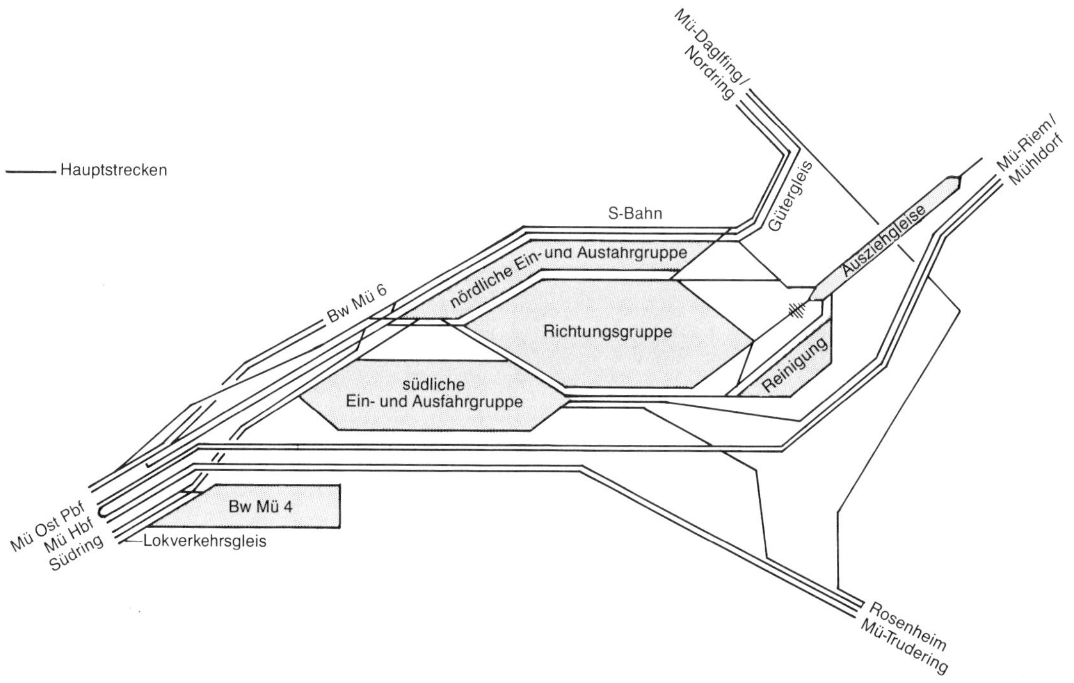

drückgleise geschleppt werden, bevor sie über den Ablaufberg zerlegt werden können. Geschieht dies in Laim in der West-Ost-Richtung, so ist dies in Ost genau umgekehrt, nämlich in Ost-West-Richtung und gegen die Hauptwindrichtung, was bei starkem Wind durchaus die Ablaufleistung mindern kann. Die zu bildenden Züge müssen anschließend von den Richtungsgleisen über eigene Ausziehgleise in ihre Ausfahrgleise umgesetzt werden. Die beiden Rbf entsprechen also schon in ihrer Anlage nicht den eingangs geschilderten Betriebsabläufen.

Die wichtigsten Daten der beiden Rbf sind aus der Tabelle 8 ersichtlich.

Laim hat neben den Aufgaben als Rbf noch weitere Arbeitsbereiche zu bedienen: den KLV-Umschlagbahnhof an der Arnulfstraße (siehe Kapitel 4.3), die Güterabfertigung München Hbf, umfangreiche öffentliche Ladestellen und zahlreiche Anschlußgleise. Er erstreckt sich damit von der Hackerbrücke bis zum Nymphenburger Kanal. Im konventionellen Wagenladungsverkehr dient der Rbf Laim vor allem der Versorgung des Nahbereichs mit den hauptsächlich aus dem Inland zulaufenden Wagen des Fernbereichs. Beim KLV-Bereich ist die Bilanz bei Empfang und Versand für Inland und Ausland in etwa ausgeglichen.

Der Rbf München Ost dagegen dient beim Wagenladungsverkehr vor allem dem Versand, hat also Zugbildungsaufgaben für Fernverkehrsrelationen in das In- und Ausland. Innerhalb des S-Bahnraums ist er nur für die Bedienung weniger Nahverkehrsrelationen im Osten zuständig.

5.1.3 *Rangierbahnhof München-Laim*

Der nach 1885 einsetzende allgemeine Wirtschaftsaufschwung hatte unter anderem auch Auswirkungen auf die bis dahin sehr bescheidenen Münchner Bahnanlagen. Das mit diesem Aufschwung gestiegene Verkehrsaufkommen konnte man nur durch Erweiterung der bisherigen Bahnanlagen bewältigen. Hierbei wurde es für zweckmäßig erachtet, den Ortsgüterverkehr vom Durchgangsverkehr zu trennen, was zum Bau des ersten Münchner Rangierbahnhofs führte. Die Standortwahl fiel auf Laim, weil hier im Anschluß an die schon vorhandenen Gleisanlagen ausreichend Grund zur Verfügung stand. 1890 wurde der Bau genehmigt, 1891 mit dem Bau begonnen. Infolge des stetig anwachsenden Güterverkehrs erwies sich die ursprüngliche Planung alsbald als nicht ausreichend. Während der erst angelaufenen Bauarbeiten mußte daher noch zusätzlicher Grund erworben werden. In erweiterter Form konnte der Rangierbahnhof zwischen 1893 und 1896 stufenweise in Betrieb genommen werden.

Dem weiteren Verkehrszuwachs war der Rangierbahnhof allerdings schon bald nicht mehr gewachsen. Da Finanzmittel für einen inzwischen geplanten, zusätzlichen Rangierbahnhof nicht zur Verfügung standen, wurde Laim nur ein gutes Jahrzehnt später erweitert. Nach Abschluß der Baumaßnahmen verfügte der Rbf über acht Einfahr-, elf Ausfahr-, 26 Richtungs- und zwei Ausziehgleise. Bei zwei Ablaufbergen (früher Kamelrücken genannt)

Tabelle 8: Technische Daten der aufzulassenden Rangierbahnhöfe in München-Laim und München Ost (Stand 1990).

	München-Laim Rbf	München Ost Rbf
Ausmaß der Anlage bzw. Gleisanlagen		
Länge	6000 m	3250 m
größte Breite	300 m	500 m
gesamte Gleislänge	82 km	53 km
Zahl der Weichen	360	253
Daten zur Produktionsanlage		
Arbeitsrichtung	West–Ost	Ost–West
Einfahrgruppe Laim bzw. Ein-/Ausfahrgruppe Süd in Mü Ost		
Anzahl/Gesamtlänge der Gleise	9/6423 m	14/3700 m
Gleislängen von/bis	628–823 m	370–730 m
mittlere Gleislängen	714 m	600 m
Ausfahrgruppe Laim bzw. Ein-/Ausfahrgruppe Nord in Mü Ost		
Anzahl/Gesamtlänge der Gleise	12/5981 m	6/3380 m
Gleislängen von/bis	246–571 m	500–610 m
mittlere Gleislängen	498 m	563 m
Richtungsgruppe		
Anzahl/Gesamtlänge der Gleise	29/13318 m	24/12957 m
Gleislängen von/bis	236–735 m	361–695 m
mittlere Gleislängen	460 m	540 m
Nachordnungsgruppen		
Anzahl/Zahl der Gleise	4/2, 3, 6 u. 10 Gleise	keine
Ausziehgleise	4	6
Ablaufanlage		
Neigung des Ablaufberges	34,5‰	36,4‰* bzw. 60,3‰**
Höhe des Ablaufberges	3,30 m	3,59* bzw. 4,40 m**
Anzahl der Auswurfgleisbremsen (Bauart Büssing)	9	3
Betriebsleistungen		
Zahl der abgehenden Züge	74	64
Zahl der endenden Züge	64	79
Relationen DB-Fernbereich	25	11
Relationen Nah(Stadt)bereich	7	3
Relationen Auslandsverkehr	6	8
Betriebsstunden/Woche	117,5	114
Bergleistung/Std***		100 (Last 2) } *** 15,46 m
bei mittlerer Wagenlänge von	100/14,45 m	110 (Last 1) }
mittlerer Tagesdurchschnitt an Waggons (1990)	1500–1600	1600–1700
Bauwerke		
Stellwerke:		
Befehlsstellwerke	1 (Dr-Technik)	2 (mechanisch)
Wärterstellwerke	4	3
Rangierstellwerke	2 (3)	5
Betriebsgebäude	3	1
sonstige Gebäude (Buden, Maschinenräume)	22	9
Zahl der Mitarbeiter	ca. 400****	ca. 250

* Sommerberg
** Winterberg
*** Last 1 günstige, Last 2 erschwerte Betriebsbedingungen
**** einschließlich der angegliederten Anlagen

(rechts): Blick auf die kombinierte Ein- und Ausfahrgruppe des Rbf Laim. Parallel dazu liegen weiter rechts die Richtungsgleise. Im Hintergrund ist das erst 1951 errichtete Befehlsstellwerk erkennbar.

(unten): E 91 002 und E 91 100 des Bw München 4 im Rangiereinsatz beim Rbf München Laim.

konnten mit dieser Anlage rund 2400 Wagen pro Tag behandelt werden. Nahezu 500 Mitarbeiter versahen damals ihren Dienst in Laim.

Im Jahre 1920 wurde der Rbf München-Laim ein letztes Mal erweitert, eine wesentliche Kapazitätssteigerung war jedoch damit nicht verbunden. Der Grund für die Erweiterung lag darin, daß der 1912 endlich begonnene Neubau des Rbf München Ost wegen Geldmangel vorerst nicht fertiggestellt werden konnte.

Während der Reichsbahnzeit dürfte der Laimer Rbf keine nennenswerten baulichen Veränderungen erfahren haben, was sicherlich auch auf die Kriegsjahre zurückzuführen war. In diese Zeit (1941/42) fallen jedoch seine höchsten Leistungen.

Als wesentliche Baumaßnahmen nach dem Zweiten Weltkrieg bzw. nach dem Wiederaufbau der Anlagen sind zu nennen:

- ▷ Neubau eines Befehlsstellwerkes an der Ausfahrt in Richtung Pasing in Dr-Technik (1951).
- ▷ Umbau von zwei mechanischen Stellwerken der Länderbauart in ein Dr-Stellwerk beziehungsweise in ein elektromechanisches Stellwerk (1967/1968).
- ▷ Einrichtung des Container-Terminals für den KLV (1981, 1986), der jetzt über drei Kräne mit je 230 Meter langen Kranbahnen sowie über einen mobilen Kran und mehrere Ladegleise für die „Rollende Landstraße“ verfügt.

5.1.4 *Rangierbahnhof München Ost*

Wenige Jahre nach Inbetriebnahme der Güterzugrangieranlage in der damaligen Station Haidhausen (jetzt Ost-Personenbahnhof) begann man im Jahr 1896 auf Wunsch der Königlich Bayerischen Staatsregierung mit den Vorbereitungen für die Anlage eines zweiten Rangierbahnhofs in München Ost. Als Entlastungsanlage für den zu klein gewordenen Rangierbahnhof München-Laim plante die Regierung die Verlegung der Güterzug- und Rangiergleise des Personenbahnhofs München-Ost nach Berg am Laim nördlich des Streckengleises München-Ost—Rosenheim.

Die erforderlichen Geldmittel waren jedoch zunächst nicht vorhanden, weshalb die Anlagen in Laim in der Zeit von 1908 bis 1911 ersatzweise umgebaut und erweitert werden mußten. Doch schon im Jahr 1912 bewilligte der Bayerische Landtag die Mittel zur Verlegung der Güterzug- und Rangiergleise außerhalb des Personenbahnhofs München Ost und damit den Bau des Rbf München Ost. Mit den Bauarbeiten begann man noch im gleichen Jahr; Arbeitermangel zwang allerdings

Blick vom Stellwerk 5 des Rangierbahnhofs München Ost auf die südliche Ein- und Ausfahrgruppe (rechts) und die Richtungsgruppe.

bald nach Beginn des Ersten Weltkriegs zur Einstellung der Arbeiten.

Noch vor Kriegsende verlegten im Jahr 1917 Militär-Baukompanien acht Ein- und Ausfahrgleise, auf denen man alsbald behelfsmäßig Betrieb führte. Bis 1921 schritt der Bau des Rangierbahnhofs so weit voran, daß eine erste Inbetriebnahmestufe möglich wurde; 1924 konnte schließlich der volle Betrieb aufgenommen werden.

Die heutige Anlage gliedert sich in eine südliche und nördliche Ein- und Ausfahrgruppe mit zusammen 18 Gleisen, den am Ostende gelegenen Ablaufberg mit sechs Abdrückgleisen, die Richtungsgruppe mit 24 Gleisen, verschiedene Umfahr- und Lokverkehrsgleise, Auszieh- und Abstellgleise. Die Ablaufanlage besitzt eigentlich zwei Ablaufberge unterschiedlicher Höhe, die aber nicht gleichzeitig betrieben werden können, sondern entsprechend der Jahreszeit (Sommer oder Winter) benutzt werden.

Um zusätzlichen Verkehr während der Bauarbeiten zur Neuordnung der Bahnanlagen aufnehmen zu können, wurde 1939 eine Erweiterung des Rbf durchgeführt. Dabei erhielt die nördliche Ein- und Ausfahrgruppe drei weitere Gleise, und die Richtungsgruppe wurde um sechs Gleise erweitert.

Ein letzter Umbau beziehungsweise eine letztmalige Kapazitätserweiterung erfolgte im Jahr 1978, also fast 40 Jahre später. Dabei wurden unter Auflassung der Stationsgruppe die Gleise der südlichen Ein- und Ausfahrgruppe zur Aufnahme größerer Züge verlängert. Im Hinblick auf den neuen Rbf München Nord wurden seitdem außer laufenden Reparaturmaßnahmen keine baulichen und technischen Veränderungen mehr vorgenommen.

5.2 Bahnhof München Süd

Für den Bahnhof München Süd weist die Statistik beachtliche Zugzahlen auf: etwa 400 tägliche Zugfahrten, von denen im Mittel jeweils zwischen 65 und 70 enden oder beginnen. Doch wer das Kursbuch aufschlägt und nach dem Namen dieses Bahnhofs oder nach den Zielen dieser Züge sucht, wird nicht fündig werden. Der Grund: Seit dem Sommerfahrplan 1985 ist der Personenverkehr am Südbahnhof in Anbetracht der nahegelegenen U-Bahn-Station „Poccistraße" eingestellt. Um so größere Bedeutung hat dieser Bahnhof für den Güterverkehr und dies von Anfang an. Für das damalige Güteraufkommen sorgten bereits eine Reihe von Einrichtungen in seiner unmittelbaren Nähe, so der städtische Schlacht- und Viehhof, die Getreidelagerhallen, der Holzhof oder das Zweigwerk der Firma Krauss.

Zu Beginn dieses Jahrhunderts hielt man in Anbetracht der unhaltbaren Zustände im Zollhof an der Bayerstraße, dem damaligen Umschlagplatz für Obst und Gemüse, nach einem neuen Gelände Ausschau. Die Stadt München bot das Gelände der Lagerhäuser am Südbahnhof an. Auf ihm entstand in mehreren Bauabschnitten bis 1912 die heutige Großmarkthalle mit ihren umfangreichen Ladegleis- und Abstellanlagen. Diese zunächst nur für die Münchner Bevölkerung konzipierte Anlage gewann in den darauffolgenden Jahren zunehmend als Umschlagplatz zwischen dem Süden Europas und dem Norden Deutschlands an Bedeutung. Während 1912 erst 6973 Waggons ein- und 2974 Waggons ausliefen, waren es 1926 bereits 31 830 Waggons im Eingang und 23 095 im Ausgang. Die Folge war, daß die vorhandenen Gleisanlagen nicht mehr ausreichten und

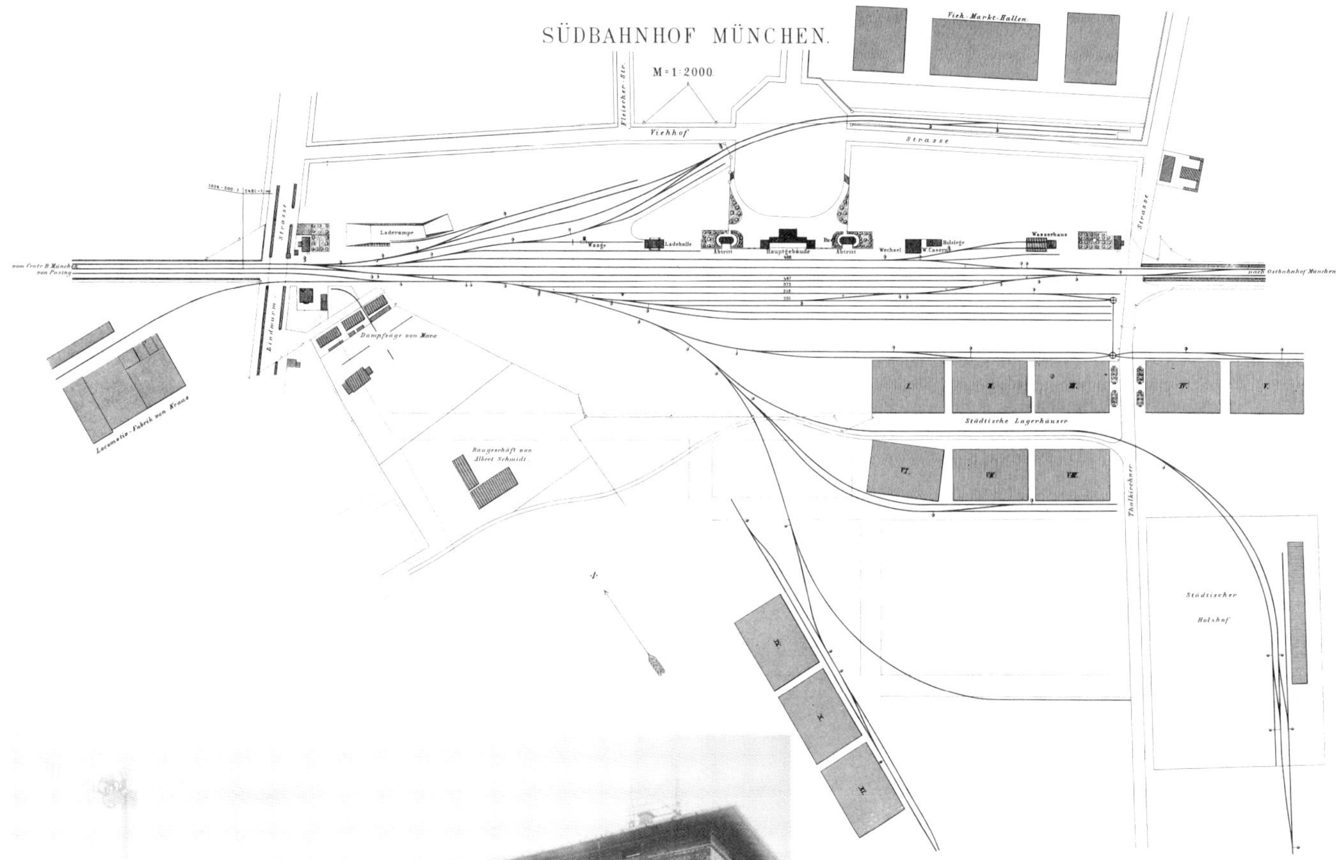

abermals ein Ausweg aus den beengten Verhältnissen gefunden werden mußte. Eine Möglichkeit ergab sich in der Auflassung des Holzhofgeländes, das bisher auch als Kohlen- und Steinhof genutzt wurde. So entstand auf ihm im Jahre 1929 der Lebensmittelbahnhof, den Namen Holzhof hat er bis heute behalten.

Der Zweite Weltkrieg bedeutete für den Münchner Großmarkt nicht nur einen Einbruch im Warenumschlag, sondern führte auch zu einer weitgehenden Zerstörung der großflächigen Anlagen. Doch bereits in den 50er Jahren hatte der bahnbezogene Waren-

Plan 12 (oben): Gleisplan des Bf München Süd von 1877.

(Mitte): Der Südbahnhof um die Jahrhundertwende.

(rechts): Der Großmarkt München von einem Kamin aus gesehen. Im Westen wird er vom nördlichen Ladehof, im Norden vom Südbahnhof und im Osten von dem mittlerweile umgestalteten Lebensmittelbahnhof umgeben.

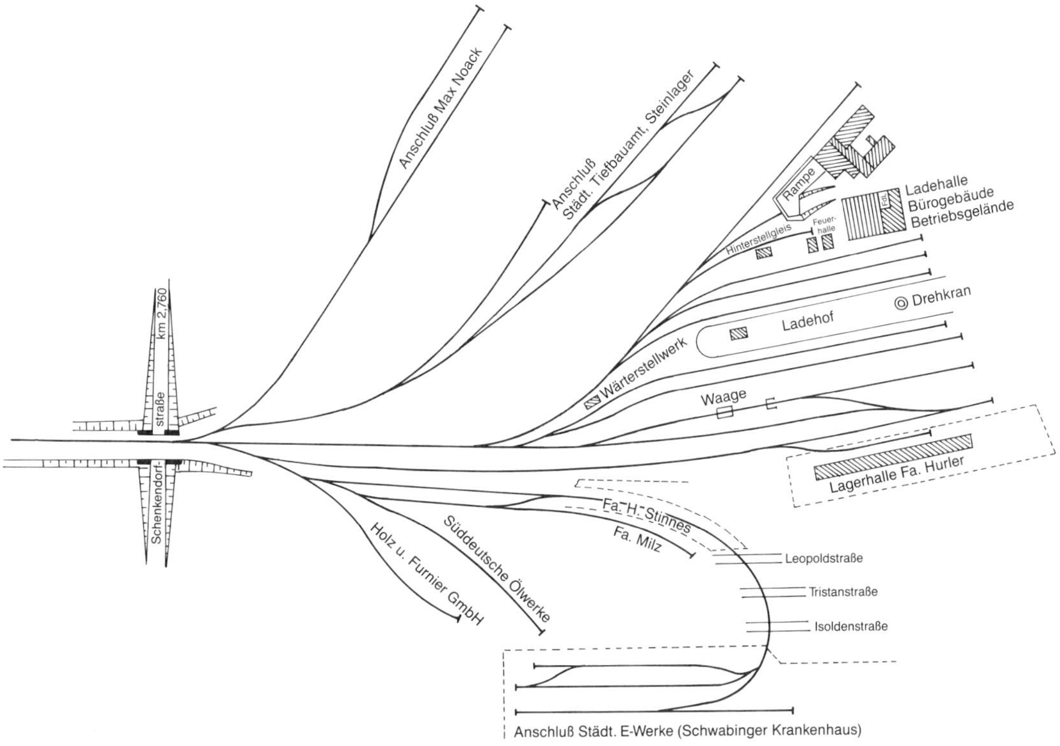

Plan 13 (links): Lageplan Bf München-Schwabing Juli 1964.

umschlag wieder einen so großen Umfang angenommen, daß man nicht umhin konnte, den Lebensmittelbahnhof zu erweitern.

Auf dem Gelände des schon erwähnten Schlachthofs wurden Mitte der zwanziger Jahre eigene Laderampen für das Schlachtvieh gebaut. Wohl bis in die sechziger Jahre hinein war hier reger Betrieb: mit zehn bis 20 Zügen täglich wurde das Schlachtvieh angeliefert. Die zur Bedienung dieser Rampen erforderlichen Rangierfahrten waren nur unter Inanspruchnahme der durchgehenden Hauptgleise durchführbar; so bot es sich im Zuge der Erneuerung der Braunauer Eisenbahnbrücke an, den nördlichen Überbau nach seiner seitlichen Verschiebung zur Aufnahme eines längeren Ausziehgleises zu belassen. Mittlerweile wurde es jedoch in Anbetracht des jetzt sehr bescheidenen Frachtaufkommens abgebaut.

Bereits in den siebziger Jahren zeigte sich, daß die Freiladeanlagen für die sich zunehmend verändernden Transportgewohnheiten und Umschlagtechniken nicht mehr bedarfsgerecht waren. Daher wurde Ende 1986 als Teil des neuen Umschlagzentrums „Großmarkt München" eine neue Halle eröffnet; eine zweite kam 1990 hinzu. Mit diesem Zentrum, das über moderne Lager- und Distributionsflächen verfügt, kann nun der dem Schienenverkehr seit den siebziger Jahren gegenüber dem Lkw-Verkehr erwachsene Nachteil teilweise wettgemacht werden.

Der gesamte Wagenzulauf des Südbahnhofs belief sich im Jahr 1990 auf etwa 150000 Waggons. Etwa 6 bis 7 Prozent, also rund 10000 Waggons, waren davon für den Großmarkt München bestimmt, der zu den bedeutendsten Binnenumschlagplätzen Europas gehört. Für die restlichen 90 Prozent war der Südbahnhof allerdings nur ein Transitbahnhof, den sie nach entsprechender Behandlung oder auch nach Neuaufgabe wieder verlassen haben. Ihre meist hochwertigen Kaufmannsgüter werden in der Regel im sogenannten Nachtsprung zu den Rbf der großen deutschen Wirtschafszentren (zum Beispiel nach Stuttgart-Kornwestheim, Köln-Eifeltor, Hannover-Seelze oder Hamburg-Maschen) weiterbefördert. Von hier aus bestehen dann zum Teil Verbindungen zu den Nachbarländern. Für alle im Nachtsprung verkehrenden InterCargo-Züge (ICG), die den Großraum München bedienen, ist der Bahnhof München Süd der Zugbildungs- und Abgangsbahnhof.

Ein solch umfangreicher und auf präzise Abwicklung ausgerichteter Betrieb läßt sich nur in Verbindung mit moderner Technik abwickeln. Dazu wurde der Bahnhof bereits 1967 mit einem Gleisbildstellwerk (Bauart SpDrS 60) ausgestattet, mit dem vor allem der Rangierbetrieb beschleunigt werden konnte.

5.3 Güterbahnhof München-Schwabing

Mit Eröffnung der Güterlokalbahn von Moosach nach Schwabing am 1. Oktober 1901 erhielt der Münchner Norden neben Milbertshofen den ersten größeren Güterbahnhof. Am 5. Juni 1909 wurde der Bf Schwabing durch eine weitere Strecke über Freimann—Johanneskirchen an den Ostbahnhof angebunden. Im Laufe der Jahre wurden die Gleisanlagen erweitert. In Bahnhofsnähe siedelten sich verschiedene Firmen an, die Gleisanschlüsse erhielten.

Als bedeutendster Gleisanschluß wurde am 4. März 1902 ein Industriegleis mit etwa drei Kilometer Länge vom Bf Schwabing in die Hirschau zur Lokomotivfabrik J. A. Maffei in der Gyßlingstraße eröffnet. Die Lokomotivfabrik wurde 1935 verlagert und abgebrochen, die Industriebahn jedoch erst 1949/50 abgebaut (siehe Kapitel 9.1). Unter den weiteren zwölf Gleisanschlüssen in den 40er/50er Jahren sind unter anderem zu nennen:

- ▷ Städtisches Elektrizitätswerk Schwabing zur Anlieferung von Kohle für die Energieversorgung, u. a. des Schwabinger Krankenhauses
- ▷ städtischer Lagerplatz (Steinlager)

Nach 1945 fiel durch Kriegsschäden und spätere Stillegung die Gleisverbindung nach Milbertshofen weg. Der Bf Schwabing war somit nur noch über den Bf Freimann angebunden.

Die frühere Bedeutung des Schwabinger Bahnhofs wird am besten dadurch verdeutlicht, daß in den fünfziger Jahren ganztägig eine Lok der Reihe 54 in Schwabing zum Rangierdienst eingesetzt war.

Durch Schließung und Verlagerung von Industriebetrieben sank die Bedeutung des Bahnhofs immer mehr, was schließlich zum Rückbau der Gleisanlagen in den siebziger und achtziger Jahren führte. Die freigewordenen Flächen wurden zur städtebaulichen Nutzung freigegeben.

Bis zum 31. Oktober 1987 bestand als letzter Rest noch ein Gleisanschluß zu einer Lagerhalle parallel zum früheren Gleis 8. Am 1. November 1987 wurde dann die Strecke zum Bf Schwabing ab Kilometer 2,7 (nördlich der Brücke über die Schenkendorfstraße) für den Gesamtverkehr stillgelegt und im August 1988 abgebaut. Der Abbruch der Brücke folgte 1990. Die nördlich gelegenen Gleisanschlüsse bestehen jedoch noch teilweise und werden weiterhin bedient.

5.4 Lange Anschlußgleise im Stadtgebiet

Nachstehend werden drei der längsten Anschlußgleise innerhalb des Stadtgebiets kurz beschrieben; eine Beschreibung aller Anschlußbahnen, auch solche mit eigener Betriebsführung, würde jedoch den Rahmen sprengen.

Das Oberwiesenfeld

Nach der Verlegung der Regensburger Strecke über Moosach im Jahre 1892 nutzte das 1887 nach München verlegte Königliche Eisenbahn-Bataillon die alte Strecke nach Feldmoching als Übungslinie.

1897 wurde sogar eine Feldbahn, die sogenannte ‚Militärbahn', zum Schießplatz Freimann errichtet.

Die um die Jahrhundertwende gebauten militärischen Einrichtungen entlang der Dachauer Straße erhielten umfangreiche Gleisanschlüsse. 1904 schuf man eine Verbindungskurve zur Ringbahn nach Moosach. In der Folgezeit siedelten sich auch nichtmilitärische Einrichtungen und Firmen (zum Beispiel Gaswerk Moosach) an.

Nach dem Zweiten Weltkrieg wurden die Gleisanschlüsse zu den Militäreinrichtungen aufgelassen. Das Industriegleis, das früher bis fast zu den Grünanlagen an der Maßmannstraße reichte, reicht heute nur noch kurz über den ehemaligen S-Bahnhof Olympiastadion südlich hinaus. Bis auf zwei Gleisanschlüsse sind alle anderen verschwunden.

Gleisanschlußverkehr Mittersendling durch die ‚Isarwerke GmbH München'

Am Ende des 19. Jahrhunderts wurde zur Erschließung des damaligen größten und wichtigsten Münchner Industriegebiets, dem sogenannten „Sendlinger Oberfeld", ein Netz von Industriestammgleisen durch die „Isarwerke GmbH München" westlich des Bahnhofs Mittersendling errichtet und als Privatbahn betrieben. Die an die etwa fünf Kilometer langen Stammgleise anschließenden Gleisanschlüsse wurden im Laufe der Zeit von den Firmen selbst errichtet, wobei es in der Blütezeit nahezu 50 Firmen waren.

Die Isarwerke verfügten über eine eigene Lokomotive, ihr Lokschuppen befand sich ungefähr an der Kreuzung der heutigen Boschetsrieder/Baierbrunner Straße.

Bis zum 31. Dezember 1951 wurde die Bahn als nichtbundeseigene Eisenbahn des beschränkt öffentlichen Verkehrs betrieben. Anschließend übernahm die DB die Bahnanlagen.

Pasinger Industriegleis zur Papierfabrik Nicolaus

1922 wurde zur Papierfabrik Heinrich Nicolaus, Planegger Straße 38, ein 2,8 Kilometer langes Industriegleis erbaut. Das Gleis zweigte in der Höhe Landsberger Straße/Am Knie vom Stammgleis Pasing—Laim ab, verlief zuerst in südlicher Richtung, um dann an der Blumenauer Straße nach Westen abzuschwenken. Auch das Pasinger Gaswerk in der Planegger Straße (1930 stillgelegt) erhielt dort einen Gleisanschluß. Etwa seit 1965 ist das Industriegleis abgebaut.

Die neuen Güterbahnhöfe

6.1 München Nord — der neue Rangierbahnhof

6.1.1 *Gründe für den Bau des neuen Rbf München Nord*

Bei den Auseinandersetzungen um den Rangierbahnhof (Rbf) München Nord wurde von seinen Gegnern immer wieder ins Feld geführt, bei einer künftigen Eisenbahn werde nicht mehr rangiert, deshalb sei ein neuer Rbf nicht notwendig. Dies ist jedoch ein großer Irrtum: Wer glaubt, in den Ballungszentren den gesamten bisherigen Gleisanschlußverkehr durch den kombinierten Verkehr ablösen zu können, übersieht, daß dazu riesige Umschlagplätze für die Zu- und Abfuhr auf der Straße erforderlich würden, deren Realisierung nicht möglich ist — ganz zu schweigen von den sich daraus ergebenden noch größeren Belastungen für die Umwelt! Auch die Nachbarländer Österreich und die Schweiz haben dies erkannt und verwirklichten neue Rangierbahnhöfe (zum Beispiel Zentralverschiebebahnhof Wien, Zürich-Limmattal).

Nur ein Teil des Transportaufkommens erlaubt es der Eisenbahn, die für sie ideale Produktionsform des Ganzzugs, bei dem das Gut ohne Veränderung der Zugzusammenstellung vom Versender zum Empfänger gefahren wird, anzuwenden. Bei allem Bestreben, den kombinierten Verkehr zu fördern und nicht containerfähiges Gut möglichst in Ganzzügen zu befördern, werden Wagengruppen und Einzelwagen auch in der Transportpalette der künftigen Eisenbahn eine erhebliche Bedeutung haben. Leistungsfähige und schnelle Rangierbahnhöfe sind für die Eisenbahn nach wie vor unverzichtbar!

Die beiden mitten im Stadtgebiet erbauten und bald aufzulassenden Bahnhöfe Laim und Ost sind beengt und veraltet. Sie können weder erweitert, noch mit einem vertretbaren Aufwand modernisiert werden. Beide Bahnhöfe arbeiten überdies zu langsam und unwirtschaftlich, was eine sehr zeit- und personalaufwendige und damit eine sehr kostenintensive Produktionsweise bedeutet. Hinzu kommen relativ hohe Quoten an Gutbeschädigungen. All dies ist im wesentlichen durch folgendes begründet:

- ▷ Teilweise nebeneinanderliegende Gleisgruppen, dadurch umständliche Sägebewegungen der Rangierabteilungen statt Fließbandbetrieb,
- ▷ unzureichende Gleislängen (250 Meter bis 600 Meter) und deswegen zusätzliche Rangierarbeit beim Umsetzen von Zugteilen und zusätzliche Zugfahrten, weil die Züge wegen zu kurzer Zugbildungsgleise nicht ausgelastet gefahren werden können,
- ▷ fehlende Automatisierung der Betriebsabläufe und
- ▷ nicht mehr zeitgemäße Signaltechnik.

Zu den in keiner Weise mehr den heutigen Anforderungen entsprechenden Strukturen kommt noch hinzu, daß der Betrieb zweier in einem Stadtgebiet gelegenen Rbf unwirtschaftlich ist und sich Doppelbehandlungen von Wagen oft nicht vermeiden lassen. Dadurch mindert sich der Ausgang ins Netz (Rbf Laim 2200 und München Ost 2600 Wagen/Tag) um bis zu 600 Wagen/Tag.

Um die Doppelbehandlungen auf ein tragbares Maß zu beschränken, müssen in den anderen Rbf der DB die Züge teilweise differenziert nach den beiden Münchner Rangierbahnhöfen gebildet werden, was bei den Abgangsbahnhöfen und in der Zugförderung einen erhöhten Aufwand verursacht und die Abfuhrhäufigkeit in Richtung München verschlechtert. Dieser Mangel wird künftig entfallen.

In der Rangfolge der Wirtschaftlichkeit der Rangierbahnhöfe des Bundesgebiets, gemessen an den Kosten für das Rangieren eines Wagens, stehen beide Rbf am Schluß.

Die aus wirtschaftlicher Sicht unbedingt notwendigen kurzen, marktgerechten Beförderungszeiten, verbunden mit zuverlässiger Beförderung und schadenfreier Behandlung der Güter können unter den derzeitigen Bedingungen in München nicht voll gewährleistet werden.

Im Bundesverkehrswegeplan und in der Rahmenplanung „Rangierbahnhöfe" der DB ist deshalb der Bau eines neuen Rangierbahnhofs in München als dringlichstes Projekt vorgesehen. Er sollte nicht nur dem neuesten Stand der Technik entsprechen, sondern zugleich auch günstig zu den auf das Stadtgebiet zulaufenden und abgehenden Hauptabfuhrstrecken liegen und den heutigen Anforderungen des Umweltschutzes entsprechen.

6.1.2 *Wirtschaftlichkeit und Vorteile des neuen Rbf*

Die Wirtschaftlichkeit des Vorhabens wurde durch umfangreiche Investitionsrechnungen nachgewiesen und brachte im wesentlichen folgende Ergebnisse:

- ▷ Der Neubau des Rbf München Nord ist wirtschaftlicher als die Modernisierung der vorhandenen Bahnhöfe, und zwar auch für den Fall, daß das Verkehrsaufkommen stagnieren würde.
- ▷ Der Neubau des Rbf München Nord ist auch wirtschaftlicher als der Weiterbetrieb der vorhandenen Anlagen ohne Modernisierungsinvestitionen.
- ▷ Der Neubau des Rbf München Nord ist auch wirtschaftlicher als der Bau eines Rbf im weiteren Umland von München.

Die so nachgewiesene Wirtschaftlichkeit des neuen Rbf ist in einer Reihe von Vorteilen für Wirtschaft, Bahn und Allgemeinheit begründet, die sich wie folgt zusammenfassen lassen:

- ▷ Der Rbf München Nord wird die jetzt auf mehrere Bahnhöfe in München verteilte Rangierkapazität zusammenfassen und steigern. Damit ergibt sich künftig eine wesentliche Beschleunigung des Verkehrs, einerseits durch die verkürzten Übergangszeiten der Wagen von Zug zu Zug, andererseits durch Entfall der für viele Wagen notwendigen Überführungen zwischen den Münchner Rangierbahnhöfen. Da künftig nur noch ein Ausgangspunkt vorhanden ist, werden mehr Zugverbindungen mit den anderen großen Rangierbahnhöfen des Bundesgebiets geboten werden können. So wird sich die durchschnittliche Gesamt-Beförderungszeit je Wagen um 5,5 Stunden verkürzen. Die Transporte können deshalb erheblich markt- und kundengerechter abgewickelt werden. Erst dadurch werden die von allen Seiten immer lauter vorgetragenen Forderungen nach einer Verlagerung des Güterverkehrs von der Straße auf die Schiene für den Raum München erfüllbar werden.
- ▷ Für die Konkurrenzfähigkeit der Bahn ist der neue Rbf von großer Bedeutung:
  Ein für die Wirtschaft attraktiver Schienengüterverkehr läßt vermehrtes Transportaufkommen und damit Mehrerträge erwarten. Hat doch die bisherige lange Transportzeit zu erheblichen Verkehrsverlusten geführt, die es nun auszugleichen gilt. Ein einziger, leistungsfähiger Rbf im Raum München senkt außerdem die Betriebsführungskosten, da unter anderem unnötige und kostenträchtige Überführungsfahrten zwischen den alten Rangierbahnhöfen eingespart werden.
  Darüber hinaus läßt sich auch die Betriebsführung anderer Rangierbahnhöfe der DB vereinfachen, da für Güterzüge nach München meist ein Richtungsgleis genügen wird, wenn künftig nur noch der Rbf München Nord angefahren werden muß.
  Mit dem neuen Rbf ist durch die Einführung moderner Technik für Stellwerke, Ablaufanlagen, Weiterführungsanlagen und durch die günstigere Anordnung der Anlagenteile zueinander auch eine erhebliche Personaleinsparung verbunden. Es entfällt darüberhinaus die gefährliche und deshalb unfallträchtige Arbeit der Hemmschuhleger. Die Einsparung an Arbeitskräften ist nicht zuletzt im Hinblick auf den angespannten Münchner Arbeits- und Wohnungsmarkt von großer Bedeutung.
- ▷ Die dem Stand der Technik entsprechenden Rangiereinrichtungen und die Vorkehrungen, die im neuen Rbf zur Minderung von Unfallfolgen für die Umwelt getroffen wurden, sichern einen weiteren Rückgang der Transport- und Umweltschäden. Dies liegt nicht zuletzt auch im Interesse der Allgemeinheit.

Nicht nur die Infrastruktur eines Rbf, sondern auch sein Standort und seine Lage im Streckennetz ist sehr entscheidend für die Wirtschaftlichkeit und Schnelligkeit der Produktion.

Auf München als größten Eisenbahnknoten Bayerns laufen elf Strecken sternförmig zu, die es in optimaler Weise anzubinden gilt. Vergleichende Untersuchungen einer Reihe von Alternativstandorten im Verlauf des Raumordnungsverfahrens führten eindeutig zu dem Ergebnis, daß der schon in den 30er Jahren festgelegte Standort München Nord zwischen Allach und Milbertshofen wegen seiner zentralen Lage den geringsten Betriebsführungsaufwand erfordert, womit zugleich kürzeste Transportzeiten gewährleistet werden können.

Jeder der 18 untersuchten Alternativstandorte (unter anderem Olching, Eschenrieder Spange, Dachauer Moos, Neufahrn bei Freising, Fürstenfeldbruck, Haspelmoor, Mering und Johanneskirchen-Feldkirchen) wäre nicht nur hinsichtlich seiner Baukosten teuerer gewesen, sonder auch in bezug auf die Betriebskosten. Die einzelnen Varianten hätten Umwege zwischen 18 und 29 Kilometer erfordert und damit Fahrzeitverlängerungen bis zu einer halben Stunde zur Folge gehabt. Dies hätte neben erhöhten Kosten für die längeren Zugfahrten (Mehraufwand für Energie, Fahrzeuge und Personal) für den Kunden bedeutet, daß „sein" Güterwagen entsprechend später am Rbf ankommt oder daß er dementsprechend früher auf die Reise zu schicken ist. Wird nämlich die dazwischenliegende Rangierzeit zu kurz, können die Wagen eines eintreffenden Zugs den nächsten Anschlußzug nicht mehr erreichen.

Ganz schlimm kann es beim Güterverkehr im „Nachtsprung" zwischen den Seehäfen und den Wirtschaftszentren werden. Hier bedeutet ein versäumter Anschluß stets 24 Stunden Verlust, 20 Minuten können also entscheidend sein. Fehlen sie, so fehlt ein ganzer Tag.

6.1.3 *Planung und Verfahrensverlauf*

Kaum ein Bauvorhaben der Bahn hat eine längere Vorgeschichte als dieses. Nach ersten Überlegungen zum Bau eines neuen „Zentral-Rbf" im Nordwesten der Stadt begannen 1936 die ersten konkreten Planungen. Im Zuge der erwähnten großzügigen Umgestaltung der Münchner Bahnanlagen sollten die beiden Rangierbahnhöfe München-Laim und München Ost durch einen zentralen Rbf ersetzt werden (siehe Kapitel 1.2.2), für den ein Standort am nordwestlichen Stadtrand zwischen München-Allach und München-Milbertshofen vorgesehen war. Dieser Standort eignete sich besonders deshalb, weil durch den zweigleisigen „Nordring", der damals verwirklicht wurde, ein optimaler Anschluß an das gesamte Streckennetz hergestellt werden konnte. Dazu erwarb die damalige Deutsche Reichsbahn ab 1937 ein Gelände mit einer Länge von fast sechs Kilometern und einer Breite von bis zu 600 Metern (300 Hektar). Mit dem Bau wurde ebenfalls begonnen, doch er mußte 1942 kriegsbedingt eingestellt werden.

Über 40 Jahre zeugten dann unter anderem riesige Kiesschüttungen von mehr als fünf Millionen Kubikmetern von den damaligen Arbeiten. Durch diese Kiesentnahmen entstanden die heutigen beliebten Naherholungsgebiete am Lerchenauer See, Fasanerie See, Feldmochinger See und Karlsfelder See. Nach dem Krieg mußte erst wieder neu geplant werden, doch die 1961 begonnene Neuplanung wurde alsbald wieder unterbrochen, da der in dieser Zeit anstehende Bau des S-Bahn-Systems vorrangig war und alle Planungskapazität beanspruchte. Erst 1969 wurden die Planungen erneut aufgenommen und schließlich auch abgeschlossen.

Bereits Ende 1971 lag für den Rbf München Nord ein Rahmenplan für eine zweiseitige Anlage mit einer Kapazität von etwa 10 000 Wagen/Tag vor. Der Rbf sollte unmittelbar mit einem nördlich davon gelegenen Containerbahnhof (Cbf) verbunden sein. Wer hätte damals gedacht, daß noch eineinhalb Jahrzehnte bis zum Baubeginn vergehen sollten! Der Grund lag vor allem darin, daß, wie bei so großen Bauvorhaben heutzutage allgemein üblich, die Planung von verschiedenen Seiten aufs heftigste bekämpft wurde — vor allem auch von der Stadt München, obwohl sie in den 60er Jahren das Gelände des Rangierbahnhofs als Verkehrsfläche in ihrem Flächennutzungsplan ausgewiesen hatte.

Die in das Raumordnungsverfahren eingebrachte Planung des Jahres 1971 wurde später in der vorgelegten Form nicht weiterverfolgt, weil größere Umplanungen aufgrund geänderter Verkehrsprognosen notwendig waren. Zu nennen sind vor allem die Reduzierung des Rbf auf eine einseitige Anlage mit einer Kapazität von nur noch 7000 Wagen/Tag sowie zusätzliche Maßnahmen für den Umweltschutz, insbesondere auf den nicht mehr für eisenbahntechnische Anlagen benötigten Flächen. Mit diesen Änderungen konnte schließlich die raumordnerische Überprüfung in einem ergänzenden Verfahren abgeschlossen werden. Verhältnismäßig rasch war es dann möglich, das anschließend eingeleitete Planfeststellungsverfahren mit dem Beschluß im Jahr 1982 zu beenden. Doch daraufhin folgte ein mehrjähriger Rechtsstreit zwischen der Landeshauptstadt München und der Deutsche Bundesbahn, in dem letztlich das Bundesverwaltungsgericht im Jahr 1987 die auf Aufhebung des Planfeststellungsbeschlusses gerichtete Klage Münchens zurückwies. Wegen noch anhängiger Klagen von Privatpersonen wurde im März 1987 die sofortige Vollziehung des Planfeststellungsbeschlusses angeordnet. Anträge der Landeshauptstadt und privater Kläger auf Wiederherstellung der aufschiebenden Wirkung blieben ohne Erfolg. So konnte Mitte 1987 mit der Realisierung des Vorhabens „Rbf München Nord" begonnen werden.

6.1.4 *Einzugsgebiet — Transportaufkommen*

In seiner idealen Lage an der „Sammelschiene Nordring" ist der Rbf München Nord

- ▷ unmittelbar an die Hauptabfuhrstrecken Richtung Augsburg, Ingolstadt und Rosenheim angebunden und
- ▷ günstig zu den im Norden und Osten der Stadt angesiedelten Industrie und Gewerbegebieten gelegen.

Sein Einzugsgebiet umfaßt den gesamten südbayerischen Raum (siehe Kapitel 4.1). Ferner soll der neue Rangierbahnhof die Verkehrsströme zwischen dem Netz der DB und den Bahnen in Südost- und Südeuropa (Italien, Österreich und Balkan) miteinander verbinden.

Einer Mondlandschaft glich das Gelände des neuen Rangierbahnhofs zu Beginn der Bauarbeiten. Die Gleise des ehemaligen Baugüterbahnhofs sind bereits entfernt. In ihrem Bereich verläuft jetzt die neue Dachauer Straße, die etwa bei der Kiesaufschüttung die Straßenbrücke erreicht.

Der bei weitem überwiegende Anteil der Wagen entfällt auf das Frachtenzugnetz. Durch die Konzentration der Wagenumstellungen wird es künftig möglich sein, vom Rbf München Nord Züge zu neun Zielen im südlichen und südöstlichen Ausland, zu 14 anderen Rangierbahnhöfen im Netz der DB (Fernbereich) sowie zu den 13 angeschlossenen Knotenpunktbahnhöfen (Nahbereich) zu bilden. In umgekehrter Richtung werden Züge von sieben Rangierbahnhöfen im grenzüberschreitenden Bereich, von zwölf Rangierbahnhöfen im Fernbereich sowie von 14 Knotenpunktbahnhöfen aufgenommen. Daraus ergeben sich für den Rbf München Nord rund 130 Züge pro Tag im Eingang und rund 150 Züge pro Tag im Ausgang. Hiernach war der Bahnhof für eine durchschnittliche Kapazität von 5300 Wagen/Tag mit einer maximalen Leistungsfähigkeit von bis zu 7000 Wagen/Tag zu dimensionieren.

6.1.5 *Durchgeführte Baumaßnahmen*

Die ersten Baumaßnahmen hatten zum Ziel, die Voraussetzungen für eine möglichst frühzeitige Gleisverlegung zu schaffen. Die Erd- und Brückenarbeiten, die Verlegung von Versorgungs- und Entsorgungsleitungen, die Erstellung von Hochbauten, insbesondere für das elektronische Stellwerk, wurden deshalb mit der Auflage kürzester Bauzeiten ausgeschrieben und vergeben.

Die DB hatte mit Beginn der Bauarbeiten im Zentrum der Baustelle ein Informationsbüro eingerichtet, wo alle gewünschten Informationen gegeben wurden. Etwa 300 Personen ließen sich pro Monat individuell informieren und beraten. Besonderes Interesse bestanden bei der landschaftlichen Gestaltung, den vorgesehenen Schallschutzanlagen, den möglicherweise auftretenden und deshalb befürchteten Belastungen während der Bauzeit und der Verkehrsplanung in der Umgebung des Rangierbahnhofs. Auch die lokalen Organe der Landeshauptstadt München, die Bezirksausschüsse, ließen sich ständig über die Planung und den Bauablauf unterrichten. Darüber hinaus hat der Rangierbahnhof München Nord bei den Technischen Universitäten, Fachhochschulen, Fachbehörden und sonstigen öffentlichen Gremien eine starke Beachtung gefunden. Monatlich ließen sich etwa fünf bis zehn Besuchergruppen den Bauablauf erläutern und die Baustelle zeigen.

Erdarbeiten

Zur Herstellung der zehn bis 15 Meter hohen Schallschutzwälle und des Unterbaus für die Gleisanlagen mußten etwa vier Millionen Kubikmeter Erdmaterial bewegt werden, wobei der Materialbedarf zum größten Teil durch die Ende der 30er Jahre auf dem Gelände des Rangierbahnhofs entstandenen Kiesaufschüttungen gedeckt werden konnte. Dennoch fehlten in einigen Teilbereichen etwa 800000 Kubikmeter, die aus anderen Großbaustellen innerhalb Münchens herbeigeschafft werden konnten. Unter Beachtung der Bauzeit und der Vorkehrungen zur landschaftspflegerischen Gestaltung laut Planfeststellungsbeschluß begannen zuerst die Erdarbeiten im Bereich der Richtungsgruppe. Daran schlossen sich die Arbeiten in den Ein- und Ausfahrgruppen an. Die den Rangierbahnhof umgebenden Schallschutzwälle wurden gleichzeitig in Angriff genommen, damit die Anlieger schon während der Bauzeit vor Baulärm geschützt werden konnten.

Brücken- und konstruktiver Ingenieurbau

Die Herstellung sämtlicher über den Rangierbahnhof hinwegführenden Brücken sowie die Tieferlegung der Strecke München—Regensburg waren für die Einhaltung des Gesamttermins von wesentlicher Bedeutung. Deshalb wurden die Brückenbauwerke parallel zum Erdbau erstellt. Von besonderer Bedeutung war dabei der verkehrsgerechte Ausbau der

In der Gestaltung der Hochbauten des Rangierbahnhofs München Nord hat die Deutsche Bundesbahn neue Wege beschritten: alle Bauten weisen rote Klinkerfassaden und, ähnlich einem Güterwagen, Tonnendächer auf. Diese charakteristischen Gestaltungsmerkmale läßt das im Bau befindliche Bahnbetriebswerk bereits gut erkennen.

den Rangierbahnhof kreuzenden Straßen, unter anderen die Überführungen der Dachauer und der Feldmochinger Straße sowie die Beseitigung des Bahnübergangs Lassallestraße durch eine Eisenbahnüberführung. Der frühzeitige Ausbau dieser Straßen war zur Verbesserung der Verkehrsverhältnisse der nördlich des Rangierbahnhofs gelegenen Stadtgebiete dringend erforderlich, aber auch für den Bauablauf wichtig, damit die nachfolgenden Gleisarbeiten nicht durch kreuzende Straßen aufgehalten würden.

Großer Wert wurde auf eine ansprechende einheitliche Gestaltung der Brückenbauwerke gelegt. Die Arbeit des Koordinierungskreises, der auf Anregung des Bundesministers für Verkehr in einem Gespräch mit dem Oberbürgermeister der Landeshauptstadt München gegründet wurde, hat sich bei der Abstimmung der Planung mit den Belangen der Stadt und der betroffenen Bürger besonders bewährt.

Oberbau

Nach Abschluß der Erdarbeiten begann sofort die Verlegung der Gleise in der Einfahrgruppe und in Teilen des Bahnbetriebswerks (Bw), nämlich im Bereich der Übergabegruppe für die Schadwagenbereitstellung. Die Gleisanlagen für den Rangierbahnhof wurden in zwei große Lose eingeteilt, wobei im ersten Los die Einfahrgruppe und die Anrückzone bis zum Ablaufberg und im zweiten Los die gesamte Richtungs- und Ausfahrgruppe enthalten sind.

Der Bauablauf wurde so festgelegt, daß im unmittelbaren Anschluß an die Oberbauarbeiten mit dem Einbau der rangiertechnischen Einrichtungen, das heißt mit dem Einbau der Rampen-, Tal- und Richtungsgleisbremsen und der kombinierten Förderanlagen sowie mit den Außenanlagen für den Signal- und Fernmeldedienst begonnen werden konnte.

Hochbauten

Die Konzentration der Rangieraufgaben im Münchner Raum auf den Rbf München Nord erfordert eine Zusammenfassung aller Aufgaben der Zugförderung und des technischen Wagendienstes. So werden die heutigen Anlagen des Bahnbetriebswerks München Ost und der Güterwagenausbesserung in München-Laim und München Ost aufgelassen und in den Rbf München Nord verlagert werden.

Im Rbf München Nord werden künftig rund 540 Mitarbeiter beschäftigt sein, wovon etwa 240 zum neuen „Bw" zählen. Dazu kommen noch etwa 200 Lokführer, die ebenfalls dem Bw angehören. Die für das Personal notwendigen Büro-, Betriebs- und Sozialräume sowie die Räume zur Unterbringung technischer Einrichtungen sind in wenigen Hochbauten zusammengefaßt. So wurde neben dem Bahnbetriebswerk ein größeres Gebäude für die Bahnhofsverwaltung und das Zentralstellwerk sowie ein zweites Gebäude für den Maschinen- und Werkstättendienst vorgesehen. Darüber hinaus mußten noch einige kleinere Betriebsgebäude im Gleisfeld erstellt werden, die für das im Bereich der Einfahr- und Ausfahrgruppe tätige Personal und für technische Einrichtungen unabdingbar sind. Die Hochbauten weisen insgesamt 93000 Kubikmeter umbauten Raum auf.

Versorgungs- und Entsorgungsleitungen

In einem Rangierbahnhof sind eine Vielzahl von Versorgungs- und Entsorgungsleitungen, insbesondere für die Steuerung der Signalanlagen und der rangiertechnischen Einrichtungen, zu verlegen, was eine enge Koordinierung mit den Oberbauarbeiten erfordert. So wurden im Bereich der Richtungsgruppe die Leitungen der Landeshauptstadt München und der Deutschen Bundespost in einem ge-

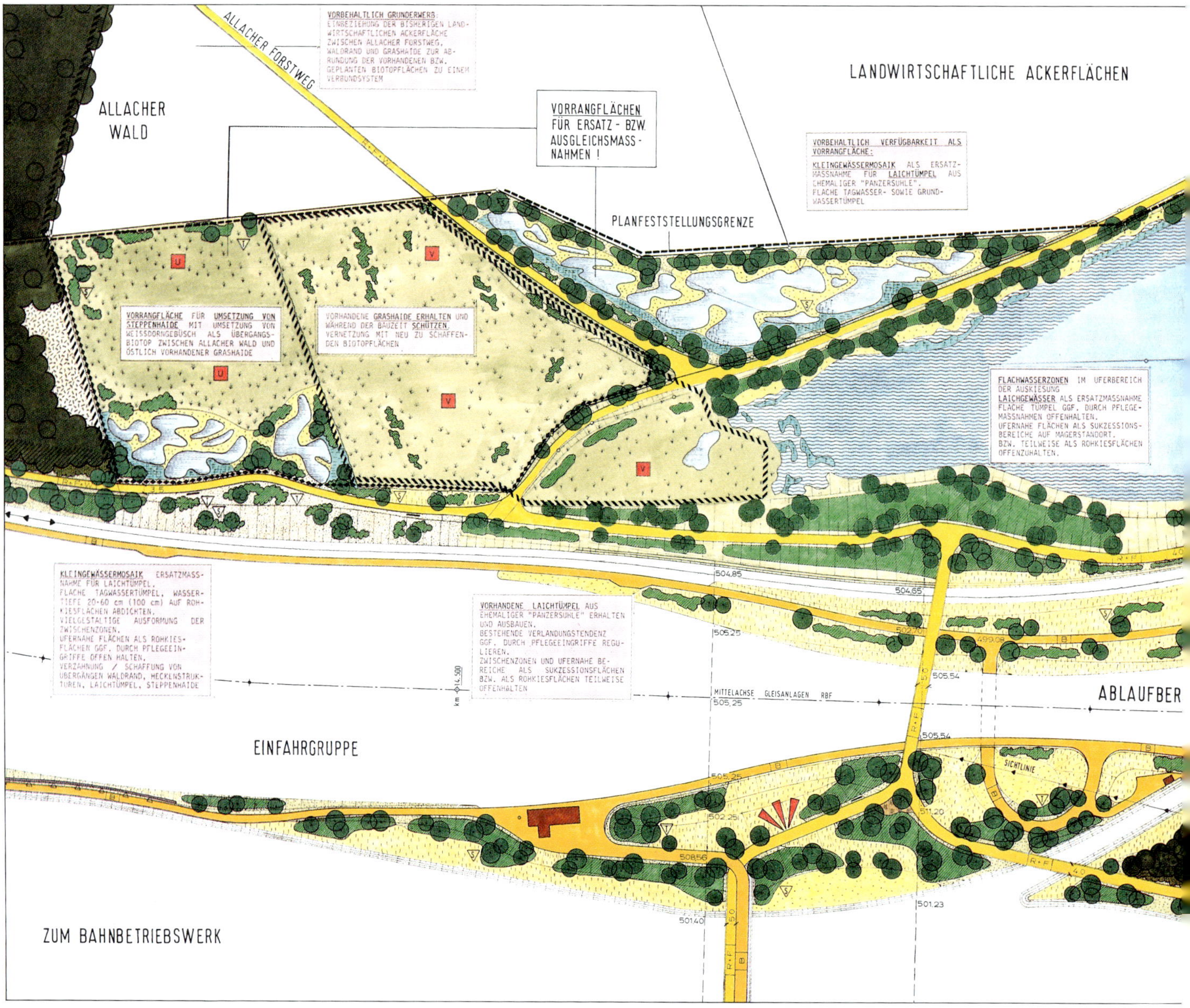

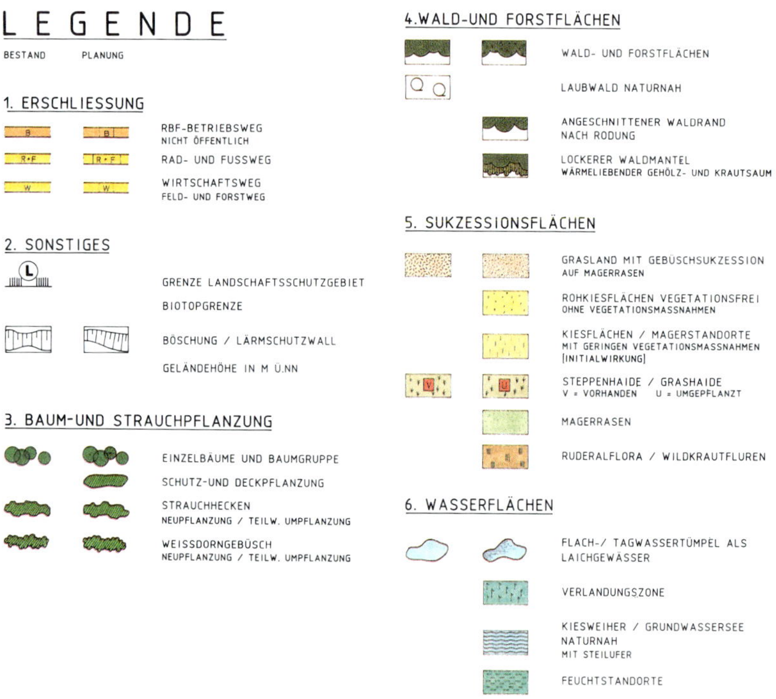

meinsamen Leitungstunnel unter dem Rangierbahnhof hindurchgeführt.

Sämtliche Leitungen der DB, aber auch Dritter, zum Beispiel Gas- und Wasserleitungen, Abwasserkanäle und sonstige Infrastrukturleitungen der Landeshauptstadt München, wurden mit Hilfe modernster Entwurfstechnik zentral koordiniert.

6.1.6 *Umweltschutz*

Umweltgerechte und städtebauliche Eingliederung des Rangierbahnhofs

Mit dem Bau des Rbf wurden auch zahlreiche Maßnahmen im Sinne des Natur-, Landschafts- und Schallschutzes getroffen. Die Minimierung der mit dem Bau und Betrieb dieser Anlage verbundenen Umwelteinwirkungen ist heutzutage ebenso wichtig geworden, wie das Verlegen von Schienen. Zudem erforderte die tangentiale Lage zum Stadtgebiet auch entsprechende städtebauliche Maßnahmen.

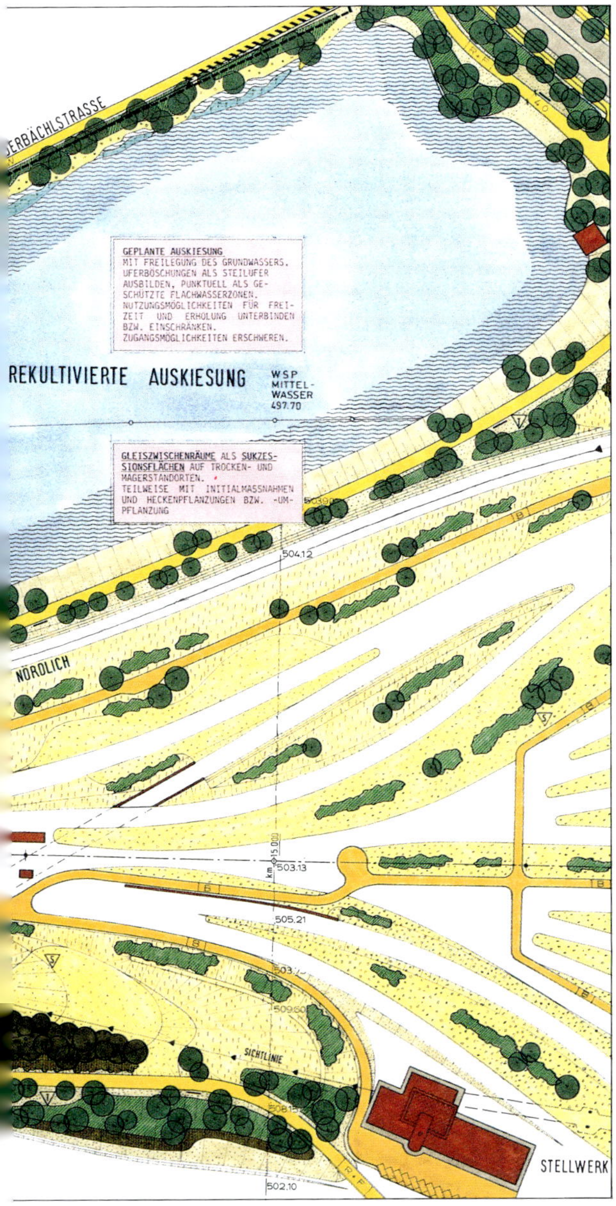

Art der Maßnahme/Fläche	Ausgleichs-flächen	Ersatzmaßnahme-flächen
Biotopumpflanzung	35200 m²	
Sukzessionsflächen/Trockenbiotope:		
Gleiszwischenräume	140500 m²	
Böschungen	485000 m²	
	625500 m²	
Waldflächen:		
Aufforstungsflächen	145000 m²	
Gehölzsaum/Waldrand	20100 m²	
Wildkrautsaum/Hochstaudenfluren	8600 m²	
	173700 m²	
Feucht(Laich)biotope	29900 m²	
Grünflächen:		
Magerrasen		161400 m²
Gehölzpflanzung		342950 m²
	864300 m²	504350 m²
Flächen insgesamt		1368650 m²

Tabelle 9 (oben): Flächenbilanz für Ausgleichs- und Ersatzmaßnahmen im Bereich des Rbf München Nord.

Plan 14 (großes Bild): Ausschnitt aus dem vom Büro Prof. Dr. Kagerer erstellten landschaftspflegerischen Begleitplan als Bestandteil der Planfeststellung zum Rangierbahnhof München Nord. Er stellt die nördlich der Nachordnungsgruppe (zwischen km 16 und 17, siehe Falttafel III durchgeführten Maßnahmen dar.

Ausgleichs- und Ersatzmaßnahmen für Biotopverlust

Fragen des Natur- und Landschaftsschutzes nahmen bei der Planung einen breiten Raum ein. Dies war insofern geboten, als Teilflächen des unter Landschaftsschutz stehenden Allacher Waldes, ein Rest eines artenreichen Lohwalds, ferner Trockenbiotope und nicht zuletzt mittlerweile wertvolle Sekundärbiotope auf den Kiesschüttungen der 40er Jahre (insbesondere Grauweiden-Sanddorngebüsche) vom Rbf beansprucht wurden. Die Eingriffe in diese Bereiche mußten auf ein Minimum beschränkt werden.

Diesen Erfordernissen kam die Reduzierung des Rbf auf eine einseitige Anlage zugute. Ein großer Teil der ökologisch wertvollen Sekundärbiotope, die sich im nördlichen Teil des ursprünglichen Planungsbereichs zwischen der alten Dachauer Straße und der Bahnlinie München—Regensburg gebildet hatten, konnten so erhalten bleiben.

Um die durch den Bau des Rbf erfolgten Eingriffe in den Naturhaushalt abzumildern oder teilweise auszugleichen, wurden entsprechende Ausgleichsmaßnahmen geplant.

Diesen Maßnahmen lag das Konzept einer mittlerweile im Münchner Raum selten gewordenen „Magerlandschaft" zugrunde. Ebenso notwendig war es auch, für nicht ausgleichbare und im Zuge der Baumaßnahmen verlorengegangene Biotopstandorte wenigstens einen Ersatz in Form von Grünflächen zu schaffen. Dank dieser Ausgleichs- und Ersatzmaßnahmen konnten bei einem gesamten Biotopverlust von etwa 180 Hektar insgesamt 137 Hektar Flächen für ökologische Funktionen zurückgewonnen werden (siehe Tabelle 9). Nachdem noch innerhalb des 130 Hektar großen Rbf etwa 20 Hektar zur Neuanlage von Biotopen zur Verfügung standen, entfallen von rund 250 Hektar neugestalteter Flächen nur 110 Hektar, also weniger als die Hälfte, auf Betriebsanlagen.

Ausgleichsmaßnahmen zur Biotopschaffung

Die zur Biotopgestaltung durchgeführten Ausgleichsmaßnahmen umfaßten neben Umsetzungen vorhandener Biotope vor allem deren Neuanlage (Rekonstruktion). Hierzu eigneten sich neben einigen hinzugekauften Flächen und ökologisch wenig wertvollen Restflächen außerhalb des Rbf-Geländes, vor allem Böschungsflächen im Bereich des Bahngeländes und der aufgelassenen Bahnanlagen.

Biotopumsetzungen

Durch Umsetzung von Teilflächen der vorhandenen wertvollen Mager- beziehungsweise Trockenrasenbiotope (Steppen- und Grasheide, Pfeifengraswiesen und ähnliches) einschließlich einiger Gebüschsukzessionen auf neue Standorte außerhalb der Gleisanlagen *(rechts): Im Verlauf des Jahres 1990 wurden die Geländemodellierungen für den Rangierbahnhof und die ihn umgebenden Schallschutzwälle weitgehend fertiggestellt, so daß im Herbst mit umfangreichen Pflanzmaßnahmen begonnen werden konnte. Unter den zu pflanzenden Bäumen sind Ahorn, Linde, Eiche und Hainbuche, die Hauptbaumarten des Allacher Waldes, stark vertreten.*

(unten): Ein Teil der auf den Kiesaufschüttungen der 40er Jahre entstandenen Sanddornbiozönosen wurde an andere Standorte versetzt. Dafür eignete sich auch eine größere Freifläche zwischen den Gleisen im östlichen Teil der Richtungsgruppe.

wurde die Erhaltung des im Verlauf von rund 50 Jahren weitgehend durch Sukzession (fortschreitende Vegetationsentwicklung) auf Rohböden entstandenen Artenpotentials angestrebt. Die aus der Gebüschsukzession entnommenen Strauchgruppen (zum Beispiel Sanddorn, Weißdorn, Weiden) oder Einzelsträucher wurden in neu zu schaffende Magerbiotope inselförmig eingebracht, so daß hiervon eine Initialwirkung auf die Vegetationsentwicklung ausgehen kann. Insgesamt wurden rund 3,5 Hektar Biotopflächen umgesetzt.

Anlage von Sukzessionsflächen für Trockenbiotope

Die sehr umfangreichen Innenflächen der Lärmschutzwälle, ferner die den Rangierbahnhof optisch gliedernden größeren Gleiszwischenräume und Böschungen von unterschiedlich hoch beziehungsweise tief gelegenen Gleisen sowie Fußweg- und Radwegüberführungen eigneten sich als Sukzessionsflächen zur Rekonstruktion von Trockenbiotopen. Alle Maßnahmen auf diesen Flächen konnten sich dabei auf ihre Initialwirkung beschränken. So war es möglich, größere ebene Flächen zwischen den Gleisen ohne weiteres zutun der natürlichen Entwicklung (Sukzession) zu überlassen (etwa 14 Hektar); die Böschungen mußten hingegen im Hinblick auf mögliche Erosionen rasch begrünt werden. Auf ihnen wurde daher in der Regel der Oberboden verlorengegangener Biotopstandorte aufgetragen und gegebenenfalls noch stabilisiert. Mit insgesamt 63 Hektar werden die sich im Laufe der Jahre darauf entwickelnden Trockenbiotope den weitaus größten Anteil an den neugeschaffenen Biotopen haben.

Anlage von Feucht(Laich)biotopen

Außerhalb des Rangierbahnhofgeländes ergab sich die Möglichkeit zur Anlage von rund drei Hektar Feuchtbereichen in Form von Tümpeln oder altwasserähnlichen Flachwasserzonen. Teilweise geschah dies durch Öffnung eines bisher verrohrten Bachlaufs, vor allem aber durch entsprechende Gestaltung des westlichen Uferbereiches des neuen, etwa vier Hektar großen Baggersees. Hier sind bereits erste, seltene Vogelarten wie der Eisvogel zu beobachten.

Waldbiotope durch standortgerechte Aufforstungen

Auf einer Fläche von 17 Hektar wird im Bereich des Allacher Walds beziehungsweise im Anschluß an ihn unter Integrierung von Trockenbiotopen und naturnahen Grünflächen durch Anpflanzung standortgerechter Baum- und Straucharten die Neuentwicklung des einstigen Eichen-Hainbuchenwalds (Lohwald) angestrebt. Überwiegend locker gestaltete Waldränder sollen darüber hinaus die Entwicklung von Waldmantelgesellschaften ermöglichen.

Im Zusammenhang mit dem Rangierbahnhofbau entstand an seiner Nordseite ein etwa 4 Hektar großer Baggersee. In seinem altwasserähnlich gestalteten, westlichen Uferbereich sind neben Enten auch erste seltene Vogelarten zu beobachten.

Anlage von Grünflächen als Ersatzmaßnahme für ehemalige Biotopflächen

Die nicht für die zuvor erwähnten Biotope vorgesehenen Flächen wurden Ersatzmaßnahmen zugeführt und nach landschaftsgestalterischen Gesichtspunkten begrünt und bepflanzt. Von diesen rund 50 Hektar Grünflächen weist ein Drittel nur Landschaftsrasen über einer dünnen Schicht Oberboden auf. Aus ihm können sich im Laufe der Jahre bei extensiven Pflegemaßnahmen Magerrasenflächen entwickeln. Die Maßnahmen hierzu, die so frühzeitig wie möglich ausgeführt wurden, mindern gleichzeitig Schmutz- und Staubausbreitung, verhindern Erosion und dienen dem Sichtschutz.

Schallschutzmaßnahmen — auch ein Beitrag zur Landschaftsgestaltung

Auf etwa zwei Drittel seiner Länge ist der Rbf zur Minderung der von ihm ausgehenden Schallemissionen beidseitig von Lärmschutzwällen umgeben. Soweit es die örtlichen Gegebenheiten ermöglichten, wurden sie nicht nur als einfache Wälle ausgeführt, sondern aus landschaftsgestalterischen Gesichtspunkten heraus auf der dem Rbf abgewandten Seite mehr oder weniger stark modelliert. Bei Basisbreiten bis zu 120 Meter verloren sie dadurch weitgehend ihren „Wallcharakter". Aus den gleichen Gründen wurden auch die Wälle stellenweise über das erforderliche Maß hinaus bis zu 15 Meter aufgeschüttet.

Die Schutzwälle haben zum Rbf hin überwiegend eine Neigung von 1 : 1,6 oder sie bestehen aus einer bepflanzbaren Stützwand. Auf der dem Rbf abgewandten Seite der Schutzwälle wurde die Böschungsneigung hingegen nach obigen Gesichtspunkten festgelegt. Über die gesamte Länge der Schallschutzwälle erstreckt sich ein Fußwege- und Radwegenetz, das, um die relativ große Fläche der Gleisanlagen aus dem Erlebnisfeld herausnehmen zu können, überwiegend unterhalb der Wallkronen angelegt wurde. Diese konnten daher als Grünflächen weitgehend in die Baum- und Strauchbepflanzung einbezogen werden.

Entsprechend den Vorstellungen der Landeshauptstadt München sollen die sehr ausgedehnten Schallschutzwälle zugleich auch einen wesentlichen Bestandteil der durchgehenden Grünverbindungen darstellen, die zwischen der Drei-Seen-Platte im Norden, dem Allacher Wald im Westen und den olympischen Anlagen im Süden vorgesehen sind. Dank der im östlichen Teil des Rbf freigewordenen Flächen war es möglich, die bereits im Olympiagelände vorgegebene hügelige Landschaftsform in den Schallschutzwällen nachzuvollziehen.

Im westlichen, durch den Allacher Wald führenden Teil des Rbf mußte wegen seiner Hochlage auf Schallschutzwälle verzichtet werden, sonst wären weitere Eingriffe in den Wald unvermeidbar gewesen. Statt dessen wurden hier ein bis zwei Meter hohe Schallschutzwände angelegt und soweit möglich durch Bepflanzungen abgeschirmt.

Neben Schallschutz durch Wälle und Wände wurde auch der nach dem heutigen Stand der Technik mögliche Schallschutz an der Schallquelle durchgeführt.

Was in München-Laim und Ost nicht machbar ist, in München Nord ist es möglich: Rangieren in umweltschonender Technik. Statt kreischender Hemmschuhe versehen elektronisch gesteuerte Gleisbremsen ihren Dienst. Besonders umweltfreundliche Segmentbalkenbremsen vermeiden das früher übliche „Kreischen". Diese mit nur noch geringen Geräuschemissionen arbeitenden Gummigleisbremsen sind in allen Richtungsgleisen eingebaut.

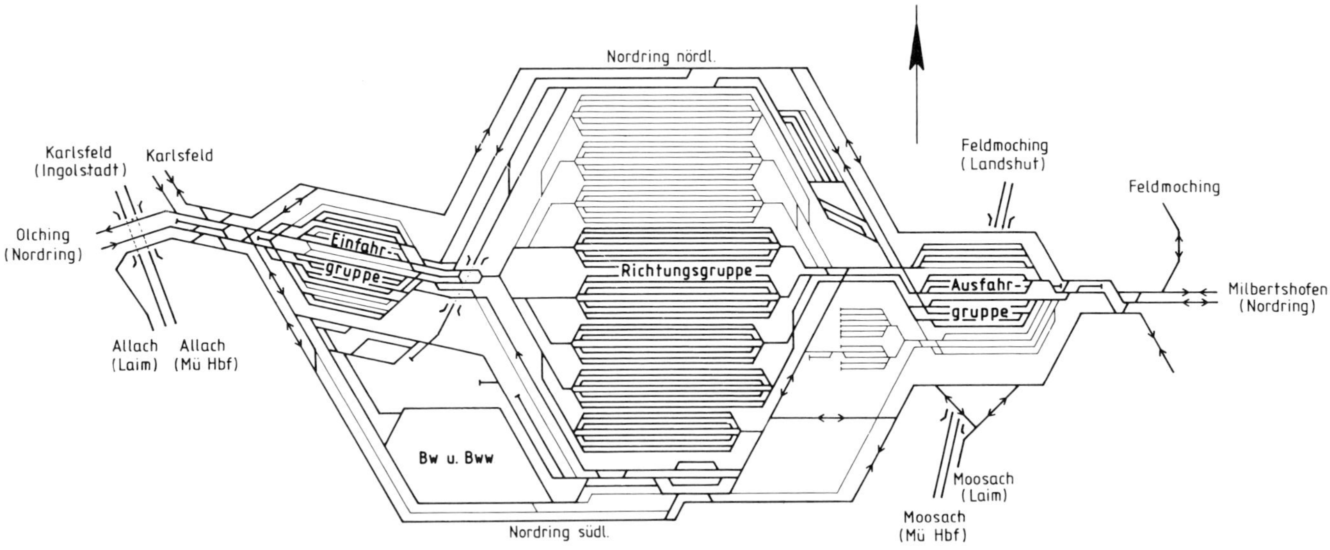

Plan 15 (oben): Systemplan Rangierbahnhof München Nord.

(unten): Die Zufahrt zum Rangierbahnhof von Olching her, rechts der alte Nordring, links das neue Planum.

Berücksichtigung städtebaulicher Belange

In städtebaulicher Hinsicht galt es vor allem, die durch den nahezu sechs Kilometer langen Rbf befürchtete Riegelwirkung möglichst abzumildern. Zu diesem Zweck wurde eine Reihe von Fußweg- und Radwegüber- und -unterführungen neu geschaffen. Aus ästhetischen Gründen sind die Überführungen in Höhe des Ablaufbergs in mehrere Teilbrücken mit dazwischenliegenden Biotop- beziehungsweise Grünbereichen aufgegliedert. Des weiteren konnten mit dem Bau des Rbf noch zwei Engpässe im Straßennetz beseitigt werden. Zum einen wurde die stark frequentierte Dachauer Straße im Bereich des Rbf vierspurig ausgebaut und mit einer leicht geschwungenen 464 Meter langen Brücke über die Richtungsgleise hinweggeführt. Zum anderen wurde im östlichen Teil des Bahnhofs der schienengleiche Bahnübergang an der Lassallestraße durch eine Unterführung ersetzt.

Zusammenfassung

Dank der sehr umfangreichen Maßnahmen für

▷ Natur- und Landschaftsschutz,
▷ Schallschutz und
▷ städtebauliche Belange

ist zu folgern, daß im Prinzip keine Wünsche offengeblieben sind. Nach Ansicht der Autoren hat das bislang brachgelegene Gelände, das — abgesehen vom Allacher Forst — der Naherholung doch nur unzureichend dienen konnte, eine sehr deutliche Aufwertung erfahren. Das beweisen nicht zuletzt die zahlreichen Spaziergänger, die schon während der Bauzeit ihren künftigen Grünbereich in „Besitz" nahmen.

6.1.7 *Produktionsanlagen*

Gleisanlagen

Der Rbf München Nord ist als einseitiger Flachbahnhof konzipiert. Die Arbeitsrichtung — zugleich Hauptwindrichtung — verläuft von Westen nach Osten. Entsprechend sind Einfahrgruppe, Ablaufberg, Richtungsgruppe und Ausfahrgruppe hintereinander geschaltet. Das damit erreichbare „Fließbandverfahren" ist eine wesentliche Voraussetzung für eine schnelle und produktive Verfahrensweise bei der Auflösung und Bildung der Güterzüge. Dieses System wird in Plan 9 erläutert.

Der Rangierbahnhof ist so an das Streckennetz angebunden, daß Ein- und Ausfahrten aus allen und in alle Richtungen möglich sind. Die neuen Streckenabschnitte sind für eine Geschwindigkeit von mindestens 100 km/h und für maximale Zuglasten von 2400 Tonnen trassiert. Aufgrund der Streckenbelastung werden die Verbindungskurve Karlsfeld—Rbf München Nord zweigleisig, die übrigen Anbindungsstrecken eingleisig ausgeführt.

Einfahrgruppe

Zur Vermeidung von Rückstau auf den Zulaufstrecken wurden der West- und Ostkopf der

(links und Mitte): Ein- und Ausfahrgleise des Rangierbahnhofs München Nord im Bereich des Allacher Waldes.

(unten): Das Zentralstellwerk des Rangierbahnhofs im Dezember 1988.

Einfahrgruppe so gestaltet, daß Züge aus verschiedenen Richtungen gleichzeitig ohne gegenseitige Behinderung einfahren können und die Einfahrgleise möglichst vielseitig benutzbar bleiben. Bei der Gestaltung des Systemplans mußte der hohe Anteil der Einfahrten gegen die Ablaufrichtung (rund 40 Prozent), die den Ablaufbetrieb stören können, berücksichtigt werden. Hierbei ergab sich ein Bedarf von 19 Gleisen. Davon werden in der ersten Baustufe zwölf Gleise erstellt. Die Nutzlänge jedes Einfahrgleises beträgt etwa 780 Meter.

Ablaufanlage

Das „Herz" des Rangierbahnhofs ist der etwa 5,6 Meter hohe Ablaufberg, über den die Züge aufgelöst und die Wagen in die Richtungsgleise verteilt werden. Dabei macht man sich die Schwerkraft zunutze: Der entkuppelte Zug wird langsam über die Bergkuppe geschoben. Dabei lösen sich die Wagen einzeln vom Zug, rollen selbständig die Gefällstrecke hinunter und werden in das ihrem Ziel entsprechende Gleis der Richtungsgruppe geleitet.

(rechts): Blick vom östlichen Ende der Einfahrgruppe auf den Ablaufberg. Auf ihn laufen zwei Gleise zu, so daß der Abdrückvorgang zwischen zwei aufeinanderfolgenden Zügen keine nennenswerte Unterbrechung erfährt.

(unten): Richtungsgruppe von der Dachauer Straße aus gesehen. Die Talgleisbremsen sowie die sich nach vorne zu anschließenden Beidrückeinrichtungen sind bereits montiert. Die kleinen Betriebsgebäude im Bereich der Richtungsgruppe beherbergen Steuereinrichtungen für den Ablaufbetrieb.

Der Zerlegeleistung der Ablaufanlage ist in Anbetracht des hohen Wageneingangs in den Nachmittags- und Abendstunden auf über 300 Wagen/Stunde ausgelegt. Unter Berücksichtigung der in München erreichbaren Abdrückgeschwindigkeit von 1,75 m/sec, der ermittelten Durchschnittslänge von 14,8 Metern je Wagen, der durchschnittlich 35 Wagen umfassenden Zerlegeeinheit und anderer Einflußgrößen und Toleranzen sind in der ersten Ausbaustufe 270 Wagen/Stunde für die Fahrplanplanung anzusetzen.

Um diese Leistung zu erreichen, war es unter anderem notwendig, zwei Berggleise vorzusehen. Dadurch kann ein abzudrückender Zug bereits an die Kuppe des Ablaufbergs herangefahren werden, während ein anderer noch abgedrückt wird. Zugleich läßt sich hiermit die Zugwechselzeit, das ist die Zeit vom Ende des Abdrückens des ersten Zugs bis zum Beginn des Abdrückens des zweiten Zugs, bis auf rund 60 Sekunden verringern.

Richtungsgruppe

Die Anzahl der Richtungsgleise ergibt sich aus der Aufgabenstellung, möglichst viele Ziele direkt, das heißt ohne weitere Umstellung erreichen zu können. Diese Priorität führt

(links): Blick auf die Ausfahrgruppe.

(Mitte): Die den neuen Rangierbahnhof auf beiden Seiten umgebenden Lärmschutzwälle wurden landschaftsgerecht gestaltet, wodurch sie ihren Wallcharakter auf der dem Bahnhof abgewandten Seite weitgehend verloren. Dank ihrer Länge und Erschließung mit Fuß- und Radwegen erfüllen sie zugleich die Funktion durchgehender Grünverbindungen.

(unten): Mitte des Jahres 1990 waren die Bauarbeiten am neuen Rangierbahnhof bereits so weit vorangeschritten, daß der Nordring dem Weiterbau im östlichen Teil des Rangierbahnhofs im Wege stand. So mußte deshalb Mitte des Jahres 1990 eine provisorische, eingleisige Durchfahrt durch den Rangierbahnhof geschaffen werden.

zu einer vollen Ausnutzung der technischen Möglichkeiten des einseitigen Rbf.

Die Richtungsgruppe wird im Endausbau über 64 Gleise verfügen:

- ▷ 26 Gleise für Züge nach den angeschlossenen Knotenpunktbahnhöfen,
- ▷ 16 Gleise für Züge ins Fernnetz der DB,
- ▷ 9 Gleise für den grenzüberschreitenden Verkehr,
- ▷ 6 Gleise für die Leerwagensammlung,
- ▷ 2 Gleise für die maschinentechnischen Zusatzanlagen,
- ▷ 1 Gleis für den Containerverkehr zum neuen Containerbahnhof,
- ▷ 4 Reservegleise für wechselnde Aufgaben.

Von diesen 64 Gleisen werden in der ersten Ausbaustufe 40 Gleise zur Verfügung stehen. Die Länge der Richtungsgruppengleise ergibt sich aus der maßgebenden Zuglänge, der betrieblich erforderlichen Nachlauflänge und dem Längenbedarf für rangiertechnische Einrichtungen. Sie schwankt zwischen 770 und 970 Meter. Mit 420 Meter erreicht der Rbf im Bereich dieser Gruppe seine größte Breite.

Ausfahrgruppe

Aus der Ausfahrgruppe können die Züge in beiden Richtungen ein- und ausfahren. Der weitaus größte Teil aller Züge erhält dort seine Ausgangsbehandlung. Einige Züge werden bereits in den südlichen Randgleisen der Richtungsgruppe fertiggestellt. Bei einer durchschnittlichen Länge von 760 Metern wurde für die Ausfahrgruppe ein Bedarf von 18 Gleisen ermittelt, von denen in der ersten Ausbaustufe 13 erstellt werden.

Der Rangierbahnhof München Nord verfügt über modernste Rangiertechnik. Gummigleisbremsen und Beidrückeinrichtungen (im Vordergrund) dienen nicht nur dem Umweltschutz, sie schonen auch Wagenmaterial und Ladung. Von der an der Nordseite des Zentralstellwerkes angebrachten Kanzel kann der Bergmeister alle Rangiervorgänge gut beobachten und gegebenenfalls von Hand eingreifen.

Sonstige wichtige Gleisanlagen

Nachordnungsgruppe

Der Rangierbahnhof München Nord hat auch Aufgaben als Knotenpunktbahnhof zu erfüllen, vor allem für die im Münchner Norden gelegenen Gleisanschließer, die über die Bahnhöfe München-Milbertshofen, München-Freimann und München-Laim bedient werden. Für diese Aufgabe wurde eine Nachordnungsgruppe so konzipiert, daß gleichzeitig Zugzerlegung und Zugbildung über je sechs Ordnungsgleise möglich sind; dies erfordert zwölf Gleise mit einer Nutzlänge von 200 Metern.

Verkehrsgleise, Umspanngleise

Neben den für die eigentliche Zugbildung erforderlichen Gleisen sind weitere Gleise, wie zum Beispiel für Lokfahrten, für den Austausch von Wagengruppen und für sonstige Rangierfahrten notwendig, die sich außerhalb des Fließbandbetriebs zwischen Einfahr- und Ausfahrgruppe vollziehen. Vier Umspanngleise dienen dem Lokwechsel und dem Austausch von Gruppen bei Zügen, die nach kurzem Aufenthalt weiterfahren.

Bahnbetriebswerk München 4

Dem neuen Rbf München Nord ist ein Bahnbetriebswerk angegliedert (siehe Kapitel 8.3.4), das den Einsatz von Triebfahrzeugen, Lokführern und wagentechnischem Personal regelt. Weiterhin werden in ihm Fristarbeiten sowie Bedarfsausbesserungen an Lokomotiven und Güterwagen durchgeführt. Eine Stationierung von Lokomotiven ist allerdings nicht vorgesehen.

Höhenprofil des Rangierbahnhofs

Die Hauptarbeitsbereiche des Rangierbahnhofs lassen sich in ihrem Höhenprofil nur zum Teil dem umgebenden Gelände anpassen. Wegen der Hochlage des Nordrings bei der Kreuzung mit der Ingolstädter Strecke ist im Bereich der Einfahrgruppe eine Aufschüttung bis zu 6,5 Meter erforderlich. Dadurch wird gleichzeitig die für die Ablaufanlage nötige Höhendifferenz erreicht. Der im Münchner Norden sehr hohe Grundwasserstand bildet bezüglich der Höhenlage der Richtungsgruppe einen Zwangspunkt für das Längsprofil. Die Höhe der Ausfahrgruppe wurde so gewählt, daß sie sich einerseits dem Gelände anpaßt und andererseits die Absenkung der zu kreuzenden Strecke München—Regensburg auf ein vertretbares Maß begrenzt wird. Die Gleise des Bahnbetriebswerks liegen ohne Längsneigung knapp über dem Geländeniveau.

6.1.8 *Steuerung des Rangierbetriebs*

Der Rangierbetrieb in München Nord wird durch ein rechnergesteuertes Stellwerk (derzeit das größte elektronische Stellwerk der DB) in Verbindung mit rangiertechnischen Einrichtungen wie rechnergesteuerten Brems- und Förderanlagen vollautomatisch durchgeführt.

Zum Zerlegen der in der Einfahrgruppe angekommenen Güterzüge werden funkferngesteuerte Rangierlokomotiven eingesetzt. Die Geschwindigkeit, mit der die Zerlegeeinheiten jeweils über die Ablaufanlage zu schieben sind, wird von einem im Zentralstellwerk installierten Mikrocomputer ermittelt und variiert. In die zu errechnende Geschwindigkeit geht die Länge der einzelnen Ablaufeinheiten, ihre Trennung in den verschiedenen Staffeln der Verteilweichen sowie die Zulauffolge der Wagen in dasselbe Richtungsgleis mit ein.

Die Geschwindigkeit der ablaufenden Wagen wird an drei Punkten auf dem Laufweg zwischen dem Ablaufberggipfel und den Richtungsgleisen mittels Rampen-, Tal- und Richtungsgleisbremsen beeinflußt. Nur extrem schlecht laufende Wagen benötigen keine Abbremsung bis zum Richtungsgleis.

Das Sammeln der Wagen in den Richtungsgleisen geschieht automatisch, wobei kombinierte Förderanlagen in jedem Richtungsgleis dafür sorgen, daß einerseits der Gleisbereich direkt hinter der Richtungsgleisbremse für die Aufnahme zulaufender Wagen und Wagengruppen rechtzeitig geräumt ist und andererseits die im Richtungsgleis gesammelten Wagen kuppelreif beigedrückt werden.

Die Steuerung und Verfolgung der ablaufenden Wagen in der Verteilzone geschieht durch den Ablaufsteuerrechner im Zentralstellwerk aufgrund der erfaßten Ablaufdaten, der Nummer des Richtungsgleises, der Achszahl des Ablaufs und ergänzender Angaben.

Die Ablaufsteuerung besteht aus einem modular aufgebauten Rechnerverbundsystem. Der Ablaufsteuerrechner übernimmt die Laufwegsteuerung und Laufwegverfolgung. Über diesen Rechner sind im Ausnahmefall manuelle Eingriffe des Bergmeisters in den automatischen Ablaufprozeß möglich. Zur Erhöhung der Verfügbarkeit steht eine Reserveeinheit bereit, die schritthaltend mit den aktuellen Daten versorgt wird und damit bei Ausfällen eines Rechners sofort die Steuerung übernehmen kann.

Sternförmig verbunden mit dem Ablaufsteuerrechner sind mehrere Mikrocomputer, die die Steuerung und Regelung der Stellglieder für Abdrücklok, Rampenbremsen, Talbremsen und Richtungsgleisbremsen übernehmen.

6.1.9 *Inbetriebnahme und aufzulassende Anlagen*

Der Terminplan sieht die Inbetriebnahme der ersten Ausbaustufe mit zunächst zwölf Einfahrgleisen, 40 Richtungsgleisen und 13 Ausfahrgleisen zum Herbst 1991 vor. Diese Inbetriebnahme hat eine fast vollständige Umstellung des Güterzugverkehrs im Münchner und auch im südbayerischen Raum zur Folge, mit weitreichenden Ausstrahlungen auf den gesamten Güterzugverkehr im In- und Ausland, soweit er München berührt; es werden ja alle Fahrplanlagen und Zugbildungen der Güterzüge weitgehend verändert. Einer reibungslosen Inbetriebnahme kommt also eine sehr hohe Bedeutung zu. Um diese zu gewährleisten, wird zu Beginn ein umfangreicher Testbetrieb durchgeführt werden, der rechtzeitig „Kinderkrankheiten“ oder unenddeckte Fehler der Anlagen und Steuerungseinrichtungen erkennen läßt. Vor allem aber werden den Mitarbeitern, die die neuen Anlagen betreiben und betreuen sollen, dadurch ausreichende Möglichkeiten zum Kennenlernen der Anlagen, zur Schulung und Übung mit der doch vielfach neuen Technik und dem völlig neuen Betriebsprogramm gegeben. Vorab sind dazu schon alle notwendigen Betriebsanleitungen für die Technik — elektronisches Stellwerk, Ablauf-

Rangierbahnhof München Nord am Sonntag, dem 12. August 1990, vom Flugzeug aus gesehen. Deutlich erkennt man neben der Richtungsgruppe und der über sie hinwegführenden Dachauer Straße das Stellwerk, die Einfahrgruppe mit nebenliegendem Verwaltungs- und Werkstattgebäude, das im Bau befindliche Betriebswerk München 4, die Vorstellgruppe sowie die provisorische Einschleifung des Nordrings in das südliche Umfahrgleis.
In Höhe der Vorstellgruppe sind die beidseitig des Rangierbahnhofs verlaufenden Wegenetze durch insgesamt sieben einheitlich gestaltete Brücken und mehrere modellierte Aufschüttungen in Y-Form miteinander verknüpft.
(Luftbild: Max Prugger, München, Nr. 179/100)

Tabelle 10:
Technische Daten zum Rangierbahnhof München Nord.

Ausmaß der Anlage bzw. Gleisanlagen	
Fläche	130 ha
Länge/größte Breite	5000 m/420 m
gesamte Gleislänge	150 km
Zahl der Weichen	450
Umfang der Erdbewegung	ca. 5 Mio. m^3
Daten zur Produktionsanlage	
Arbeitsrichtung	West–Ost
Einfahrgruppe	
Zahl der Gleise, ( ) = 1. Baustufe	19 (14)
Gleislängen von Weiche bis Weiche	810–950 m
mittlere Gleislänge	860 m
Ausfahrgruppe	
Zahl der Gleise, ( ) = 1. Baustufe	18 (13)
Gleislängen von Weiche bis Weiche	800–900 m
mittlere Gleislänge	860 m
Richtungsgruppe	
Zahl der Gleise, ( ) = 1. Baustufe	64 (40)
Gleislängen von Weiche bis Weiche	770–1000 m
mittlere Gleislänge	950 m
Ablaufanlage	
Höhe des Ablaufberges	5,60 m
Gefälle des Ablaufberges	60 ‰
Gefälle der Richtungsgruppe	zwischen 0,5 ‰ und 2,3 ‰ wechselnd (wannenförmig)
Anzahl/Art der Berggleisbremsen	2 Balkengleisbremsen
Anzahl/Art der Talgleisbremsen	8 (5) Balkengleisbremsen
Anzahl/Art der Richtungsgleisbremsen	64 (40) Gummigleisbremsen
maximale Zerlegeleistung der Ablaufanlage	340/Std, 5300/Tag
Bauwerke*	
Brücken insgesamt	19
Eisenbahnbrücken	9
Straßenbrücken	4
Brücken für Fußgänger und Radfahrer	6
längste Brücke	464 m
Tunnel	
Eisenbahntunnel, Anzahl/Länge ( ) = mit Rampen	2/74 (184) m und 246 (920) m
Spartentunnel Anzahl/Länge	1/490 m
Hochbauten	
Stellwerke	1
Verwaltungsgebäude	1
Feuerwehrgebäude	1
Bahnbetriebswerk (München Nord)	1
verschiedene Betriebsgebäude	14
umbauter Raum an Hochbauten	93000 m^3
Umweltschutzmaßnahmen	
Länge der Lärmschutzwälle	8000 m
Maximale Höhe der Wälle	15 m
Schüttvolumen	4 Mio m^3
Ausgleich- und Ersatzmaßnahmeflächen	137 ha
Länge der Fuß- und Radwege	15 km
Länge der Schallschutzwände	3 km
Zahl der Arbeitsplätze	600–700
Bauzeit	4 Jahre
Gesamtkosten (1. Ausbaustufe)	700 Mio DM

* 1 Eisenbahnbrücke, 1 Kreuzungsbauwerk, 1 Fuß- und Radwegüberführung und 1 Eisenbahntunnel sind darüber hinaus im Zuge der beiden Anbindungsstrecken zum Bahnhof Moosach erforderlich geworden.

steuerrechner, Bremsanlagen, Weiterführungsanlagen, Telefon- und Funkanlagen usw. — und eben dieses neue Betriebsprogramm — Fahrpläne der Züge, Gleisbenutzung, Zusammensetzung der Züge, Wagenübergang, Organisation der einzelnen Fachdienste am Zug usw. — aufzustellen. So ist es nur folgerichtig, daß die „Dienststelle Rangierbahnhof München Nord" mit ihrem Leiter und seinen Mitarbeitern im Büro organisatorisch schon längst eingerichtet ist. Ein Großteil der Hochbauten ist fertiggestellt und auch schon bezogen — beispielsweise das Stellwerk und die Gebäude, in denen die technischen Steuerungsanlagen untergebracht sind. Das Stellwerk zum Beispiel muß frühzeitig an die DB übergeben werden, um Prüfung und Abnahme der Siganlanlage durchführen zu können. Anschließend folgt die Schulung nicht nur des Bedienungspersonal, sondern auch der Mitarbeiter, die die Funktionstüchtigkeit der Anlagen garantieren sollen.

Trotz bester Schulung ist es aber nicht möglich, schlagartig alle Aufgaben im neuen Rangierbahnhof zu übernehmen; so sind mehrere Inbetriebnahmestufen vorgesehen, um die Aufgabenfülle stetig zu steigern:

▷ Herbst 1991: schrittweise Verlagerung der Aufgaben des Rbf München-Laim, wobei die Bedienung der ausgedehnten Zusatzanlagen und Gleisanschlüsse im Bereich Laim natürlich dort verbleiben muß. Gleichzeitig wird das Bw München 4 von seinem alten Platz im Osten der Stadt zu den neuen Anlagen in München Nord verlagert.
▷ Mai 1992: Verlagerung der Aufgaben der Rbf München Ost in voraussichtlich 2 Schritten.
▷ Mai 1993: Verlagerung der ICG-Zugbildung von München Süd.

Entsprechend der Verlagerung der Aufgaben zum neuen Rangierbahnhof Nord werden natürlich die Anlagen der alten Bahnhöfe der noch verbleibenden Inanspruchnahme angepaßt und entbehrliche Anlagen abgebaut, was vor allem in Laim und Ost erhebliche Teilflächen für eine andere Nutzung, auch städtebaulicher Art, freimachen wird.

Die technischen Daten zum Rbf München Nord vermittelt Tabelle 10.

6.2 Der neue Umschlagbahnhof in München-Riem

Gründe für den Bau eines neuen Umschlagbahnhofs

Der bisher an der Arnulfstraße betriebene Umschlagbahnhof für kombinierten Ladungsverkehr (KLV) platzt aus allen Nähten; ein Neubau ist aber auch aus drei weiteren Gründen unumgänglich:

- ▷ Dezentralisierte Anlagen
  Das steigende Transportaufkommen führte wegen der nicht erweiterungsfähigen Anlagen an der Arnulfstraße alsbald zur Gründung von „Zweigbetrieben". Bereits 1977 mußte das Container-Depot andernorts eingerichtet werden. Es ist im Nordosten von München (Johanneskirchen) in einer privaten Anlage untergebracht, von der auch das TRANSFRACHT-Service-Center (TSC) betrieben wird. Zur Entlastung der Stammanlage an der Arnulfstraße mußten schließlich im Jahr 1985 auch der Überseecontainerverkehr und der sonstige internationale Containerverkehr nach Unterföhring ausgelagert werden. Das dortige, unmittelbar an das S-Bahn-Gleis nach Ismaning angeschlossene Container Depot München verfügt über einen 500 Meter langen Gleisanschluß und wird von der DB in Zusammenarbeit mit einer Privatfirma betrieben. Ein genau ausgeklügelter Fahrplan ist die Gewähr dafür, daß sich der S-Bahn- und Containerverkehr nicht gegenseitig behindern.
  Weiterhin mußten 1981 und 1985 zur Bewältigung des im Umschlagbahnhof an der Arnulfstraße nicht mehr verkraftbaren Verkehrsaufkommens der „Rollenden Landstraße" Ausweichanlagen zwischen Donnersberger und Friedenheimer Brücke geschaffen werden. Die dadurch zwangsläufig zustande gekommene Dezentralisierung führte zu erhöhtem Zeit-, Rangier- und Personalaufwand, der nur vorübergehend hingenommen werden kann.

- ▷ Betriebstechnische Erschwernisse
  Auch in betrieblicher Hinsicht entspricht der bisherige Umschlagbahnhof keinesfalls den Erfordernissen eines modernen, leistungsfähigen Umschlagbahnhofs des KLV. Die Anlage ist durch schrittweisen Umbau des alten Ladehofs der Güterabfertigung München Hbf entstanden. Dieser an sich auf die Bedürfnisse des konventionellen Wagenladungsverkehrs eingerichtete Ladehof stammt in seiner Konzeption praktisch noch aus der „Pferdewagenzeit". Entsprechend kurz und für den kombinierten Ganzzugverkehr völlig unzulänglich sind die vorhandenen Gleisanlagen: Die Gleisnutzlängen sind kaum länger als 200 Meter; die Züge messen dagegen heute zwischen 400 und 600 Meter und werden künftig bis zu 700 Meter lang sein. An den Gleisnutzlängen kann jedoch nichts geändert werden, denn die Anlage ist durch die umliegende Bebauung eingeengt. Hinzu kommen, bedingt durch den keilförmigen Zuschnitt der Ladestraßen, zahlreiche interne Bahnübergänge im Bereich der Weichenzonen. All diese betriebstechnischen Erschwernisse bedeuten einen erhöhten, kostenträchtigen und zeitraubenden Rangieraufwand in der Bereitstellung und Abholung der Züge. Die Kapazitätsengpässe führen überdies oft zu längeren Wartezeiten im Vorfeld des Umschlagbahnhofs, die manchen Fahrzeitgewinn auf der Fernstrecke wieder zunichte machen.

- ▷ Verkehrsbedingte Erschwernisse
  Der im Innenstadtbereich Münchens gelegene alte Umschlagbahnhof hat schließlich zur Folge, daß der gesamte Lkw-Verkehr für die Zu- und Abfahrt die Innenstadt beansprucht und dies insbesondere zu den Hauptverkehrszeiten. Da außerdem die Kunden zum überwiegenden Teil am Stadtrand von München oder in der Region ansässig sind, sind damit zeitraubende Anfahrtswege verbunden. Somit ist der bisherige Umschlagbahnhof allein schon wegen seiner Lage auf Dauer nicht tragbar.

All die genannten Erschwernisse führten dazu, daß die Münchner Anlagen für den kombinierten Ladungsverkehr weder in kommerzieller noch in betriebstechnischer Hinsicht den Erfordernissen eines leistungsfähigen Umschlagbahnhofs entsprechen. Die Folge ist, daß München hinter den allgemeinen Qualitätsstandard des kombinierten Ladungsverkehrs zurückgefallen ist.

Planungsvorgaben, Verfahrensverlauf und Kostenaufwand

Damit die DB in Zukunft die gesteckten Mengenziele erreichen und auch im liberalisierten EG-Verkehrsmarkt bestehen kann, muß sie über ein ausreichendes und qualitativ hochwertiges Leistungsangebot verfügen. Dies setzt zunächst die Kenntnis der mittel- bis längerfristig zu erwartenden Entwicklung des Transportaufkommens beim Huckepack- und Containerverkehr voraus. Aus diesem Grund wurden Modell-Prognosen vorgenommen, bei denen auch berücksichtigt wurde, daß der neue Umschlagbahnhof zentrale Aufgaben zu erfüllen hat, das heißt, daß er den gesamten in und um München liegenden Wirtschaftsraum zu bedienen hat. Gemäß diesen Prognosen wird folgende Entwicklung erwartet:

- ▷ Im Jahr 1991 sind voraussichtlich 63400 Ladeeinheiten Container und 150800 Ladeeinheiten Huckepack einschließlich Rollender Landstraße umzuschlagen,
- ▷ im Jahr 2000 werden 70600 Ladeeinheiten Container und 165100 Ladeeinheiten Huckepack einschließlich Rollender Landstraße erwartet.

Ein hochwertiges Leistungsangebot wird beim kombinierten Ladungsverkehr jedoch nicht nur durch ausreichend dimensionierte und dem neuesten Stand der Technik entsprechende Anlagen gewährleistet, sondern ist gleichermaßen auch abhängig von einem verkehrsgünstig gelegenen Standort. In einem

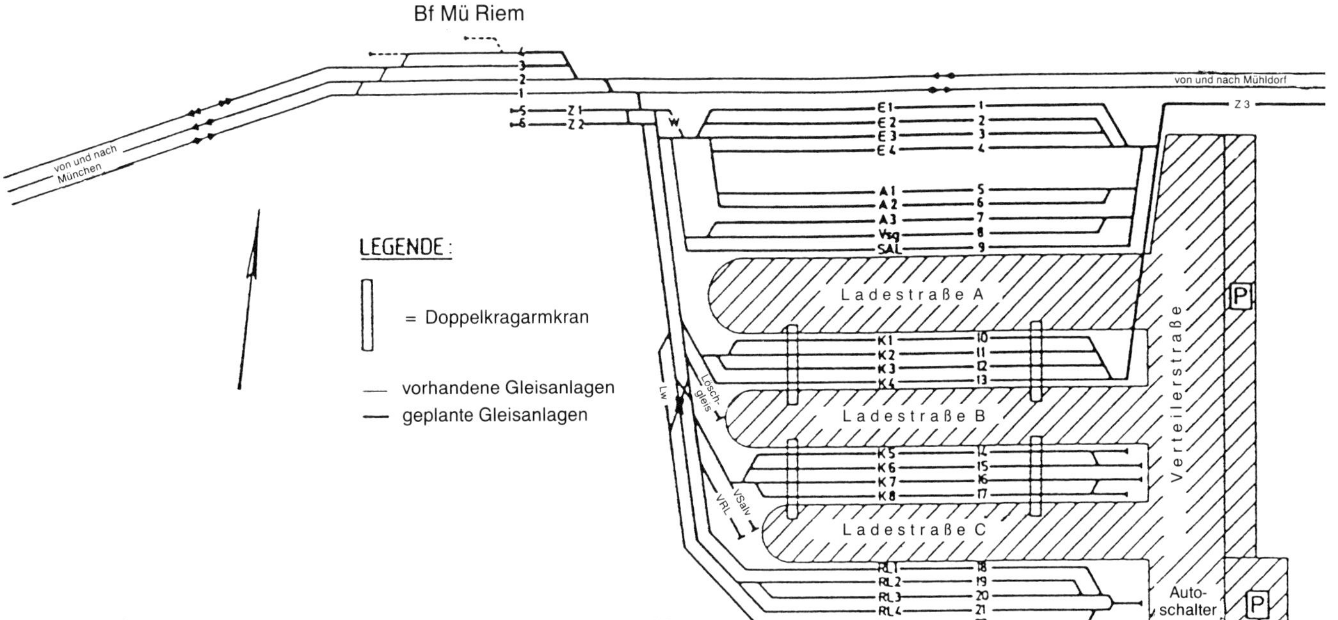

Gleisfunktionen: A = Abstellen von Wagengarnituren / E = Ein- und Ausfahrt / K = Umschlag Kran / Lw = Abstellen Liegewagen / SAL = Umschlag Sattelauflieger horizontal / RL = Umschlag Rollende Landstraße / U = Umfahrgleis / W = Wartegleis Lok / Z = Ausziehgleis / V = Abstellen Wagenvorrat / VSg = Wagen Sg (für alle kranbaren Ladeeinheiten) / VSalv = Taschenwagen / VRL = Wagen der Rollenden Landstraße

Plan 16: Systemplan Ubf München-Riem

1980 eingeleiteten Raumordnungsverfahren wurden vier Standorte (München West (Langwied), München Nord (Johanneskirchen), München Ost 1 (Riem) und München Ost 2 (Dornach)) vergleichend untersucht. In der abschließenden landesplanerischen Beurteilung hat sich die Regierung von Oberbayern als die zuständige Landesplanungsbehörde Mitte 1981 für den Standort München Ost 1 (Riem) mit einigen Auflagen ausgesprochen. Am 19. Juli 1984 wurde das Planfeststellungsverfahren eingeleitet und am 25. August 1988 der Planfeststellungsbeschluß erlassen, wobei gleichzeitig wegen des besonderen öffentlichen Interesses an der Verwirklichung der Baumaßnahme der sofortige Vollzug des Beschlusses angeordnet wurde. Nachdem auch hier die betroffenen Gemeinden und Bürger den Klageweg beschritten haben, hat endlich mit Beschluß vom 25. April 1989 der Bayerische Verwaltungsgerichtshof der DB grünes Licht für die Baudurchführung gegeben.

Falttafel I, Plan 6

Der Neubau des Ubf München-Riem ist Bestandteil der Infrastrukturmaßnahmen für den kombinierten Ladungsverkehr; für diese Vorhaben des „Vordringlichen Bedarfs" sind 716 Millionen DM im Bundesverkehrswegeplan 1985 enthalten. Das Entwurfsheft für das Vorhaben wurde am 23. November 1988 technisch genehmigt. Die daraufhin von der DB beantragte Zustimmung zur Mittelfreigabe in Höhe von 214 Millionen DM wurde vom Bundesverkehrsminister in Abstimmung mit dem Bundesfinanzminister am 5. Juli 1989 erteilt.

Gestaltung und Betrieb des neuen Umschlagbahnhofs

Noch im September des gleichen Jahrs wurde auf dem nunmehr zur Verfügung stehenden etwa 50 Hektar großen Gelände östlich des Bahnhofs München-Riem mit dem Bau begonnen. Der neue Umschlagbahnhof wird dort einseitig an die Bahnlinie München-Mühldorf angeschlossen und mit 22 zuglangen Umschlag-, Ein-/Ausfahr- und Abstellgleisen sowie drei Ausziehgleisen ausgestattet. Darüber hinaus sind noch sieben kürzere Gleise vorgesehen. Hierbei handelt es sich um zwei Liegewagengleise (Liegewagen für die Fahrer der Rollenden Landstraße), zwei Vorratsgleise für Spezialwagen, ein Ladegleis für das TRANSFRACHT-Service-Center (TSC), ein Löschgleis und ein Lokwartegleis. Der Systemplan und die Benutzung der Gleise ist in Plan 16 dargestellt. Insgesamt werden in der 350 Meter breiten Anlage rund 23 Kilometer Gleise neu verlegt.

Von den insgesamt 29 Gleisen sind 13 Gleise elektrisch überspannt, acht Gleise nur zum Teil. Die Gleise und 50 Weichen der Umschlaganlage erhalten in der Regel Radien über 300 Meter, um eine Schallbelästigung der Umgebung durch ein Quietschen der Räder in engen Kurven weitgehend zu vermeiden.

Die Ladestraßen erschließen die eigentlichen Umschlagplätze, an denen wie folgt verladen wird:

▷ Vertikalumschlag durch zwei Krananlagen, die zusammen acht Gleise, sechs Lkw-Ladespuren und vier Zwischenlagerspuren bedienen. Jede Kranbahn ist mit je zwei schallgedämpften Hochleistungs-Kragarmportalkränen ausgerüstet. Die Leistungsfähigkeit beträgt je Kran 30 Kranungen pro Stunde. Die Tragfähigkeit ist auf 41 Tonnen ausgelegt; die Hubhöhe je Kran beträgt zwölf Meter.

(links): Blick vom Lärmschutzwall auf den im Bau befindlichen Umschlagbahnhof. Zum Zeitpunkt der Aufnahme, im Januar 1991, waren die Bauarbeiten etwa zur Hälfte ausgeführt.

(unten): Der im Bau befindliche Umschlagbahnhof vom neuen Stellwerk aus gesehen. Rechts der bereits erkennbaren Ladestraße waren im Januar 1991 schon einige Krangleise verlegt. Links schließen sich an die Ladestraße die Gleise für die Horizontalverladung, die Leerwagenhinterstellung sowie für die Ein- und Ausfahrt an.

▷ Horizontalumschlag für die rollende Landstraße: vier Gleise mit zwei eingepflasterten Flächen zum Befahren mit Spezial-Schienenfahrzeugen;
▷ Horizontalumschlag zur Verladung von Sattelaufliegern und Road-Railer: ein eingepflastertes Gleis und eine Lade- und Abstellspur. Die Verladung der Sattelauflieger geschieht über fahrbare Spezialrampen.

An den wichtigen Standorten wurden Hochbauten mit den erforderlichen technischen Einrichtungen errichtet. Dies sind im einzelnen: Ein elektronisches Stellwerk mit modernster Technik, zwei Betriebs-, ein Verwaltungs- und ein Zollgebäude sowie drei Autoschalter (gate-system), sieben Lademeisterbuden und mehrere Wetterschutzhäuschen.

Landschaftspflegerische Begleitplanung

Von der Gesamtfläche des Umschlagbahnhofs entfallen rund 31 Hektar auf technische Anlagen, wovon etwa zwölf Hektar versiegelt werden. In der gleichen Größenordnung müssen daher Ausgleichsflächen vorgesehen werden. Damit sie zugleich einen Beitrag zum Schall- und Sichtschutz leisten können, werden sie zum überwiegenden Teil in Form von Erdwällen angelegt; sie sind bis zu 9,5 Meter hoch und am Fußpunkt bis zu 60 Meter breit. Sie werden im Benehmen mit der Unteren Naturschutzbehörde ortsüblich bepflanzt. Darüber hinaus wird im Südwesten des Betriebsgeländes ein Feuchtbiotop mit einer offenen Wasserfläche von rund tausend Quadratmetern und einer maximalen Wassertiefe von etwa drei Metern angelegt.

Ausblick

Der Baubeginn Anfang September 1989 läßt, wie geplant, eine Fertigstellung im Sommer 1992 erwarten, so daß die Anlage rechtzeitig vor der Liberalisierung des EG-Verkehrsmarkts in Betrieb gehen kann. Somit wird zu diesem Zeitpunkt dem Großraum München eine qualitativ hochwertige und quantitativ ausreichende Anlage für den kombinierten Ladungsverkehr zur Verfügung stehen.

Auch aus Gründen des Umweltschutzes ist die neue Lage des Umschlagbahnhofs an der Peripherie der Stadt mit seinem guten Anschluß an das Autobahnnetz zu begrüßen; seine bisherige Lage im Stadtzentrum hatte wegen der dort vorherrschenden „stop and go"-Fahrweise einen erheblichen zusätzlichen Schadstoffausstoß zur Folge — diese Umweltbelastung läßt sich nun künftig vermeiden.

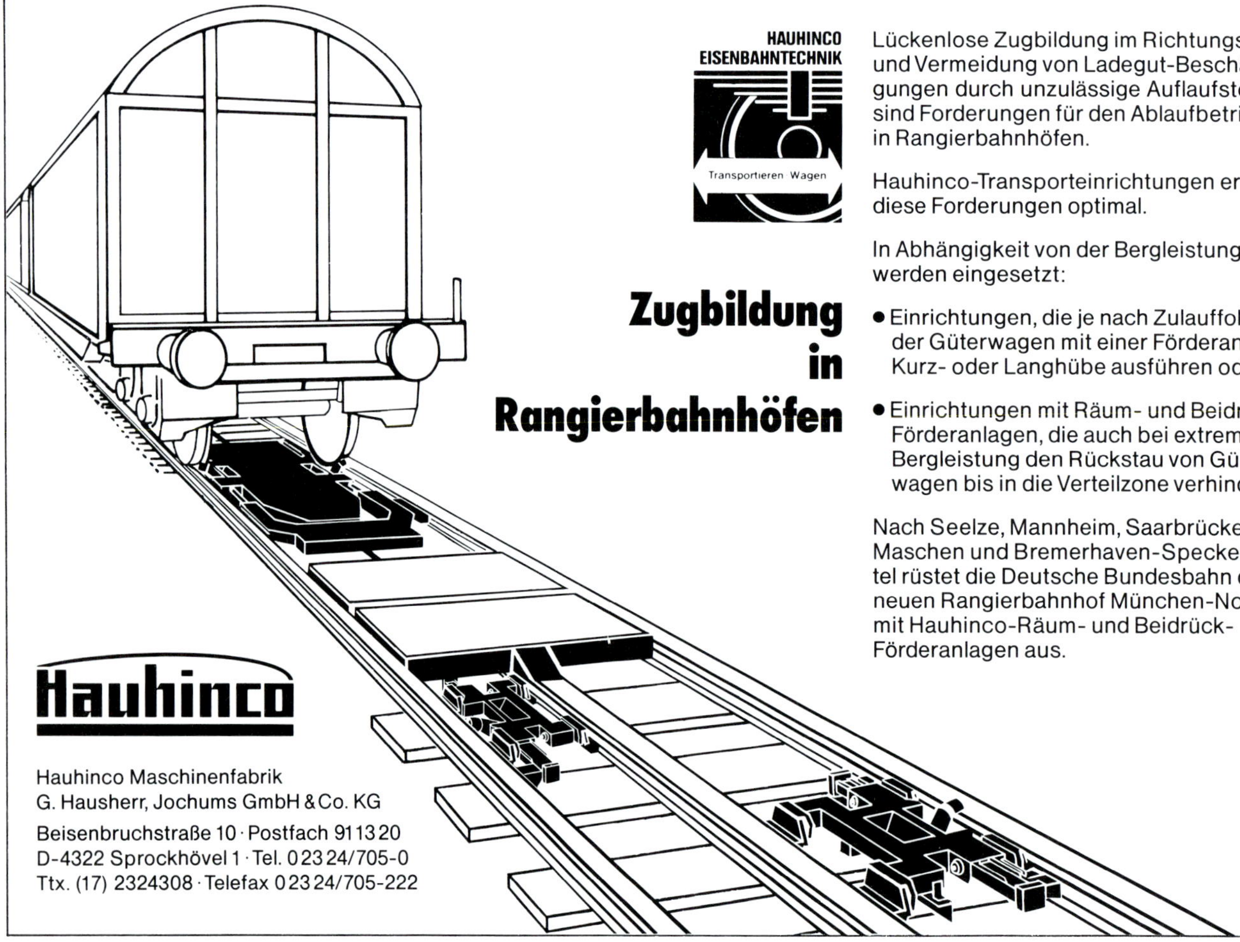

7

Eisenbahnbrücken über die Isar

Das Objekt V, eine reine Eisenbahnbrücke

Größere Straßenbrücken über die Eisenbahn

Weitere Brücken

Bedeutende Brücken in München

In der Stadt München hat die Eisenbahn eine große Anzahl von Brückenbauten aufzuweisen; die größten davon sind die drei Eisenbahnbrücken über die Isar; aber auch Brücken als Kreuzungsstellen zwischen Bahn und Straße, können beachtliche Abmessungen erreichen. Die wichtigsten sollen kurz beschrieben werden.

7.1 Eisenbahnbrücken über die Isar

Die Großhesseloher Brücke

Das erste Brückenbauwerk wurde am 31. Oktober 1857, nach sechsjähriger Bauzeit, zusammen mit der Strecke nach Holzkirchen dem Betrieb übergeben. Erbauer war Friedrich August von Pauli, Professor an der Technischen Hochschule München; er entwarf ein ganz neues Tragsystem, die sogenannten Fischbauchträger, auch Pauliträger nach ihm benannt, die große Verbreitung im Eisenbahnbrückenbau fanden. Die Brücke wies vier Öffnungen auf, zwei schmälere außen mit je 26,5 Meter und zwei breitere in der Mitte mit je 52,5 Meter Spannweite. Die Tragwerke ruhten auf mächtigen Widerlagern aus Ziegeln mit Nagelfluhbändern und drei wuchtigen, ob ihrer Höhe jedoch zierlich wirkenden Pfeilern in gleicher Bauweise. Mit einer Gesamtlänge von 258 Meter und einer Höhe von 31 Meter über dem Normalwasserstand war sie damals die höchste Brücke der Welt. 1908 allerdings waren die Zuglasten so angestiegen, daß die

Die erste Großhesseloher Brücke mit den Pauli-Trägern, damals als höchste Brücke der Welt gerühmt, nach einem alten Stich von Lebsche/Riegel. Sie war in dieser Form von 1857 bis 1909 in Betrieb.

(rechts): Die zweite Großhesseloher Brücke in Stahlkonstruktion am 29. April 1973. Sie tat ihren Dienst von 1909 bis 1983. Vor dem Zug die Museumslok 24009.

(unten links): Die neue, vierte Großhesseloher Brücke mit Stahlfachwerk und oben liegender Verbundbetonplatte, seit 29. September 1985 in Betrieb.

(unten rechts): Die dritte Großhesseloher Brücke war eine eingleisige Behelfsbrücke, um die zweite Brücke abbrechen und die vierte neu bauen zu können. — Dienstzeit 1983 bis 1985.

sehr filigranen Tragwerke den Belastungen nicht mehr gewachsen waren. So wurden auf den unverändert übernommenen Pfeilern und Widerlagern neue und stärkere Tragwerke eingebaut, die als Halbparabel-Einfeldträger, ebenfalls in Fachwerkkonstruktion, ausgeführt waren und am 1. Mai 1909 in Betrieb genommen wurden. Erst 1960 bis 1961 wurde eine große Reparatur notwendig, die sich vor allem auf die Widerlager und Pfeiler erstreckte; sie mußten mit Stahlbeton ummantelt werden, um ihre Standfestigkeit zu garantieren.

Aber auch die Überbauten aus Flußstahl erreichten allmählich das Ende ihrer Lebensdauer. Die fällige, totale Erneuerung wurde in den Jahren 1983 bis 1985 ausgeführt. Um die Brücke abbrechen und in alter Lage neu bauen zu können, wurde eine eingleisige Hilfsbrücke flußabwärts errichtet. Nach Abbruch der alten Brücke und Sprengung der Pfeiler wurden neue Pfeiler aus Stahlbeton errichtet. Das Tragwerk besteht — in Anlehnung an die alte Konstruktion — aus unten angeordneten Stahlfachwerkträgern mit oben liegender Verbundbetonplatte. Mit dem durchgehenden Schotterbett konnte eine gute Geräuschdämmung erzielt werden. Die Spannweiten betragen nunmehr 65 Meter, 55,6 Meter, 55,6 Meter und 65 Meter, die Gesamtlänge zwischen den Widerlagern 281,4 Meter.

Mit einer imposanten Einweihungsfeier, bei der der „Adler", der „Gläserne Zug" und ein IC, bespannt mit der neuesten Lok der Baureihe 120, die Eröffnungszüge bildeten, wurde sie am 29. September 1985 unter großer Anteilnahme der Bevölkerung in Betrieb genommen.

Die Braunauer Eisenbahnbrücke

Gleichzeitig mit der neuen Eisenbahnstrecke vom Centralbahnhof zur Haidhauser Station (jetzt Ostbahnhof) im Jahre 1868 wurde auch eine Isarbrücke in Betrieb genommen. Ursprünglich bestand sie aus je drei Tragwerken in Fachwerkkonstruktion mit je 48,5 Meter Spannweite. Als ihre Tragkraft nicht mehr ausreichte, wurde sie 1958 an alter Stelle mit Vollwand-Durchlaufträgern aus Stahl erneuert. Einer der alten Überbauten — das macht die Brücke heute besonders interessant — wurde flußabwärts verschoben und besteht so heute noch; er trug bis 1981 ein Rangiergleis für den städtischen Schlacht- und Viehhof. Es spricht

(links): Das Bild zeigt die Braunauer Eisenbahnbrücke zwischen Süd- und Ostbahnhof. Während die Fachwerkkonstruktion aus dem Jahre 1868 stammt und noch bis 1981 in Betrieb war, wurden die Streckengleise 1858 auf die davor liegende neue Brücke aus Vollwand-Durchlaufträgern umgelegt.

(Mitte): Die Föhringer Isarbrücke in Stampfbeton, von 1909 bis 1945 in Betrieb.

(unten): Die 1969 erbaute heutige Brücke, südliches Tragwerk.

schon sehr für die Güte von Statik, Konstruktion und Ausführung von damals, daß dieser Überbau nach 123 Jahren noch immer Bestand hat.

Die Föhringer Eisenbahnbrücke

Sie wurde am 5. Juni 1909 mit der eingleisigen Güterbahn vom Ostbahnhof über Daglfing—Freimann nach Schwabing in Betrieb genommen, eine Stampfbetonkonstruktion mit drei Bogen von je etwa 30 Meter Spannweite. Als man 1941 das zweite Gleis des Nordrings verlegte, wurde eine zweite Brücke als Vollwandträger aus Stahl daneben gelegt. Zum Kriegsende wurden beide Brücken durch Sprengung zerstört, unmittelbar danach wurde der Stahlträger wieder gehoben und repariert. Das südliche Streckengleis wurde behelfsmäßig mit einem geschraubten Pionier-Überbau (Roth-Wagner-Gerät) über die Isar geführt.

Dieses Provisorium konnte dann 1969 durch einen 139,9 Meter langen geschweißten Durchlaufträger aus Stahl mit einem Hohlkasten im Querschnitt ersetzt werden.

7.2 Das Objekt V, eine reine Eisenbahnbrücke

Diese eigenartige Bezeichnung, die auch heute noch gebräuchlich ist, stammt aus der

Plan 17 (oben): Entwurfsplan der ersten Hackerbrücke von 1868.

(unten): Wiederaufbau der Hackerbrücke am 23. Januar 1953.

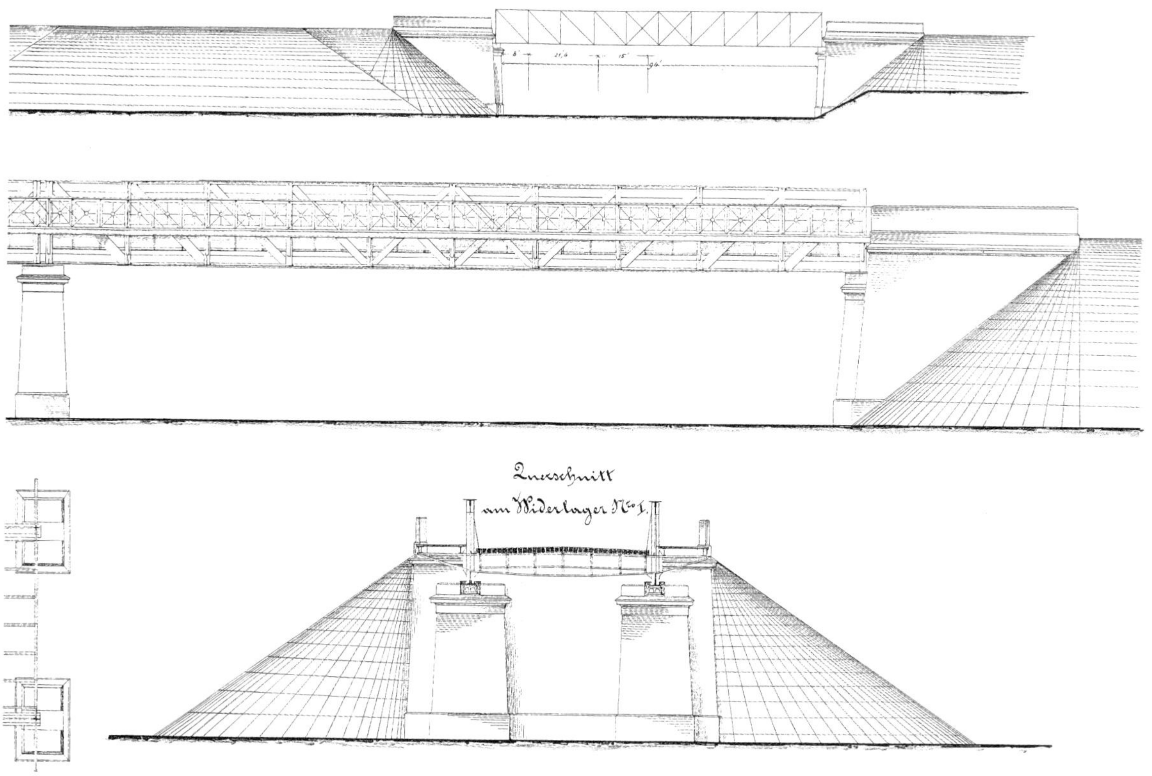

Zeit der Bayerischen Staatsbahnen. Alle Brücken, ob für die Eisenbahn allein oder auch für Bahn und Straße gedacht, wurden als „Objekt" bezeichnet und vom Centralbahnhof ausgehend in Richtung Pasing durchnumeriert.

Als Objekt V wird das Brückenbauwerk bezeichnet, das — von der Straße nur schlecht einsehbar — die Gleise vom Hbf kommend nach Westen über die Südringgleise nach Laim Rbf überführt. Das Bauwerk stammt aus der Entstehungszeit des Rbf, wurde also 1893 in Betrieb genommen. Ursprünglich unten auf acht Gleise, seit der Erneuerung im Jahre 1979 bis 1982 nur noch auf sechs Gleise ausgelegt, liegen oben zehn Gleise. Mit 72,8 Meter Länge und 48,9 Meter Breite weist die Brücke recht beachtliche Ausmaße auf.

7.3 Größere Straßenbrücken über die Eisenbahn

Die Hackerbrücke

Beim Bau des Centralbahnhofs wurde bereits 1869/70 im Zuge der Herbststraße (spätere Grasserstraße) eine Straßenbrücke mit neun Meter Breite erbaut, doch schon 22 Jahre später (1892) errichtete man neben der alten Brücke eine neue mit 16 Meter Breite. Seitdem grüßt ihre bogenförmige Fachwerkkonstruktion die ankommenden Reisenden. Der alte Überbau wurde in der Donnersberger Brücke weiterverwendet. 1945 stürzte einer der sechs Überbauten der Hackerbrücke von Bomben getroffen ein; er wurde 1947 zunächst durch einen Fußgängersteg ersetzt und endlich

1953 in alter Konstruktion erneuert. Die Brücke ist inzwischen so mit dem Stadtbild Münchens verwachsen, daß sie 1983/84 nicht durch eine neue Konstruktion ersetzt, sondern in ihrem alten Bogentragwerk gründlich saniert wurde, nur die Fahrbahnkonstruktion mußte erneuert werden. Die Arbeiten gestalteten sich sehr schwierig, durfte doch der Eisenbahnbetrieb darunter nicht gestört werden. So wird die „neue" alte Brücke noch weitere lange Jahre ihren Dienst tun können.

Die Donnersberger Brücke

Es begann 1874 mit einem „eisernen Steg", um den Arbeitern der damaligen Centralwerkstätte den Zugang zu ermöglichen. Dieser Fußgängersteg wurde 1893 unter Verwendung der alten Hackerbrücke zu einer Straßenbrücke ausgebaut und 1935 auf 24,5 Meter Fahrbahnbreite erweitert. Gegen Kriegsende zerstört, erfuhr sie 1953 ihren Wiederaufbau. Im Zuge des Ausbaus des mittleren Rings wurde sie ab 1969 auf das Doppelte, nämlich im Mittel auf 47 Meter verbreitert und mit den anschließenden Überbrückungen der Arnulf- und Landsberger Straße auf 840 Meter verlängert. Sie ist damit heute das längste Brückenbauwerk in München.

Straßenbrücke über den Rbf München Nord

Am 26. Mai 1990 wurde Münchens zweitlängste Brücke ihrer Bestimmung übergeben. Sie überspannt als Dachauer Straße in neuer Lage den Rbf München-Nord als Spannbetonkonstruktion mit einem eleganten S-Bogen. Die Brücke ist 464 Meter lang und 25 Meter

breit. Von ihr aus wird sich künftig sehr schön der Ablaufbetrieb beobachten lassen, liegt sie doch östlich des Ablaufbergs im Bereich der Gleisbremsen und der Weiterführungsanlagen in den Richtungsgleisen.

7.4 Weitere Brücken

In München und Umgebung gibt es noch zahlreiche Eisenbahn- und Straßenbrücken über die Bahn mit interessanten Details; sie alle zu beschreiben, würde den Rahmen dieses Buchs allerdings sprengen. Viele von ihnen mußten in den vergangenen Jahren wegen „Altersschwäche", aber auch wegen notwendiger Straßenverbreiterungen erneuert werden, manchen steht dies noch bevor. Wenn irgend möglich, wurden und werden Eisenbahnbrücken dabei mit einem durchgehenden Schotterbett gestaltet, um eine gute Geräuschdämmung zu erzielen.

(oben): Das vertraute Bild der wiederaufgebauten Hackerbrücke am 10. November 1953.

(unten): Erneuerung der Fahrbahnplatte der Hackerbrücke im April 1984 mit interessantem Blick zum Himmel. Links der Behelfssteg für die Fußgänger.

8

Allgemeines

Ausbesserungswerke für die Fahrzeuginstandhaltung

Bahnbetriebswerke in München

Aufgelassene Bahnbetriebswerke in München

Baudienststellen

Instandhaltung und Betrieb von Fahrzeugen und Anlagen in München

8.1 Allgemeines

Zur Instandhaltung oder den Betrieb von Fahrzeugen, Kraftwerken, Signal-, Fernmelde- und Steuerungsanlagen, ferner von ortsfesten elektrischen, maschinentechnischen und baulichen Anlagen verfügt die DB im Raum München über mehrere Werkstätten und eine Reihe von Baudienststellen. Zu den Werkstätten gehören zwei Ausbesserungswerke (AW) sowie acht Bahnbetriebswerke (Bw).

Im Zuge der Umorganisation, die am 1. Januar 1982 in Kraft trat, wurden alle Bw mit den fortlaufenden Nummern 1 bis 8 belegt. Sie sind für Fahrzeuge (Bw 1, 2, 6 und 7), ortsfeste elektrische (Bw 3 und 7) und maschinentechnische Anlagen (Bw 5 und 7) sowie für den Kraftwerksbetrieb (Bw 3 und 5) zuständig.

Die Baudienststellen umfassen mehrere Meistereien, eine Fernmeldewerkstätte (Fw), einen Brückenbauhof sowie eine Boden- und Baustoffprüfstelle.

Zu den Meistereien, über die im folgenden nichts weiteres ausgeführt wird, zählen folgende Dienststellen (nur S-Bahn-Raum München):

- ▷ drei Bahnmeistereien (Bm) zur Instandhaltung des Oberbaus (Gleisanlagen) und zur Durchführung von Tiefbaumaßnahmen,
- ▷ zwei Hochbaubahnmeistereien (Hbm) zur Instandhaltung von Gebäuden, Hallen und Bahnsteigeinrichtungen,
- ▷ eine Signalmeisterei (Sm) als zentrale Dienststelle für den ganzen Direktionsbezirk,
- ▷ zwei Nachrichtenmeistereien (Nm) zur Instandhaltung, Wartung und Überwachung von Signal- und Fernmeldeanlagen,
- ▷ eine Fernmeldemeisterei (Fm) zur Instandhaltung und Montage von Telekommunikationsanlagen.

In organisatorischer Hinsicht sind die beiden AW und die Fw — die einzige Werkstätte dieser Art im alten Bundesgebiet — der Zentralstelle Technik (Z ZT) in Mainz unmittelbar unterstellt, während alle übrigen Dienststellen der BD München zugeordnet sind.

8.2 Ausbesserungswerke für die Fahrzeuginstandhaltung

8.2.1 *Allgemeines zur Instandhaltung von Lokomotiven und Reisezugwagen*

Das Bundesbahngesetz (BbG), ebenso die Eisenbahn-Bau- und Betriebsordnung (EBO) verpflichten die DB, ihre Fahrzeuge selbst instandzuhalten. Für diese Aufgaben unterhält sie im alten Bundesgebiet 17 AW und 123 Bw.

In München, einem bedeutenden Knotenpunkt im Eisenbahnnetz, besitzt die DB 2 AW. Eines davon befindet sich in Freimann. Es ist als Nachfolgeeinrichtung der 1874 in Betrieb genommenen Centralwerkstätte für die Instandhaltung von Triebfahrzeugen zuständig. Neben dem AW Opladen (bei Köln) ist es das einzige AW für elektrische Triebfahrzeuge. Das andere Münchner AW liegt in Neuaubing. Es ging nach der Jahrhundertwende (1906) zur Entlastung der schon genannten Centralwerkstätte in Betrieb und dient heute neben vier weiteren AW der Instandhaltung von Reisezug-, Gepäck- und Meßwagen der DB.

AW sind — im Gegensatz zu den Bahnbetriebswerken — für größere, planmäßige Instandhaltungen (je nach Umfang werden sie

Blick in die 1877 errichtete Kesselschmiede der Centralwerkstätte.

bei Ellok mit E 2 oder E 3, bei Reisezugwagen mit R 2 oder R 3 bezeichnet) sowie für umfangreichere Bedarfsausbesserungen (E 0 bzw. R 0) zuständig, wie sie zum Beispiel infolge von Unfällen erforderlich werden.

Den planmäßigen Instandhaltungen (Revisionen) können Zeitfristen (in der Regel sechs, maximal acht Jahre) oder verschleißabhängige Grenzwerte von Laufkilometern (Drehgestelle 600 000—800 000 km, Lokkasten 600 000—1 800 000 km, Wagenkasten 1 000 000 km) zugrundeliegen.

Neben den AW sind bei der DB etwa 60 Betriebswerke (Bw) in das Instandhaltungssystem der Fahrzeuge eingebunden. Ihre Aufgabe ist die Erhaltung der Fahrzeuge in einem betriebssicheren und auch verkehrswerbenden Zustand zwischen den Revisionen im AW. Der Instandhaltungsbestand der Bw, zum Beispiel an Wagen, schwankt je nach Größe und Lage zu den Zugbildungsbahnhöfen zwischen 1000 und 2000 Personenwagen. Außerdem obliegt den Bw, soweit sie für die Gestellung von Lokomotiven zuständig sind, auch der Einsatz der Lokführer.

8.2.2 *Königlich Bayerische Staatsbahn-Centralwerkstätte München und das Reichsbahn-Ausbesserungswerk München 1871—1925*

Die Central- und Hauptwerkstätte zur Länderbahnzeit

Von Anfang an waren mit dem Eisenbahnbetrieb Pflege- und Instandsetzungsarbeiten verbunden. In den ersten Jahren wurde die betriebliche Wartung der Fahrzeuge in den bei den Bahnhöfen liegenden Abstellhäusern, später „Remisen" genannt, vorgenommen. Sie sind meist an den Anfangs- und Endpunkten der einzelnen, damals noch nicht zusammenhängenden privaten Eisenbahnlinien bei den Bahnhöfen errichtet worden. Dort wurden zunächst die laufenden Pflegearbeiten an den Fahrzeugen erledigt, zu denen sich aber bald Ausbesserungsarbeiten gesellten, deren Umfang sich immer mehr ausweitete und besondere Werkstätteneinrichtungen verlangte. Größere Reparaturen an den Fahrzeugen wurden daher in der Regel in den Herstellerfabriken ausgeführt. Erfahrungen, die mit größeren Ausbesserungen in Privatwerken gesammelt worden waren, hatten aber gezeigt, daß eine Eisenbahnverwaltung auf längere Sicht ohne eigene Werkstätten nicht bestehen kann.

Die rasch wachsenden Eisenbahnnetze hatten auch mehr Fahrzeuge zur Folge, so daß bereits in der Mitte der vierziger Jahre des vorigen Jahrhunderts eigene Werkstätten für größere Unterhaltungsarbeiten und für die inzwischen gesetzlich vorgeschriebenen amtlichen Untersuchungen (Revisionen) gebaut werden mußten.

In Bayern entstand schon 1865 der Gedanke, die verschiedenen Werkstätten zu zentralisieren. 1867 kam man in dem damaligen Ministerium für Handel und öffentliche Arbeiten in Bayern zu dem Entschluß, Centralwerkstätten in München und Nürnberg zu errichten. Diese Centralwerkstätten wurden dann unmittelbar der Generaldirektion der bayerischen Staatsbahn, die Betriebswerkstätten sogenannten Oberbahnämtern unterstellt.

Die laufende Betriebspflege der Fahrzeuge blieb jedoch bei den Remisen, die sich zu den heutigen Bahnbetriebswerken (Bw) und Bahnbetriebswagenwerken (Bww) entwickelten.

Zusammen mit der damals geplanten Erweiterung des Bahnhofs München wurde 1867

(oben): Das „Wagenmontierungs-Gebäude der Kgl. Centralwerkstätte München", aufgenommen am 8. Juni 1887 von G. Böttger, Hofphotograph, München.

(unten): Die Wagenwerkstätte der Centralwerkstätte aus dem Jahre 1893 mit 57 Fahrzeugständen.

ein großes Werk etwa zwei Kilometer westlich des Bahnhofs für die Instandhaltungsarbeiten an den Fahrzeugen der Bayerischen Staatsbahn konzipiert. Dieses zunächst als „Centralwerkstätte München" und ab 1920 als „Hauptwerkstätte" bezeichnete Werk lag der um 1867/68 fertiggestellten Lok-Remise gegenüber, dem heutigen Bw München 1, und wurde für die damalige Zeit recht großzügig und erweiterungsfähig geplant und ausgebaut. Von Anfang des Jahres 1871 an sind dann die Werkanlagen entsprechend ihrer Vollendung nach und nach in Betrieb genommen worden. 1874 waren alle Bauten und Hallen des ersten Bauabschnitts fertiggestellt. Die drei wichtigsten Hauptgebäude waren in Form eines U angelegt. Den östlichen Flügel bildete die Lokomotiv-Ausbesserungshalle und den westlichen die Wagenwerkstatt. Jede dieser Hallen hatte 30 Arbeitsstände. Im Mittelbau sowie in den übrigen Gebäuden waren Werkstätten, Lager und Versorgungseinrichtungen untergebracht.

Trotz der großzügig geplanten und angelegten Werksanlagen mußte die Centralwerkstätte ab 1877 mehrmals und dabei teilweise sehr erheblich erweitert werden. Im Jahr 1900 war die Aufbauphase schließlich abgeschlossen und das Werksgelände erstreckte sich nunmehr über mehr als 500 Meter von der heutigen Donnersberger Brücke bis zum Hirschgarten beziehungsweise der heutigen Friedenheimer Brücke. Seit ihrer Neuorganisation am 1. April 1907 war die Centralwerkstätte in drei selbständige Werkstätten-Inspektionen aufgeteilt.

Von Anbeginn an war die Central- bzw. Hauptwerkstätte für alle größeren Reparaturen an Loks im südlichen bayerischen Bahnnetz zuständig (im nördlichen Bereich war es Nürn-

Wichtige Daten	Centralwerkstätte 1875	1925	AW Neuaubing 1990	AW Freimann 1950	1990
Fläche (ha)	14,4	23,5	23,58	67,52	18,32
überbaute Fläche (ha) .	2,4	6,6	5,47	15,00	7,5
umbauter Raum (m³) .	?	?	486307	1700000	690534
Länge der Gleise (km) im Freigelände	13	34	14,1	45,0	ca. 6
Zahl der Mitarbeiter ..	?	?	912	3293	886

Tabelle 11: Daten der Ausbesserungswerke

berg). In der Unterhaltung der Güter- und Personen-, einschließlich der Gepäck- und Postwagen, trat mit Inbetriebnahme des Werks in Aubing 1906 eine gewisse Arbeitsteilung ein. Was die Anzahl der in der Centralwerkstätte zu dieser Zeit zu unterhaltenden Loks und Wagen betrifft, liegen darüber für das Jahr 1913 genaue Zahlen vor: es waren 557 Dampfloks, 3198 Personen-, Gepäck- und Postwagen sowie 3404 Güterwagen. Die Zahl der Arbeitskräfte betrug bis zum Ersten Weltkrieg durchschnittlich 1300 bis 1600 Mitarbeiter. Beim Kriegsende 1918 hatte das Werk mit 2000 Mann die Höchstzahl an Mitarbeitern erreicht.

Die Hauptwerkstätte wird zum Reichsbahnausbesserungswerk München

Nach dem Zusammenschluß der Ländereisenbahnen zur Deutschen Reichsbahn am 1. April 1920 kam es generell zu tiefgreifenden Rationalisierungsmaßnahmen, die auch die Hauptwerkstätten erfaßten. Am 1. Juni 1923 wurden ihre drei Werkstätten-Inspektionen in München organisatorisch zum Reichsbahnausbesserungswerk (RAW) München zusammengefaßt, das alsbald, nämlich in der Zeit von 1927 bis 1931 nach München-Freimann verlegt wurde und fortan diesen Beinamen trug. Jedoch nicht alle bisherigen Arbeitsbereiche des RAW München wurden nach Freimann verlagert. Die Ausbesserung der Personen-, Gepäck- und Postwagen wurde dem AW Neuaubing übertragen und ein Teil der Materialbeschaffungs-Inspektion, nämlich die chemisch-mechanische Stoffprüfstelle, verblieb vorerst auf dem Gelände. Die frei gewordenen Gebäude und Hallen konnten dann noch für ein gutes Jahrzehnt anderweitig von der Reichsbahn genutzt beziehungsweise an Privatfirmen vermietet werden.

Falttafel I, Plan 3

Heutzutage ist von all den Hallen und Gebäuden der Central- beziehungsweise Hauptwerkstätte so gut wie nichts mehr vorhanden. Soweit sie nicht wegen des geplanten neuen Hauptbahnhofs abgebrochen wurden, sind sie durch Bomben im letzten Weltkrieg zerstört worden. Die wichtigsten Daten können der Tabelle 11 entnommen werden.

Der jetzige S-Bahn-Haltepunkt an der Donnersbergerstraße trug bis zur Aufnahme des S-Bahn-Verkehrs den Namen „Hauptwerkstätte" und hielt damit noch über viele Jahre hinweg die Erinnerung an diese Werkstätte wach.

8.2.3 *Bundesbahn-Ausbesserungswerk Neuaubing*

Mit der im Jahre 1900 durchgeführten Erweiterung der Centralwerkstätte waren ihre Ausdehnungsmöglichkeiten ausgeschöpft. Der Eisenbahnverkehr aber nahm immer noch zu. So konnte man absehen, daß sie den künftigen Reparaturbedarf für Personen- und Güterwagen bald nicht mehr allein bewältigen kann. Daher wurde bereits 1899 der Bau einer weiteren Werkstätte in Bayern erwogen. Neben München waren hierfür auch Augsburg und Schweinfurt in der Diskussion; doch die Wahl fiel auf München, da hier für die Staatsbahn das höchste Güteraufkommen gegeben war und zudem das erforderliche Bauland günstig vom Reichsrat Ritter von Maffei erworben werden konnte. Schon bald darauf, am 24. Februar 1900, wurde vom König ein Gesetz zum Bau einer neuen Betriebswerkstätte, der fünften in Bayern, erlassen. Mit dem Bau dieser Werkstätte wurde am 4. März 1902 begonnen, und nach einer Bauzeit von gut vier Jahren ging es am 1. Oktober 1906 mit 160 Arbeitern und neun Beamten in Betrieb.

Personenwagenausbesserung und Weichenwerk

Im Verlauf der ersten drei Jahrzehnte mußte die Centralwerkstätte in Aubing, das spätere RAW Neuaubing, mehrmals neue, zusätzliche Instandhaltungsaufgaben übernehmen, womit zum Teil auch entsprechende bauliche Erweiterungen verbunden waren.

Bereits im Jahre 1907 hatte man begonnen, neben der Güterwagenausbesserung, für die die Werkstätte ursprünglich vorgesehen war, auch Personen- sowie vorübergehend Triebwagen instandzuhalten. Der für die Personenwagenausbesserung im Jahre 1913 vom Bayerischen Landtag genehmigte Plan konnte wegen des Ausbruchs des Ersten Weltkriegs vorerst nicht verwirklicht werden. Als man im Frühjahr 1921 endlich mit dem Bau begann, verzögerten vor allem Streiks und Aussperrungen während der Inflationszeit immer wieder die Vollendung einer neuen Halle. Nachdem sie am 1. April 1927 endlich fertiggestellt werden konnte, wurde die gesamte Güterwagenausbesserung zunächst zum RAW München und kurz darauf zum soeben neu eröffneten RAW München-Freimann verlagert. Statt dessen übernahm das RAW Neuaubing die gesamte Unterhaltung der Personen-, Gepäck- und Postwagen.

Bereits 1910 kam als weitere Aufgabe die Weichenfertigung hinzu. Die zugehörige Werkstätte war seinerzeit die einzige der Königlich Bayerischen Staatsbahn und nach dem Zusammenschluß der Ländereisenbahnen die einzige in diesem Teilnetz. Nach Einstellung der seit 1907/08 bestehenden Ausbesserung von Postautos konnte die Fertigung der Wei-

(links): Zur Reparatur abgestellte Personen- und Güterwagen im Ausbesserungswerk.

(unten): Neubau des Stofflagers im Ausbesserungswerk Neuaubing in den Jahren 1937/38.

chen im Jahr 1928 in die dadurch frei gewordene Halle verlegt werden; der Zusammenbau der Weichen verblieb jedoch in der alten Halle.

Die letzte Zuweisung neuer Instandhaltungsaufgaben begann 1926, als dem RAW die ersten drei Speichertriebwagen zugeteilt wurden. Bald darauf gehörte auch die Instandhaltung von Oberleitungstriebwagen mit zu den Obliegenheiten des RAW. Diese Triebwagenära endete erst in den 50er Jahren: 1951 wurden die Speichertriebwagen an das AW Limburg und 1959 die Oberleitungstriebwagen an das AW Stuttgart-Bad Cannstadt abgegeben.

Mit der Zuweisung immer neuer Unterhaltungsaufgaben während der ersten Jahrzehnte wurde das RAW auch mit zusätzlichen Teilwerkstätten ausgestattet, die zentrale Aufgaben für die jeweiligen Bahnverwaltungen zu erfüllen hatten. Neben der schon erwähnten Weichenwerkstätte waren es eine Zugbeleuchterwerkstätte (1927—1969), eine Werkstätte zur Oberflächenbehandlung von Kleinteilen (1928 bis Mitte der 70er Jahre) und eine Bremsventilwerkstätte (bis 1969).

Weichenlager

Zur Lagerung der auszubessernden Weichen sowie der Baustoffe für die Fertigung und Ausbesserung der Weichen wurde 1937 im unmittelbaren Anschluß an das Werksgelände ein eigenes großes Weichenlager errichtet. In ihm waren zugleich alle weichenbautechnischen Arbeitsgebiete der in Bayern befindlichen Oberbaustofflager zusammengefaßt.

Die Weichenwerkstätte wurde 1967 zum AW Witten verlegt, dem seitdem einzigen im früheren Bundesgebiet. Einige Jahre später, im Jahre 1971, wurde auch das nunmehr in Gleislager umbenannte Weichenlager als selbständige Dienststelle aufgelöst und dem Gleisbauhof Augsburg-Oberhausen als Außenstelle angegliedert. Bis zur endgültigen Auflösung im Jahre 1980 wurden hier Gleisjoche montiert und demontiert. Im Gegensatz zur Weichenwerkstätte gehörte das Weichenlager jedoch zu keiner Zeit zum AW.

Das Ausbesserungswerk in der Reichsbahnzeit und in den ersten Nachkriegsjahren

Während des Kriegs war das RAW für kurze Zeit auch von den Planungen zur Verlegung des Hbf betroffen. Hierzu wurden 1938 bereits vorbereitende Bauarbeiten eingeleitet, mußten jedoch kriegsbedingt alsbald wieder eingestellt werden. Im Zweiten Weltkrieg wurde das Werk durch Fliegerangriffe, vor allem am 19. und 21. Juli 1944, stark beschädigt. Doch schon sechs Wochen später waren die Schäden so weit behoben, daß die Arbeiten wieder aufgenommen werden konnten.

Während des Kriegs erreichte das AW im Jahr 1942 mit 2480 Arbeitskräften seinen insgesamt höchsten Personalbestand. Zu dieser Zeit wurden viele Frauen, ausländische Arbeitskräfte und Kriegsgefangene beschäftigt. Diese Zahl an Beschäftigten hat sich bis gut

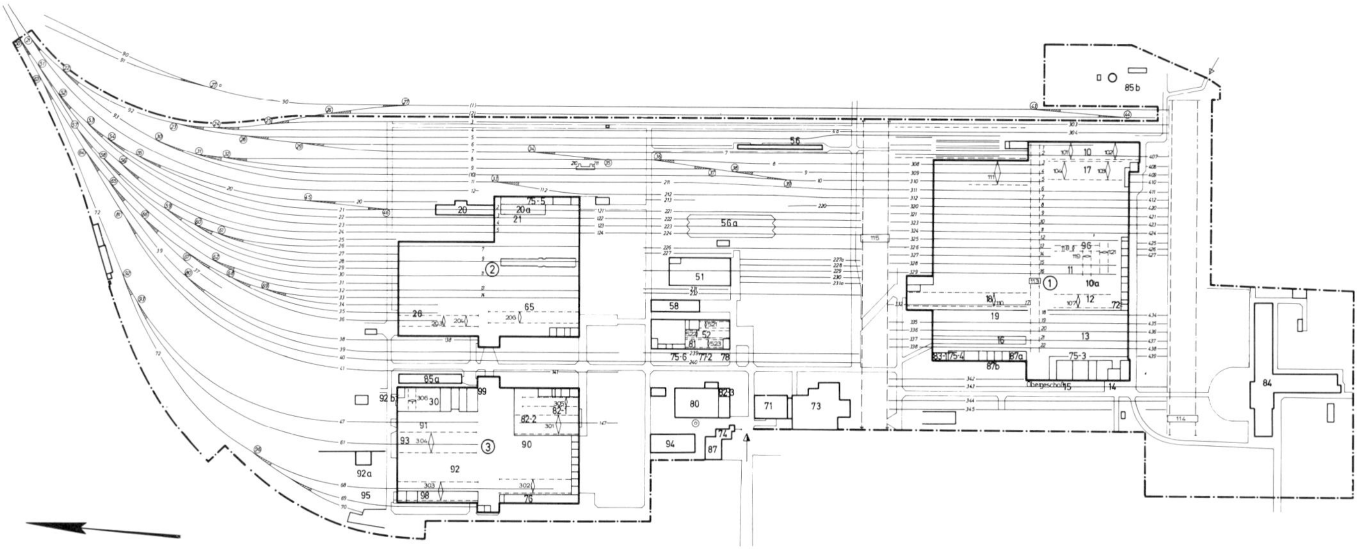

Plan 18: AW Neuaubing, Stand 1990.

zehn Jahre nach Kriegsende gehalten, da auch in der Nachkriegszeit noch betriebsfremde Arbeitskräfte eingestellt werden mußten.

Nach dem Zweiten Weltkrieg konnte der Ausbesserungsbetrieb zwar sofort wieder aufgenommen werden, jedoch bis zur Währungsreform nur unter sehr erschwerten Bedingungen. In Anbetracht der vielen Kriegsschäden am Wagenmaterial konnten damals nur die dringendsten Schäden behoben werden. Zugleich war die Material- und Ersatzteilbeschaffung katastrophal.

Modernisierung als Reisezugwagenausbesserungswerk

Nachdem 1950 die Reisezugwagenausbesserung erstmals wieder in vollem Umfang aufgenommen werden konnte, folgten alsbald Jahre, in denen — ähnlich wie in anderen AW — die Notwendigkeit bestand, die Arbeitsgänge in zunehmendem Maße zu automatisieren. Dabei zeigte sich, daß die Zukunft des AW nur in der Reisezugwagenausbesserung liegen konnte.

So wurden im Zuge der zu dieser Zeit allgemein im Werkstättenbereich vorgenommenen Konzentration der Fertigungsaufgaben alle früheren Teilwerkstätten mit zentralen Funktionen zwischen 1960 bis Mitte der 70er Jahre geschlossen. Eine Ausnahme bildete die erst nach dem letzten Krieg neu hinzugekommene Schilderwerkstätte. In diese Zeit fallen auch Bestrebungen, das Werk ganz zu schließen. Dazu kam es aber nicht; jedoch wurde es verkleinert (von rund 300 000 auf etwa 250 000 Quadratmeter). Auch der Personalbestand, der 1956 noch bei 2463 Mann lag, mußte im Endzustand auf höchstens 1000 Mann ausgerichtet werden: Mit derzeit rund 900 Mitarbeitern konnte diese Richtzahl sogar unterschritten werden.

Um das gesteckte Ziel zu erreichen, bedurfte es einer grundlegenden Modernisierung und Umorganisation des Werkes, zumal in den vorausgegangenen Jahren nur die allernotwendigsten Investitionen getätigt worden waren. So wurden im Verlauf von zehn Jahren (bis 1980) rund 25 Millionen DM investiert. Als 1972 im AW ein Großbrand ausbrach, mußten zur Beseitigung der Brandschäden noch zusätzlich etwa zwei Millionen DM aufgebracht werden (siehe Plan 18).

Heutige Aufgaben des Werkes

Neben einer Reihe sehr unterschiedlicher Aufgaben ist das AW heute in erster Linie ein Unterhaltungsausbesserungswerk für Reisezug-, Speise- und Meßwagen in verschiedenen Instandhaltungsstufen. Bei etwa einem Drittel dieser Wagen handelt es sich um hochwertiges Wagenmaterial des InterCity- und InterRegio-Verkehrs. Im einzelnen setzte sich der Instandhaltungsbestand im Jahr 1990 aus 531 InterCity-Wagen, 191 InterRegio-Wagen, 10 Meßwagen der Versuchsanstalt München und 1761 sonstigen Wagen zusammen.

Die planmäßigen Instandhaltungen nach Lauf-Kilometergrenzen oder Zeitfrist werden, wie in allen Reisezugwagenwerken, im Fließtaktverfahren durchgeführt. Dafür stehen im AW Neuaubing vier Fließgleise zur Verfügung. In regelmäßigen Zeitabständen, den sogenannten Taktzeiten, laufen die Fahrzeuge von Arbeitsstand zu Arbeitsstand. Nach jedem Takt verläßt ein fertiges Fahrzeug das Ende der Fließgleise und ein neues Fahrzeug wird auf den ersten Stand gesetzt.

An weiteren Aufgaben sind unter anderem zu nennen:

- ▷ Fertigung von Schildern (Zuglaufschilder, Bahnhofschilder, Sonderschilder) und Laufbänder für Zugzielanzeiger (auslaufend),
- ▷ zentrale Instandhaltung von Elektronik-Baugruppen für Triebfahrzeuge und Wagen (seit 1980),
- ▷ zentrale Qualitätsprüfung für alle Reisezugwagen der DB (die eigenen Fahrzeuge werden im AW Krefeld-Oppum geprüft),

- ▷ Überwachung von sechs Privatausbesserungswerken (PAW),
- ▷ Vorratslagerhaltung für werkseigene, bezirkliche und überbezirkliche Materialversorgung,
- ▷ Unterhaltung eines Sonderlagers für Elektronik-Bauteile und
- ▷ Ausbildungswerkstätte für Energieelektroniker (Fachrichtung Anlagentechnik), Industriemechaniker (Fachrichtung Betriebstechnik) und Holzmechaniker.

Sonderleistungen des Ausbesserungswerks

Neben der Wagenunterhaltung waren stets auch eine Reihe von Sonderleistungen zu erbringen. Im wesentlichen handelte es sich dabei um:

- ▷ Reparatur von Postautos ab 1907/08; später (ab 1926) erfolgte sie durch die Post in eigener Regie,
- ▷ Fertigung von Granaten während des Ersten Weltkriegs,
- ▷ Durchführung von Kriegssonderleistungen im Zweiten Weltkrieg, unter anderem Bau von Lazarett- und Werkstattzügen, Wiederherstellung beschädigter Straßenbahnwagen für die Stadt München,
- ▷ Durchführung der Umbauprogramme 3yg (von 1953 bis 1956) und 4yg (von 1956 bis 1961); hierbei wurden jeweils einige hundert Wagen gefertigt,
- ▷ InterRegio-Sitzwagenprogramm.

Mit diesem letzten Programm lief im August 1987 nach längerer Pause wiederum ein größeres Programm an. Die von Anfang an angestrebte Kooperation mit einer privaten Gesellschaft in Weiden (Partner für Fahrzeugausstattung, PFA) konnte wegen dortiger interner Schwierigkeiten erst 1989 realisiert werden, so daß bis dahin das AW Neuaubing die Fertigung übernehmen mußte.

Das Programm sieht den Umbau von etwa 1000 älteren D-Zug-Wagen zu InterRegio-Sitz- und -Servicewagen vor, wobei bis Ende 1990 rund 250 Wagen umgebaut und dem Betrieb übergeben werden konnten. Seit 1990 hat die PFA die Fertigung endgültig übernommen; dem AW Neuaubing obliegt damit nur noch die Abnahme der Fahrzeuge.

Die wichtigsten Daten des AW Neuaubing können der Tabelle 11 entnommen werden.

8.2.4 *Bundesbahn-Ausbesserungswerk München-Freimann*

Eine Kanonenfabrik wird zu einem Eisenbahn-Ausbesserungswerk

In Anbetracht der anfangs der zwanziger Jahre stark angestiegenen Zahl an Fahrzeugen und des stetig wachsenden Platzbedarfs für die Gleisanlagen des Münchner Hauptbahnhofs wurden Überlegungen angestellt, das Reichsbahn-Ausbesserungswerk (RAW) aus dem Zentrum von München an die Peripherie der Stadt zu verlegen.

Als im Jahr 1925 die Firma Neumeyer AG infolge der allgemein schlechten wirtschaftlichen Lage das erweiterungsfähige Fabrikgelände der früheren „Bayerischen Geschützwerke" der Firma Krupp in Freimann zum Verkauf anbot, kaufte die Deutsche Reichsbahn die Werkanlagen auf. Hier sollte künftig u. a. auch die Instandhaltung der elektrischen Lokomotiven des süddeutschen Streckennetzes übernommen werden, was seit 1923 in einer Halle an der Landsberger Straße (beim jetzigen Bw München 1, früher Nebenwerkstätte genannt) geschah. In Freimann entstand so das erste AW der Deutschen Reichsbahn (RAW) für Elloks. Die großen Hallen wurden ab 1926/27 zunächst entsprechend ausgebaut und eingerichtet. Ab Ende 1927 bis 1931 konnte so das RAW nach und nach dorthin umziehen. Im Freimanner AW wurden teilweise bis anfangs der 60er Jahre neben Dampfloks und Elloks auch elektrische Triebwagen, Güterwagen sowie bahneigene Straßenfahrzeuge unterhalten.

Das AW Freimann in der Reichsbahnzeit und in den ersten Nachkriegsjahren

Die von der Reichsbahn in den zwanziger Jahren übernommenen Hallen und Gebäude mit zusammen rund einer Million Kubikmeter umbauten Raum waren für die ersten zehn Jahre ausreichend. Ab der Mitte der 30er Jahre reichte jedoch wegen der zahlreichen Neubauten an Dampf- und Elloks der vorhandene Hallenraum nicht mehr aus, weshalb man sich zum Bau einer großen Dampflokrichthalle entschloß. Diese 1941 fertiggestellte Halle ist heute das Kernstück des AW (Halle 1, 2; ursprünglich Halle 24) und mit 41 736 Quadratmeter beziehungsweise 563 759 Kubikmeter umbauten Raum seitdem mit Abstand die größte Halle. Sieht man von der erst nach dem Krieg fertiggestellten Lokwaschhalle (Halle 26) ab, so hatte das seinerzeitige RAW mit dieser Halle seinen vollen Ausbauzustand erreicht. Die baulichen Anlagen nahmen damals eine Fläche von rund 150 000 Quadratmeter ein, was nahezu einem Viertel der Gesamtfläche entsprach. Die Gleisanlagen wiesen seinerzeit eine Länge von etwa 45 Kilometern auf, während sie heute nur noch eine Länge von rund sechs Kilometern ergeben.

Mit der Inbetriebnahme der neuen Dampflokhalle (Halle 24) war auch eine entsprechende Personalmehrung verbunden. Sie fiel in eine Zeit, in der zugleich eine kriegsbedingte Zunahme der Arbeitskräfte zu verzeichnen war. In der Zeit von 1944 bis Anfang 1945 dürfte sich die Belegschaft aus 6400—7000 Mitarbeitern zusammengesetzt haben, eine Zahl, wie sie später nie wieder erreicht wurde.

(rechts): Güterwagenausbesserung im Reichsbahn-Ausbesserungswerk Freimann. Die hierfür im Jahre 1934 errichtete Halle war bis zum Bau der jetzigen Ellok-Richthalle (8. September 1938 bis 17. Oktober 1942) mit 15 288 Quadratmeter und 240 Meter Länge die zweitgrößte Halle des Werkes.

(Mitte): Neben der Dampf- und Ellok-Ausbesserung gehörte bis zum Jahr 1961 auch die Güterwagenausbesserung zu den Hauptaufgaben des Ausbesserungswerks Freimann. Wie der die Werkstätte soeben verlassende Güterzug mit der Kesselschmiede im Hintergrund erkennen läßt, war die Typenvielfalt unter den Güterwagen früher wesentlich geringer: gedeckte Wagen, Hochbord- und Rungenwagen waren die am meisten vertretenen Wagentypen.

(unten): Der Kessel einer bayerischen P 3/5 (Baureihe 38^4) wird im Jahr 1932 in der Halle 14 auf das Fahrgestell aufgesetzt.

Im Zweiten Weltkrieg wurden über 40 Prozent des Werkes bei insgesamt 16 Luftangriffen zerstört. Nach Kriegsende mußte es daher erst drei Monate lang von rund 3800 Kubikmetern Trümmerschutt befreit werden, ehe mit dem Wiederaufbau begonnen werden konnte. In der Zeit dieses Wiederaufbaues, in der in erster Linie die zahlreichen kriegsbeschädigten Lokomotiven wieder instandgesetzt werden mußten, war es unumgänglich, einen Teil dieser Arbeiten an Privatbetriebe (zum Beispiel Krauss-Maffei) oder sogar an fremde Bahnverwaltungen zu vergeben. Dieser enorme Nachholbedarf konnte erst Mitte der 50er Jahre abgebaut werden.

Umstrukturierung zum reinen Unterhaltungswerk für elektrische Triebfahrzeuge

Als der kriegsbedingte Nachholbedarf an Re-

paraturarbeiten gerade abgebaut war, begannen einschneidende Umstrukturierungen. In Freimann waren sie vor allem durch den in den 50er Jahren beginnenden „Strukturwandel“ im Zugförderungsdienst begründet, das heißt in der Umstellung von Dampf- auf Ellok- beziehungsweise Dieselbetrieb. Da mit diesen Triebfahrzeugen größere tägliche Laufleistungen zu erzielen waren, benötigte man einerseits insgesamt weniger Lokomotiven (den früher rund 10000 Dampfloks standen im Dezember 1988 nur noch 2547 Elloks, 3478 Dieselloks einschließlich Kleinloks sowie 1586 Triebwagen mit Stromzuführung gegenüber), andererseits erforderten diese Loks einen geringeren Unterhaltungsaufwand. Dies hatte zur Folge, daß Dampflok-Ausbesserungswerke entweder geschlossen (zum Beispiel AW Ingolstadt) oder (zum Beispiel AW Freimann) umgerüstet wurden.

In dieser Phase der Umstrukturierung sind im AW Freimann zwei bemerkenswerte Fahrzeug-Umbauprogramme angelaufen. Das eine betraf 30 Dampfloks der Baureihe 18^5 (18509—548), deren Kessel durch einen neuen, leistungsfähigeren und vollständig geschweißten Kessel ersetzt wurden. Diese Maßnahme machte zugleich auch ein neues Führerhaus erforderlich. Die so umgebauten Loks wurden dann als 18601 bis 18630 eingereiht. Das andere Umbauprogramm betraf die Güterwagenabteilung. Nachdem dort 1955 die normalen Unterhaltungsarbeiten eingestellt wurden, begann man mit Hilfe noch verwendbarer Teile von alten Güterwagentypen neue Wagentypen (Gms54 und Gmhs54) zu fertigen. Neben diesen beiden gedeckten Bauarten wurden auch noch Packwagen mit der Bezeichnung Pwghs 54 gefertigt. Als das Programm im Jahr 1961 beendet war, hatten fast 6000 Wagen das AW verlassen.

Der schon erwähnte Strukturwandel bot für die DB zugleich auch eine günstige Gelegenheit, die Werkstättenleistungen zu zentralisieren. Nachdem von Süddeutschland ausgehend, immer weitere Strecken elektrifiziert wurden und die elektrische Zugförderung somit von hier aus zunehmende Bedeutung gewann, wird es verständlich, weshalb die Dampflokausbesserung in Freimann bereits zum 31. Dezember 1953 eingestellt wurde. Dieser ersten großen Umstrukturierungsmaßnahme folgte im Jahr 1959 die Einstellung der Triebwagenunterhaltung. Daraufhin wurde nach Auslauf des Umbauprogramms in der Güterwagenabteilung auch diese Abteilung zum 31. Dezember 1961 geschlossen. Als letztlich im Jahr 1964 die als „Motorenabteilung“ bezeichnete Kraftfahrzeugunterhaltung ihre Arbeit einstellte, waren im AW Freimann nur noch Elloks im Unterhaltungsbestand.

Alle diese Maßnahmen spiegeln sich auch im Personalbestand wider. Betrug er im Jahr 1948 noch rund 4000 Mann, so war er 1955, dem Jahr, in welchem der kriegsbedingte Nachholbedarf zu Ende war, bereits auf 2670 Mann zurückgegangen. Als 1964/65 nur noch Elloks im Unterhaltungsbestand des AW waren, zählte man noch etwa 1800 Mitarbeiter.

Die Eröffnung des S-Bahn-Verkehrs im Großraum München im Jahr 1972 löste einen gewissen Umbruch im AW Freimann aus, da die hierfür erforderlichen Triebzüge in Freimann in Betrieb gesetzt, abgenommen und anschließend in den Instandhaltungsbestand übernommen wurden. Hierzu benötigte man zwei Hallen (Halle 54, 55), von denen die eine schon 1970, die andere wegen Vermietung an die Firma Krauss-Maffei erst ab 1971 für diese Zwecke eingerichtet werden konnte. Als Folge des stetigen Ausbaus des S-Bahn-Systems, nicht zuletzt auch wegen der Schließung des AW Stuttgart-Bad Cannstatt, waren dem AW zuletzt fast doppelt so viele S-Bahn-Triebzüge

Blick vom Wasserturm des Ausbesserungswerks Freimann auf die Ellokrichthalle (Halle 1 und 2, früher Halle 24). Nachdem jetzt die links des Weges sichtbaren Hallen (früher Halle 13 und 14) abgebrochen sind und nur noch der westliche Werksteil besteht, ist die Ellokhalle zum Kernstück des Ausbesserungswerks geworden.

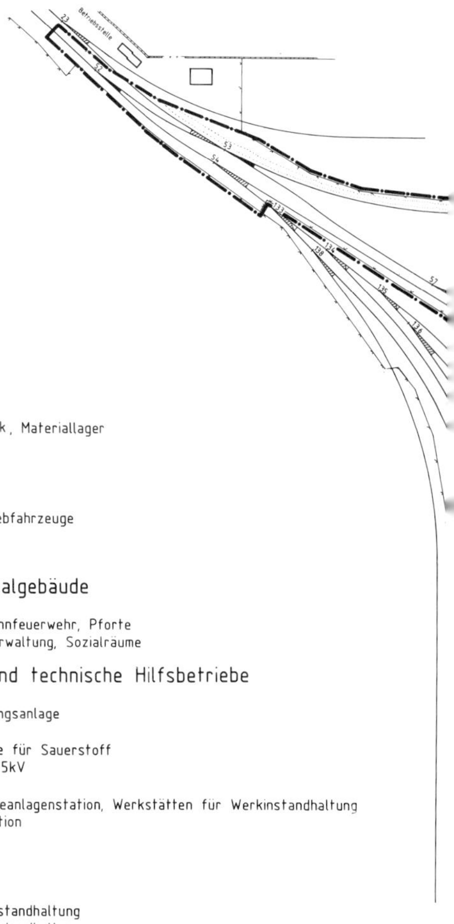

Werkstatthallen

1 Richthalle für Ellok, Materiallager
2 Teilwerkstätten

51 Lehrschweißerei

55 Richthalle für Triebfahrzeuge
57 Ölaufbereitung

Dienst- und Sozialgebäude

73 Betriebsküche, Bahnfeuerwehr, Pforte
79 Dienstgebäude: Verwaltung, Sozialräume

Energieanlagen und technische Hilfsbetriebe

80 Abwasserbehandlungsanlage
81 Lehrwerkstätte
84 Kaltvergaseranlage für Sauerstoff
85 Übergabestation 25kV
86 Wasserturm
87 Kesselhaus, Energieanlagenstation, Werkstätten für Werkinstandhaltung
88 Acetylenbündelstation
89 Gasreglerhaus

Lager

59 Lager für Werkinstandhaltung
98 Lager für Werkinstandhaltung

(oben): Blick in die Ellok-Richthalle des Ausbesserungswerks Freimann. Zum Zeitpunkt der Aufnahme, am 25. Oktober 1990, befand sich die Vorserienlok 120 005/752 005 bereits seit längerer Zeit zur Umrüstung in einen Komponententräger für die zu entwickelnde Baureihe 121 in der Halle.

(unten): Triebfahrzeugabstellung vor der Ellokhalle. Auch die im S-Bahn-Betrieb des Ruhrgebiets eingesetzten Loks der Baureihe 111 sind dem Ausbesserungswerk Freimann zur Instandhaltung zugewiesen.

wie 1972 zugewiesen. Demgegenüber ist der Instandhaltungsbestand an Elloks im gleichen Zeitraum nur unwesentlich angestiegen und bewegt sich seit 1977 zwischen 1250 und 1280 Loks. Seit 1987 sind keine Altbauelloks mehr darunter. Ab Mai 1990 wurden die S-Bahn-Triebzüge an das AW Nürnberg abgegeben, so daß das AW wiederum nur noch für die Instandhaltung von Elloks zuständig ist.

Neben reinen Unterhaltungsaufgaben oblag dem AW bislang auch die Inbetriebnahme und Abnahme sämtlicher neu gelieferter elektrischer Triebfahrzeuge. Mit dem Serien-ICE werden erstmals auch andere Ausbesserungswerke, nämlich das AW Nürnberg, mit derartigen Aufgaben betraut.

Heutiger Stand

Der weitaus geringere Instandhaltungsaufwand für die Neubauloks und die S-Bahn-Triebzüge ermöglichte in Verbindung mit einer stets fortschreitenden Rationalisierung der Werkstattleistungen eine starke Verringerung des Personalbestandes, der jetzt bei rund 900 Werkstättenarbeitern liegt. Durch Zentralisierung der Werkstättenleistung konnte zudem auch der Flächen- und Raumbedarf erheblich verringert werden. Die frei gewordenen Hallen wurden zunächst an Firmen vermietet oder verpachtet. Für die noch im AW-Bereich verbliebenen Gebäude und Hallen hatte man schon im Jahr 1962 eine neue Nummerngebung vorgenommen. Später (1967) wurden

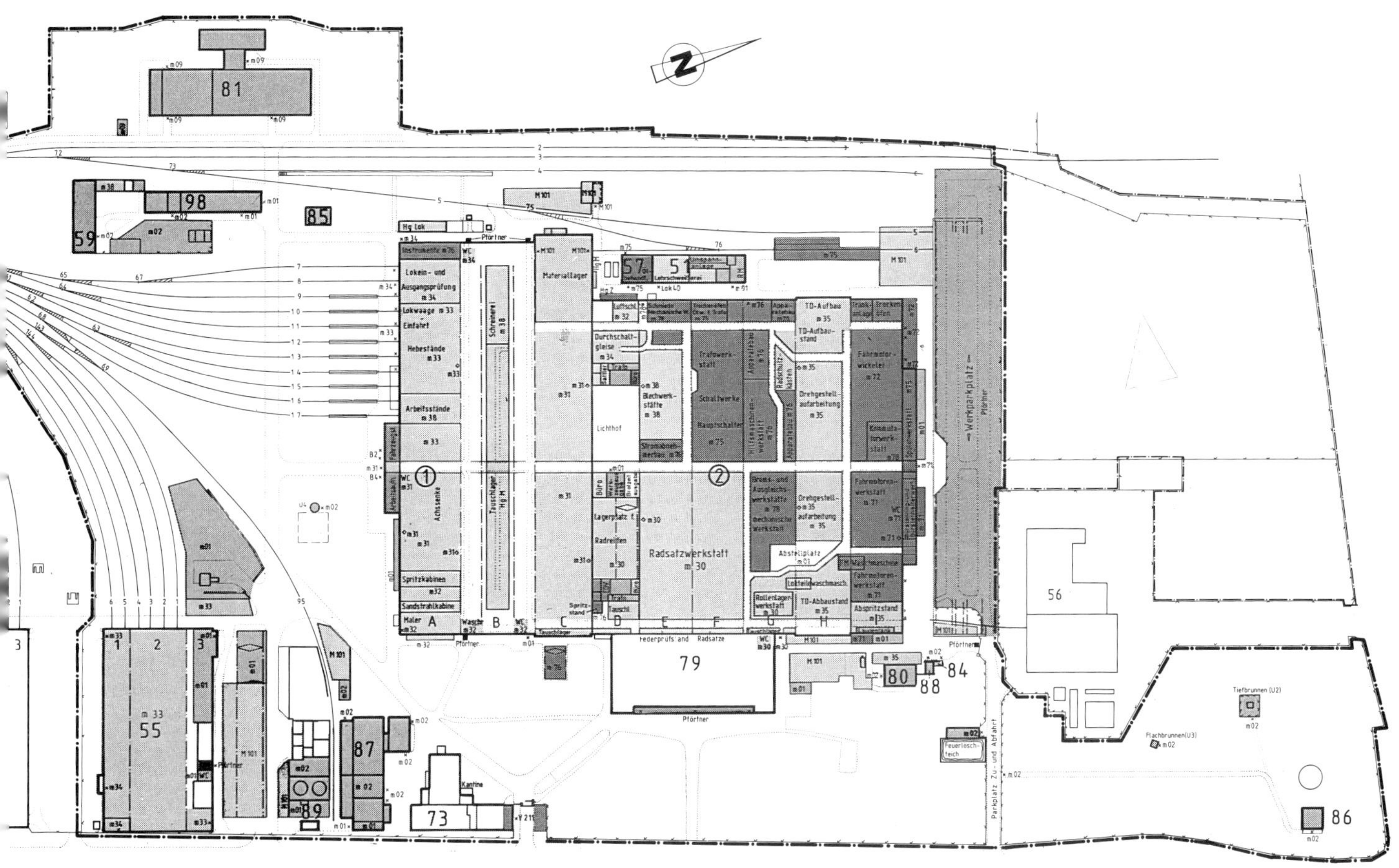

Plan 19: AW Freimann, Stand 1990.

die nicht mehr benötigten baulichen Anlagen aus dem AW-Gelände herausgenommen. Deshalb mußte der Neubau des ohnehin stark im Krieg beschädigten Verwaltungsgebäudes an anderer Stelle erfolgen. Doch dieser 1969 fertiggestellte Neubau hatte bereits nach knapp 20 Jahren ausgedient — die stetig fortgeschrittene Personalminderung hatte ihn entbehrlich gemacht. Ab 1988 wurden alle nicht mehr benötigten Werkstattgebäude beziehungsweise Hallen abgebrochen, und das dadurch freigewordene Gelände steht damit für eine kommerzielle Nutzung zur Verfügung.

Über die Jahre hinweg waren folgende Baureihen dem AW Freimann zur Unterhaltung zugewiesen:

- ▷ Dampfloks (bis 1953)
  17^{4-5}, 18^{3-5}, 38^{0}, 38^{4}, 41, 44, 45, 50, 54^{15}, 89^{10}, 93^{0}, 93^{5}, 98^{15-18}, 98^{70-73}, 99^{25-26}
- ▷ Triebwagen (bis 1959)
  ET/ES: 11, 25, 26, 31, 32, 56, 85, 87, 88, 89, 90, 91, 182, 183, 186, 194, 255, 420/421 (1969 bis 1. Mai 1990)
- ▷ Altbauelloks (bis 1986)
  E: 04, 16, 17, 18, 19, 32, 33, 36^{0}, 36^{2}, 44, 44^{W}, 44^{5}, 44^{20}, 52, 60, 62, 63, 69, 70, 71, 75, 77, 79, 80, 91, 93, 94, 244
- ▷ Neubauelloks
  103.0, 103.1, 110.0, 110, 111, 112, 120, 139, 140, 141, 150, 151, 181, 182, 183, 184
- ▷ Derzeitiger Unterhaltungsbestand
  110, 111, 120, 139, 140, 150, 151, 491.

In der Tabelle 11 sind vergleichende Daten für die Centralwerkstätte und die beiden AW angegeben.

Die jetzige Größe des Werks, die Anordnung und Bezeichnung der baulichen Anlagen ist aus dem Plan 19 ersichtlich.

Die Zukunft des Ausbesserungswerks sieht derzeit nicht rosig aus: es soll nach gegenwärtigen Überlegungen voraussichtlich bis spätestens 1995 geschlossen werden. In Anbetracht der in jüngster Zeit bestehenden Bestrebungen zur Privatisierung von Teilbereichen der DB wäre es aber auch denkbar, daß das AW in irgendeiner privaten Gesellschaftsform weiterbetrieben wird.

8.3 Bahnbetriebswerke in München

8.3.1 *Bahnbetriebswerk München 1 (Bw München Hbf)*

Lage und Anbindung

Seit nunmehr über 120 Jahren besteht unmittelbar südlich der vom Hauptbahnhof nach Pasing führenden Gleisanlagen, zwischen Bahnkilometer 2,1, an dem die Strecke zum Ostbahnhof abzweigt, und Kilometer 2,9 an der Friedenheimer Brücke, das heute Bw München 1 genannte Betriebswerk. Mit seinem Bau wurde damals ein Ersatz für die mittlerweile zu klein gewordene Betriebswerkstätte beim Centralbahnhof geschaffen, die bereits ihrerseits an die Stelle eines Maschinen-

Das Betriebswerk München Hbf und die ehemalige Central- bzw. Hauptwerkstätte im Jahr 1937 vom Hauptzollamt aus gesehen.

hauses beim ersten Bahnhof auf dem Marsfeld getreten ist.

Das Bw München 1 ist an den Hauptbahnhof mit zwei Lokfahrgleisen direkt angebunden und mit einem weiteren Gleis an die Vorstellgruppe Süd des Hauptbahnhofs. Auf der gegenüberliegenden, also westlichen Seite, ist das Bahnbetriebswerk an den Rangierbahnhof Laim angeschlossen, wobei jeweils zwei Gleise an der nördlichen und an der südlichen Seite des 120 bis 200 Meter breiten Betriebsgeländes die Verbindung herstellen.

Bauliche Entwicklung

Die erste Ausbauphase

Noch vor dem Bau der Centralwerkstätte und dem Bau der Bahnlinie vom Centralbahnhof nach Haidhausen dürfte im Jahr 1867/68 südlich der Starnberger Strecke am Rande der damaligen „Sendlinger Haide" bei Friedenheim eine große Lokremise, bestehend aus zwei Rotunden mit je einer Drehscheibe und zusammen 62 Lokständen, errichtet worden sein. Ein genaues Datum ihrer Errichtung läßt sich nicht finden, doch sind sie in einem Situationsplan vom Mai 1869 bereits als Bestand eingetragen. Die beiden später als Haus 1 und 2 bezeichneten Rundlokschuppen, waren durch ein Büro- und Wohngebäude miteinander verbunden. An weiteren Gebäuden hatte diese erste Betriebswerkstätte des Centralbahnhofs München unter anderem noch eine Reparaturwerkstätte, ein Wasserreservoirgebäude und verschiedene Lager beziehungsweise Lagerplätze.

Falttafel I, Plan 4

Leider sind für die weiteren Jahre kaum noch Unterlagen über die bauliche Entwicklung des Betriebswerks vorhanden. Gleiches gilt für die Zeit der Bayerischen Staatseisenbahn für die in der Centralwerkstätte beheimateten Lokomotiven. Genaue Zeitangaben lassen sich daher im allgemeinen nur für die neuere Zeit machen.

Für die ersten beiden Jahrzehnte ihres Bestehens ist davon auszugehen, daß die Ende der 60er Jahre geschaffene Anlage keine nennenswerten Veränderungen erfahren hat. Im Jahr 1890 waren jedoch gemäß einer Statistik vom 1. Dezember 1890 bereits 151 Loks in der Betriebswerkstätte beheimatet, weshalb um diese Zeit mit dem Bau einer dritten Rotunde begonnen wurde. Wohl gleichzeitig dürften auch größere Gleisumbauten erfolgt sein. Sie waren nicht nur durch die dritte Rotunde bedingt, deren Bau unter anderem die Verlegung des Kohlenlagers in südlicher Richtung nach sich zog. Alle diese Baumaßnahmen sind zugleich im Zusammenhang mit dem 1891 begonnenen Bau des Rbf Laim zu sehen. Zum einen galt es, die Betriebswerkstätte an den neuen Rangierbahnhof anzuschließen; zum anderen mußte auch der südliche Freiladehof eine direkte Gleisverbindung zum Rbf Laim bekommen. Diese Verbindung führte unter anderem durch den südlichen Teil des Werkstättengeländes, schwenkte dann jedoch in Höhe der dritten Rotunde nach Norden ab und unterquerte schließlich zusammen mit weiteren Gleisen die Brücke der damaligen Fürstenstraße (heute Friedenheimer Brücke), die seinerzeit in Bau war. Damit war die erste Gleisverbindung zum Rbf Laim geschaffen worden.

Mit der Zeit war auch die dritte Rotunde nicht mehr ausreichend, da der Betriebswerkstätte immer mehr Lokomotiven zugeteilt wurden. Deshalb erbaute man in der Zeit von 1900 bis 1901 noch zwei weitere Rotunden, die späteren Häuser 4 und 5. Dabei bedurfte es abermals größerer Gleisumbauten, da die beiden neuen Gebäude weite Teile des erst etwa zehn Jahre vorher neu errichteten Kohlenlagers samt den dortigen Gleisanlagen beanspruchten. Da kein Platz mehr vorhanden war, wurde das Kohlenlager zum Rbf Laim verlegt und

(links): 18470 im Jahr 1949 auf der Drehscheibe des Hauses 4. Der auf dem Bild nicht sichtbare Teil dieses Rundlokschuppens bestand als letzter Rest von einst fünf Häusern noch bis zum Jahr 1991.

(unten): Lok der Baureihe 39212 vom Betriebswerk Kempten an der Hunt'schen Hochbekohlungsanlage des Betriebswerks München Hbf. Ein Modell dieser Ende der 60er Jahre abgebrochenen Anlage befindet sich im Verkehrsmuseum Nürnberg.

das Verbindungsgleis zusammen mit zwei Lokverkehrsgleisen weiter südlich geführt.

Mit dem Bau der beiden letzten Rundlokschuppen mußte auch die Infrastruktur der Betriebswerkstätte den neuen Verhältnissen angepaßt werden. Hierbei galt es vor allem die Leistungsfähigkeit des Wasserhauses, der Bekohlungsanlage sowie der Ausschlackanlage zu erhöhen. Daher wurde im Jahr 1901 unter Beibehaltung der bisherigen Bekohlungsanlage (Kohleladehütte) westlich des Hauses 3 eine weitere, wesentlich leistungsfähigere Hochbekohlungsanlage (Hunt'sche Anlage) beim Haus 1 errichtet. Ihre Kapazität betrug bis zu 700 Tonnen Kohle pro Tag. Zugleich entstand zwischen den beiden Lokschuppen 4 und 5 ein neues Wasserhaus mit zwei Tiefbrunnen. Mit dieser neuen Anlage konnten pro Tag bis zu 3600 Kubikmeter Wasser gefördert werden. Wohl erst später entstand die große Ausschlackanlage mit drei Ausschlackgleisen, darüber hinwegführender Kranbahn sowie einem Schlackengleis. Damit hatte der Ausbauzustand der Betriebswerkstätte einen gewissen Abschluß erreicht.

Die zweite Ausbauphase in den zwanziger und dreißiger Jahren

Nachdem die Züge im Laufe der achtziger und neunziger Jahre immer länger und damit auch schwerer wurden, bedurfte es stets leistungsfähigerer Lokomotiven. Wegen der dadurch bedingten „Mehrlänge neuer Lokomotiven" ordnete die Generaldirektion schon 1884 bei mehreren Betriebswerken den Einbau größerer Drehscheiben an, die sicherlich im Laufe der Zeit teilweise mehrmals vergrößert werden mußten. Nur das Haus 3 könnte als einziges von vornherein mit einer 18 Meter langen Drehscheibe ausgestattet gewesen sein. Aus den gleichen Gründen wie die Drehscheiben wurden auch die Lokomotivstände erweitert,

eine Maßnahme, von der wohl alle fünf Lokomotiv-Remisen betroffen waren. Im Zuge dieser Umbaumaßnahmen änderte sich meist auch die Anzahl der Lokomotivstände.

Als sich nach dem Ende des Ersten Weltkriegs abzeichnete, daß der elektrische Zugbetrieb in Südbayern mehr und mehr auch die Fernbahnstrecken erobern würde, entschloß man sich zum Bau einer Ellokhalle. Es stand dafür zwar kein Platz mehr zur Verfügung, doch in Anbetracht der Tatsache, daß künftig weniger Dampfloks benötigt würden, entschloß man sich 1919, dafür den Platz des ersten Lokschuppens zu verwenden. Mit dem Bau der Ellokhalle dürfte um 1920 begonnen worden sein, doch erst mit der Aufnahme des elektrischen Zugbetriebs im Jahr 1925 war sie auch elektrisch befahrbar.

Etwa im Jahr 1923 wurde zur Instandhaltung der neuen Elloks zwischen der Landsberger Straße und dem schon erwähnten Verbin-

Falttafel I, Plan 3

dungsgleis zum südlichen Freiladehof eine eigene Werkstätte, die sogenannte Nebenwerkstätte, errichtet. Die Zahl dieser in der Betriebswerkstätte beheimateten Elloks nahm zunächst rasch zu, weshalb wohl ums Jahr 1939 die östliche Hälfte des Hauses 2 abgebrochen wurde, um an seiner Stelle eine zweite, kleinere Ellokhalle zu errichten.

Damit verbunden war wohl auch die Vergrößerung der Drehscheibe für die verbliebene Lokschuppenhälfte. Im Jahr 1943 wurde die zweite Ellokhalle zusammen mit dem Rest des Hauses 2 durch Fliegerbomben völlig zerstört. Beide sind nach dem Kriege nicht mehr aufgebaut worden. Auch die gleichzeitig zerstörte Kohlenladehütte wurde daraufhin aufgegeben, so daß nur noch die Hunt'sche Bekohlungsanlage zur Verfügung stand.

Rückbau der Anlagen für Dampfloks

Nur wenige Jahre, nachdem die kriegsbedingten Wiederaufbau- und Erneuerungsarbeiten als abgeschlossen betrachtet werden konnten, wurden infolge des Strukturwandels in der Zugförderung die für den Dampflokbetrieb erforderlichen Anlagen allmählich entbehrlich. Mit seiner Einstellung im Bw München Hbf in den Jahren 1966/67 konnten die Bekohlungs- und Ausschlackanlagen sowie das Kohlenlager im Rbf Laim aufgegeben werden. Zu dieser Zeit wurde auch der noch von Haus 3 verbliebene Rest abgebrochen und seine Drehscheibe an die vier nördlichen von der Schiebebühne abgehenden Gleise angeschlossen. Die beiden Häuser 4 und 5 konnten, solange es ihr baulicher Zustand erlaubte, für den Diesellokbetrieb verwendet werden. Doch bereits um 1970/71 mußte das Haus 5 wegen Einsturzgefahr geschlossen und bald darauf auch abgebrochen werden. Als letztes blieb das Haus 4 bestehen. Im Jahr 1982 wurde es aus den gleichen Gründen wie das Haus 5 zum Teil abgebrochen. Der Rest überdauerte bis zu den Umbauarbeiten in den Jahren 1990/91.

Die von Haus 3 zunächst noch verbliebenen Gleise sowie die Drehscheibe wurden, um weitere Stellplätze für Elloks anlegen zu können, schon anfangs der 70er Jahre ausgebaut. Seit 1979 sind die rund 170 Stellplätze einzeln numeriert; damit ist es möglich, daß das Lokpersonal den ihm von einem Disponenten zugeteilten Stellplatz ohne weitere Hilfe anfahren kann. Dies beinhaltet zugleich die Selbstbedienung der Schiebebühne.

Umbau in den Jahren 1988—1991

Etwa seit Mitte der 80er Jahre zeigte sich immer mehr, daß der überwiegende Teil der noch bestehenden baulichen Anlagen veraltet und sanierungsbedürftig und zudem entbehrlich war. Deshalb sah man seitdem von weiteren Einzelmaßnahmen ab und entschloß sich zu einem generellen Umbau der Gesamtanlage. Die Planung hierfür, die im August 1986 aufgenommen wurde, ist zugleich im Zusammenhang mit dem Neubau eines ICE-Betriebswerks zu sehen.

Als Grundlage für den Umfang der durchzuführenden Umbaumaßnahmen galten folgende Ausbauziele:

- ▷ Instandhaltung von zukünftig 260 Ellok (BR 111, 140),
- ▷ Instandhaltung von 65 Diesellok (BR 260, 261, 290),
- ▷ Instandhaltung von zukünftig 23 Kleinlokomotiven,
- ▷ Instandhaltung eines elektrischen Triebwagens (ET 491),
- ▷ Instandhaltung von 11 Turmtriebwagen (BR 701, 702, 727),
- ▷ Instandhaltung von 36 Schwerkleinwagen,
- ▷ Nachschauarbeiten an täglich 20 Elloks verschiedener Baureihen,
- ▷ Beschäftigung von insgesamt 650 Mitarbeitern (Betriebs- und Werkstättenarbeiter, Verwaltungsdienst, Lokleitung, Triebfahrzeug-Personal usw.).

Zur Erreichung dieser Ausbauziele wurden in der Zeit von 1988 bis Frühjahr 1991 folgende, wesentliche Maßnahmen durchgeführt:

- ▷ Rückbau der Ellokhalle von elf auf sieben Gleise. Während die Länge der Halle von 89 Metern voll erhalten blieb, verringerte sich ihre Breite auf 50 Meter.
- ▷ Neubau von vier Hallengleisen (4 bis 7) im Bereich von fünf aufzulassenden Gleisen. Drei der nun weiter auseinander liegenden Gleise wurden mit 20 Meter langen Reparaturständen und das vierte mit einer Außenreinigungsanlage ausgerüstet, die an eine Abwasserbehandlungsanlage angeschlossen ist.
- ▷ Einbeziehung des Stofflagers in die Ellokhalle.
- ▷ Neubau eines Sozial-, Werkstatt- und Kantinengebäudes.
- ▷ Verlegung der Lokleitung in ein zur Abstellanlage günstiger gelegenes Gebäude.
- ▷ Verlegung der Abstellplätze für Loks auf die südliche Hälfte des zwischen der Schiebebühne und der Friedenheimer Brücke befindlichen Teils des Betriebswerks.
- ▷ Rückbau der Schiebebühne auf sechs Gleise und Anlage einer durchgehenden Gleisverbindung für das siebte (nördlichste) Gleis.

Die beiden zuletzt genannten Maßnahmen berücksichtigen auch die Planung für ein ICE-Betriebswerk auf dem Gelände nördlich der neuen Abstellanlage. Die hierfür vorgesehene Halle soll bei einer Länge von 437 Metern im Endausbau sechs Gleise mit einem Abstand von je 7,5 beziehungsweise 8,5 Metern aufnehmen.

Entwicklung des Lokomotivbestands im Laufe der Jahrzehnte

Dampflokomotiven

Wie schon erwähnt, waren 1890 bereits 151 Dampflokomotiven in der Münchner Betriebswerkstätte stationiert. Gemäß den wenigen Statistiken, auf die in den ersten Jahrzehnten seit ihrem Bestehen zurückgegriffen werden kann, dürfte ihre Anzahl um das Jahr 1923 mit 331 Loks mit Abstand am größten gewesen sein (siehe Tabelle 12). Bereits zwei Jahre später, also 1925 war der Bestand auf rund 200 Loks zurückgegangen, was mit dem inzwischen im Raum München aufgenommenen elektrischen Zugbetrieb zusammenhing. Seit dieser Zeit nahmen die im Bw München Hbf stationierten Dampfloks bis zur Einstellung der Dampflokstationierung im Jahr 1967 nahezu stetig ab.

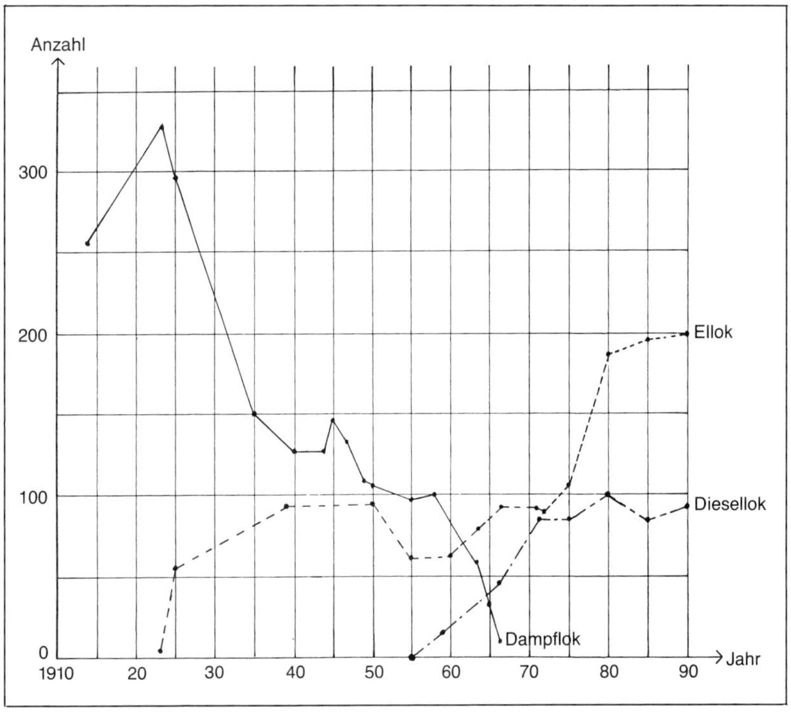

Vor allem für die Staatsbahnzeit war es bezeichnend, daß neu entwickelte Lokomotivtypen fast ohne Ausnahme zuerst der Betriebswerkstätte des Münchner Centralbahnhofs zugeteilt wurden. Erst nachdem hier der Bedarf gedeckt war, kamen andere Dienststellen an die Reihe. Darüber hinaus waren in München immer wieder Loktypen zu beobachten, die als Prototypen nur der Erprobung dienten. Mitunter waren es sehr interessante Einzelstücke, so im Jahr 1907 die Rekordlokomotive S 2/6 oder später die Turbinenlokomotive T 18, die bis zu ihrer Ausmusterung 1943 infolge Bombenschadens in München war. Welche Lokbaureihen im einzelnen und wie lange sie dem Bw München Hbf zugeteilt waren, ergibt sich aus Tabelle 13. Nicht in diesem Bild sind Baureihen enthalten, die nur sehr kurzfristig zugeteilt oder als Leihlokomotiven in München waren. So weist zum Beispiel die Stati-

Tabelle 12 (oben): Betriebswerk Mü 1: Lokbestand.

Tabelle 13 (unten): Betriebswerk Mü 1: Stationierungsübersicht Dampflok.

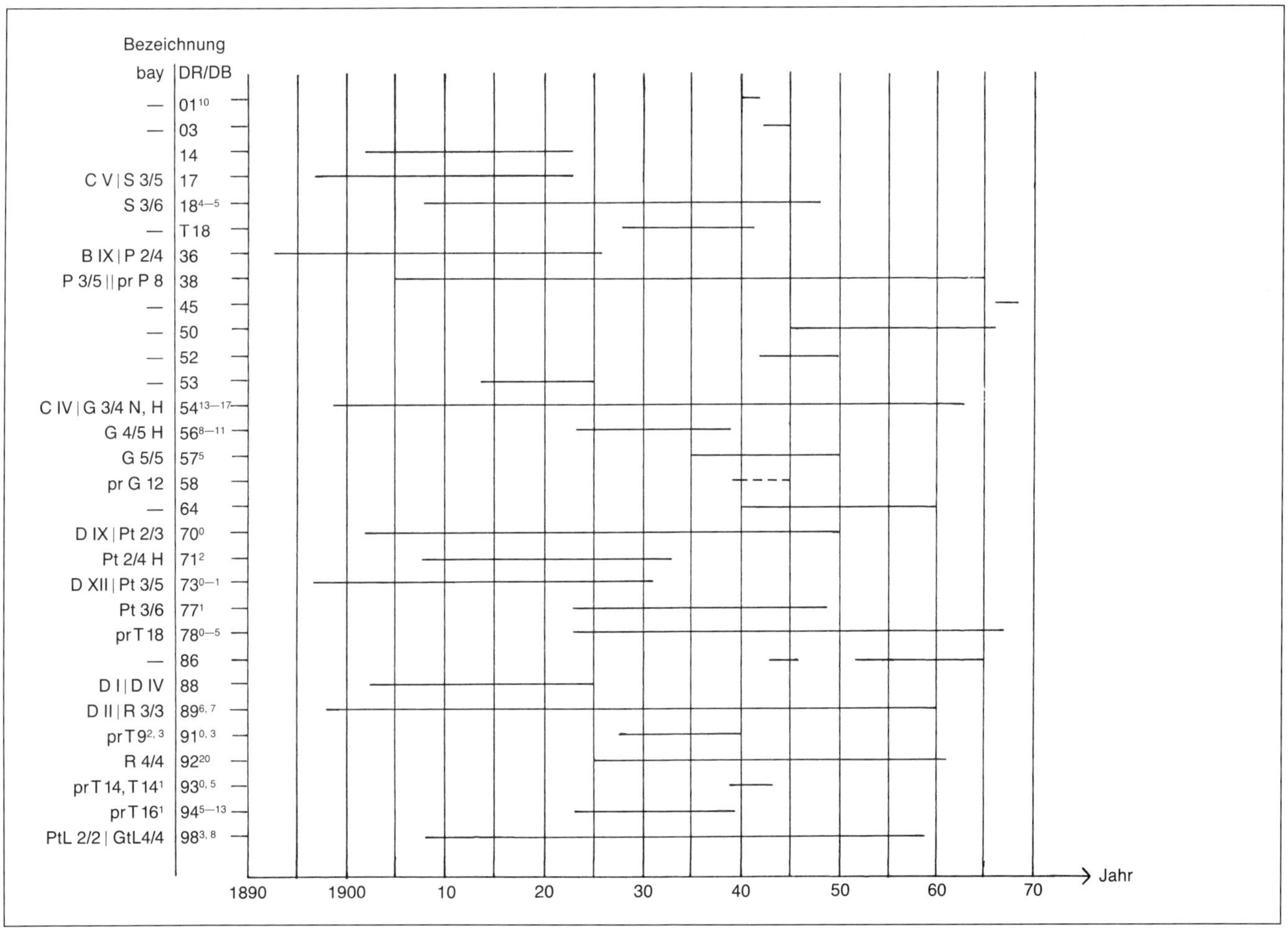

Tabelle 14 (rechts): Betriebswerk Mü 1: Stationierungsübersicht Ellok + ET.

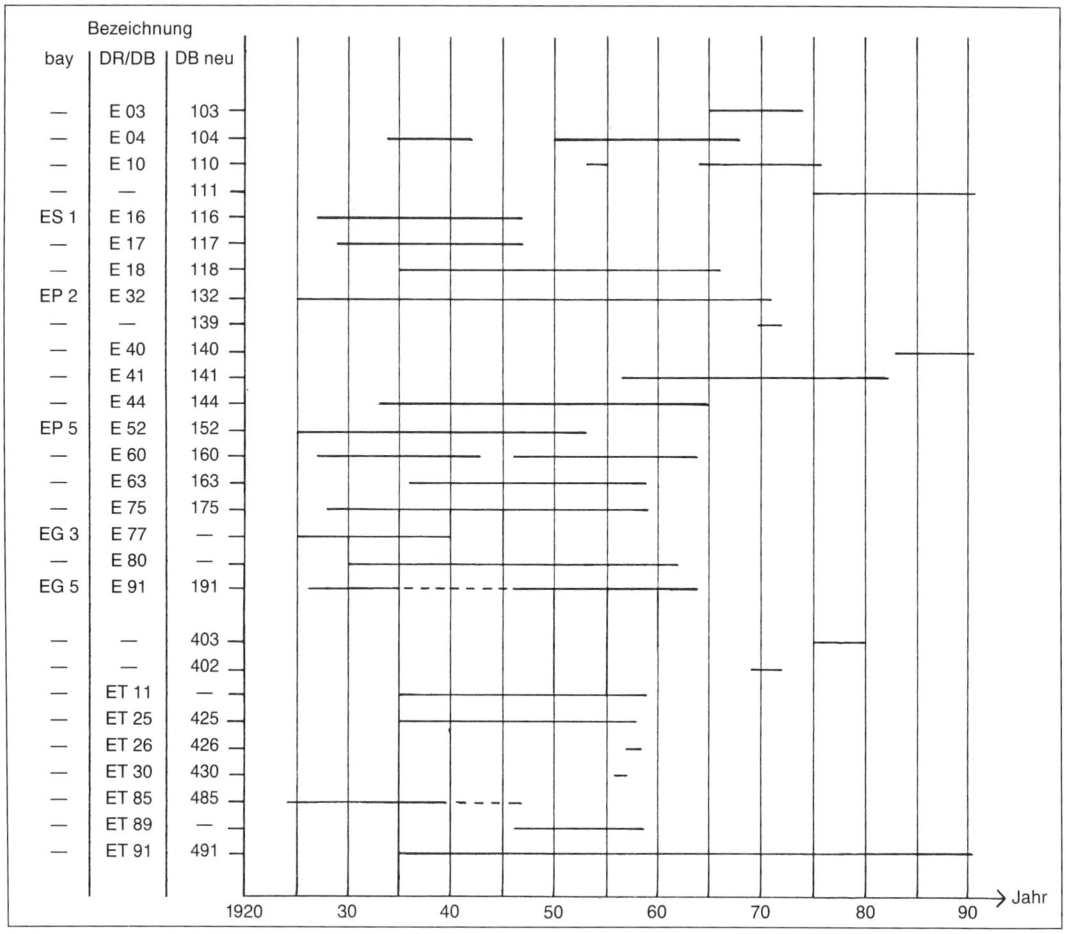

(unten): Alle fünf im Jahre 1930 in Dienst gestellten Lokomotiven der Baureihe E 80 waren beim Betriebswerk München Hbf beheimatet. Da sie als Akkuloks auch auf nicht mit Oberleitung überspannten Gleisen fahren konnten, versahen sie den Verschiebedienst im Betriebswerk Hbf, Südbahnhof und Milchladehof. Zuletzt waren je eine Lok im Betriebswerk München Hbf und im Betriebsbahnhof Pasing (West) im Einsatz. Zwischen 1959 und 1962 wurden die vier nach dem Krieg noch im Einsatz befindlichen Loks ausgemustert.

stik des Jahres 1939 eine Lok der BR55 als dem Bw München Hbf zugeteilt auf. Nach dem Zweiten Weltkrieg waren mehrere Loks dieser Baureihe im Bw München Hbf abgestellt. Als Einzelgängerin erscheint 1945 auch eine Lok der BR75 in den Lokstatistiken. Im Ersten Weltkrieg waren auch schweizerische und österreichische und im Zweiten französische Leihlokomotiven der BR18 und 55 in München beheimatet.

Als im Jahr 1967 die Dampflokzeit zu Ende ging, waren gerade noch zwei Baureihen vertreten. Dies waren die BR45 mit einer Lok (45023) und die BR78 (ehemalige preußische T18) mit sechs Loks. Von ihnen hat am 25. Mai 1967 die Lok 78086 den letzten Planzug von Miesbach nach München befördert.

Elektrische Lokomotiven

Im Jahr 1925, dem Jahr der Eröffnung des elektrischen Zugbetriebs im Raum München, waren dem Betriebswerk bereits über 50 Lokomotiven zugeteilt, die den bayerischen Gattungen EP2 (E32), EP5 (E52) und EG33 (E77) angehörten (siehe Tabelle 14). Da bis zum Ausbruch des Zweiten Weltkriegs eine Reihe neuer Elloktypen in Dienst gestellt und, ähnlich wie die neuen Dampflokomotivtypen, ebenfalls dem Bw zugeteilt worden waren, waren zu dieser Zeit etwa 90 Loks von mehr als zehn Baureihen hier beheimatet. Diese Zahl, die bis zum Ende der Münchner Dampflokzeit nicht überschritten wurde, liegt derzeit (1990) mit rund 200 weit darüber. Dabei ist bemerkenswert, daß heute nur noch zwei Baureihen (111 und 140) vertreten sind.

Was die Altbaulokomotiven betrifft, so war für keine der vier hier stationierten Schnellzug-Baureihen (E04, E16, E17 und E18) München Auslauf-Bw. Sie alle wurden an andere Bahnbetriebswerke abgegeben und das Bw München Hbf, das seit 1982 Bw Mü 1 heißt, bekam dafür bis in die jüngste Zeit Neubau-Elloks zugewiesen (110, 141, 103 und 111). Dieses Konzept wurde erst mit den auf Drehstromtechnik basierenden Baureihen 120 und 401 aufgegeben.

Elektrische Oberleitungstriebwagen

Neben Elloks waren dem Bw von Anbeginn an auch elektrische Oberleitungstriebwagen zugeteilt. Die Betriebsaufnahme erfolgte 1925 mit vier Triebwagen der Baureihe el T 11 (01—04), die nach der allgemeinen Umbenennung im Jahr 1940 als ET 85 eingereiht wurden. Bei diesen Fahrzeugen handelte es sich um umgebaute bayerische Dampftriebwagen aus der Reihe MCCi. Weitere Triebwagenbaureihen, nämlich el T 1900—1903 (ET 11), el T 18 (ET 25) und el T 1998—99 (ET 91) kamen erst wieder im Jahr 1935 zum Bahnbetriebswerk. Von der Reihe el T 1900—03, also vom ET 11, kamen nur drei für den Städteschnellverkehr zwischen München und Berlin bestimmte Fahrzeuge zur Auslieferung. Da die Elektrifizierung Berlin noch nicht erreicht hatte, verkehrten sie zwischen Berchtesgaden und München. Sie wurden dem Bw München Hbf zugeteilt und waren zwischen 1957 und 1959 nochmals als „Münchner Kindl" München—Frankfurt für eine kurze Zeit im Einsatz. Hingegen war der für den Eilzug- beziehungsweise Personenzugdienst konzipierte el T 18 (ET 25) mit weit höheren Stückzahlen in München vertreten. Von dem ebenfalls im Jahr 1935 in Dienst gestellten „Gläsernen Zug", einem Aussichtstriebwagen, wurden nur zwei Exemplare beschafft, wobei der el T 1999 als ET 91 02 am 9./10. März 1943 einem Bombenangriff zum Opfer fiel. Demgegenüber fährt der ET 91 01 jetzt als 491 001 noch nach wie vor — in weiß/blauen Farben als echter Bayer kenntlich — durch die Lande.

Nach dem Zweiten Weltkrieg kam bereits 1946 eine neue Triebwagengattung nach München. Sie war allerdings nur mit einem Einzelgänger aus dem Riesengebirge vertreten: dem ET 89 04, der allgemein unter dem Namen „Rübezahl" bekannt war.

Als am 18. Mai 1955 die Isartalbahn von Gleichstrom auf 16⅔ Hz Wechselstrom umgestellt wurde, entschloß man sich zum Umbau der vier dort eingesetzten Triebzüge der Gattung ET 182 und wies sie dann als ET 26 dem Bahnbetriebswerk im Jahr 1956 zu. Etwa gleichzeitig kamen auch die neu entwickelten Triebzüge der Baureihe ET 30 nach München. Da sie für das noch in der Elektrifizierung befindliche Ruhrgebiet bestimmt waren, waren sie nur vorübergehend, etwa für ein Jahr, bis Ende 1957 beim Bw München Hbf. Ebenso nur kurzen Aufenthalt hatten die S-Bahn-Triebwagen 420.

Zwischen 1975 und 1980 waren dem Bw letztmals Triebzüge zugeteilt. Bei ihnen handelte es sich um die heute als „Lufthansa-Expreß" verkehrenden Schnelltriebzüge der Baureihe 403/404, die damals im Städteschnellverkehr zwischen München und Bremen zum Einsatz kamen.

Die Stationierungen sind ebenfalls der Tabelle 14 zu entnehmen.

Abstellung von Triebzügen beim Betriebswerk München 1. Solange die Triebzüge der Baureihe 403 beim Betriebswerk München 1 beheimatet waren und den IC-Verkehr zwischen München und Bremen bedienten, wurden sie im Bereich der ehemaligen Ausschlackanlage abgestellt und gewartet. Zur gleichen Zeit waren dort auch die TEE-Züge der Baureihe 601 zu sehen, die zwischen München und Mailand verkehrten.

Brennkrafttriebfahrzeuge

Bereits lange vor Auslauf des Dampfbetriebs kamen im Jahr 1954 mit der Baureihe V 36 die ersten Diesel-Rangierlokomotiven zum Bw. In größerer Stückzahl waren sie jedoch erst nach 1967 vertreten. Mit Stand vom 1. August 1990 waren im Bw Mü 1 insgesamt 99 Brennkrafttriebfahrzeuge beheimatet, bei denen es sich ausschließlich um Rangierlokomotiven der BR 290, 360, 364/365, 323, 331, 332, 333 und 335 handelte. Hinzu kamen noch elf Bahndienstfahrzeuge der BR 701, 702 und 727.

Aufgaben des Bw München 1 und seine Einrichtungen

Das Bw München 1 ist sowohl mit der Instandhaltung von Triebfahrzeugen als auch mit der Zugförderung beauftragt und beschäftigt zur Erfüllung dieser Aufgaben rund 670 Mitarbeiter. Darin nicht enthalten sind die 75 Mitarbeiter der dem Bw Müchen 1 angegliederten Außenstelle in Garmisch-Partenkirchen.

Einrichtungen zur Instandhaltung von Triebfahrzeugen

Bei den auf Bw entfallenden Instandhaltungsarbeiten ist zwischen den Fristarbeiten und den Bedarfsausbesserungen zu unterscheiden. Bei ersteren wird zwischen großen und kleinen Fristarbeiten unterschieden, die je *(rechts): Das Betriebswerk München 2 von Osten gesehen. Reste des alten Tarnanstriches sind noch zu erkennen.*

(unten): Die bekannte Lokbaureihe der E 44 war ebenfalls im Betriebswerk München 1 beheimatet. E 44 182 mit Leerzug auf Ausfahrt im Bahnhof Karlsfeld.

nach Arbeitsumfang als F1 bis F4 bezeichnet werden. Der Rhythmus, in dem die einzelnen Fristarbeitsstufen aufeinander folgen, ist für jede Baureihe entsprechend ihren Einsatzbedingungen festgelegt. Fristarbeiten sollen es ermöglichen, ein Triebfahrzeug bis zur nächsten Fristarbeit beziehungsweise Revision ohne Werkstattaufenthalt in Betrieb zu belassen. Sofern dies nicht möglich ist, müssen zwischendurch Bedarfsausbesserungen durchgeführt werden. Hinzu kommen noch Pflegearbeiten. So werden die Lokomotiven nicht nur von außen gewaschen, denn auch die Führerstände bedürfen einer Grundreinigung.

Für die genannten Aufgaben steht dem Bahnbetriebswerk nach Abschluß der geschilderten Umbaumaßnahmen eine Halle mit sieben Gleisen zur Verfügung. Von ihnen dienen die ersten sechs Gleise zur Durchführung von Bedarfsausbesserungen und Fristarbeiten, die dafür mit 14 Reparaturständen und einer Achssenke ausgestattet sind; Gleis 6, das mit einer Abgasabführungseinrichtung ausgestattet ist, dient im Regelfall der Diesellokinstandhaltung, die nunmehr in die Ellokhalle integriert ist. Für Pflegearbeiten steht die schon erwähnte Triebfahrzeug-Außenreinigungsanlage zur Verfügung.

Die Lokleitung

Die Disposition der für die Zugförderung erforderlichen Lokomotiven und Lokführer obliegt der rund um die Uhr besetzten Lokleitung. Sie erstellt die Lokomotiv-Umlaufpläne und die Dienstpläne der dem Bw angehörigen Lokpersonale.

Bei den Lokführern wird zwischen Plan- und Sonderdienstlern unterschieden. Während sich die Lokführerbesetzung der planmäßig verkehrenden Züge im voraus planen läßt, müssen Sonderzüge oder Urlaubs- und Krankenvertretungen kurzfristig disponiert werden. Die Gruppe Dienstplangestaltung hat nun die Aufgabe, die Dienstpläne für das Planpersonal zu erstellen. Hier gilt es, die dem Bw Mü 1 übertragenen Leistungen so aneinander zu reihen, daß die daraus entstehenden Dienstpläne eine regelmäßige Arbeitszeit von zur Zeit 38,5 Stunden pro Woche ergeben, der Dienstdauervorschrift entsprechen und die erforderliche Zustimmung der Personalvertretung finden. Neben dieser zweimal pro Jahr anfallenden Arbeit zum Fahrplanwechsel fallen in der übrigen Zeit weitere Planungsarbeiten an. Jeder „Wochenfeiertag“ verursacht zum Beispiel die Erstellung von „Feiertagsplänen“, die nur in Abstimmung mit den Nachbar-Bahnbetriebswerken vorgenommen werden können.

8.3.2 *Bw München 2 (Betriebswagenwerk München Hauptbahnhof in Pasing West)*

Geschichtlicher Rückblick

Am 5. Mai 1941 war es so weit, daß das Bahnbetriebswagenwerk (Bww) München Hbf vom Gelände der einstigen Centralwerkstätte, auf dem es seit der Verlegung des RAW München nach Freimann untergebracht war, nach Pasing (West) umziehen konnte. Ausgelöst wurde dieser Umzug durch den damals anstehenden Neubau des Hauptbahnhofs (siehe Kap. 1.2.2), der das bisherige Gelände beanspruchte. Als am 19. Mai 1941 der Betrieb in Pasing (West) aufgenommen wurde, war das neue, dicht südlich der Bahnlinie nach Augsburg und etwa in der Mitte zwischen den Bahnhöfen Pasing und Lochhausen errichtete Betriebswerk erst zu zwei Dritteln fertig. Es dauerte dann noch über ein ganzes Jahr, bis es im wesentlichen fertiggestellt war und noch ein weiteres Jahr, bis die baulichen Anlagen abgenommen werden konnten. In dieser Aufbauphase kam noch erschwerend hinzu, daß es zunächst mit öffentlichen Verkehrsmitteln nur schwer erreichbar war, denn den heutigen Haltepunkt Langwied gab es damals nicht.

Kernstück des Bw München 2 ist nach wie vor seine bis heute so gut wie unveränderte Wagenhalle, deren Ziegelaußenwände immer noch ihren damaligen Tarnanstrich gut erkennen lassen. Ihre Maße sind beeindruckend: 345 Meter lang und im Mittelteil 80 Meter breit. In sie führen neun Gleise mit je 330 Meter Nutzlänge hinein, während ein zehntes Gleis mit 160 Meter Nutzlänge in den wegen eines Werkstattgebäudes breiteren Mittelteil führt. Auf der östlichen, also der dem Betriebsbahnhof Pasing (West) zugewandten Seite, sind die Hallengleise über eine Gleisharfe zu zwei Verbindungsgleisen zusammengefaßt und an den Betriebsbahnhof angebunden. Auf der gegenüberliegenden Hallenseite endeten ursprünglich acht Gleise kurz hinter der Halle stumpf; doch schon seit langem münden auch sie über eine Gleisharfe in zwei Ausziehgleise. Diese beiden Gleise sind zudem noch an ein südlich der Halle vorbeiführendes Zuführungsgleis sowie an zwei nördliche Zuführungsgleise angebunden, von denen eines durch eine Außenwaschanlage und Entsorgungsanlage für druckertüchtigte Reisezugwagen führt.

Während der ersten 25 Jahre ihres Bestehens wurden an der Wagenhalle keine nennenswerten Umbauten oder Erneuerungen vorgenommen. Dennoch soll nicht unerwähnt bleiben, daß im Jahr 1967 in Gleis 7 eine Unterflurdreheinrichtung eingebaut wurde. Sie löste eine bis dahin im AW München-Freimann in Eigenkonstruktion und Eigenbau erstellte Maschine ab, die dort viele Jahre im Einsatz war. Mit der Unterflurdreheinrichtung im Bw München 2 werden bei Bedarf die Radreifen aller im Bereich der BD München beheimateten Lokomotiven, Triebwagen und Reisezugwagen behandelt. Bevor es bei der Deutschen Bundesbahn Einrichtungen dieser Art gab, mußten die Radsätze zum Abdrehen von Flachstellen oder zur Profilberichtigung erst ausgebaut und dann wieder eingebaut werden — bei Loks eine sehr zeitintensive Angelegenheit.

Ende der siebziger Jahre wurden erste umfangreiche Erneuerungsarbeiten in beziehungsweise an der Halle unumgänglich. Zunächst wurde zwischen 1978 und 1981 der gesamte Hallenboden erneuert, 1987 bekam die Wagenhalle, die bis dahin an das nebenan befindliche Fernheizwerk angeschlossen war, eine eigene Heizungsanlage und zwischen 1987 und 1990 wurde schließlich noch die Dacheindeckung erneuert.

Radreifen von Lokomotiven oder Reisezugwagen, deren Profil Verschleißerscheinungen aufweisen, können im Betriebswerk München 2 auf einer sogenannten Radreifen-Unterflurdreheinrichtung nachbehandelt werden. Die jetzige Einrichtung löste im Jahr 1966 die hier abgebildete Maschine ab, die im Jahr 1958 von A. Rudolph, einem Mitarbeiter des Ausbesserungswerks Freimann, konstruiert wurde. Sie war seinerzeit, sieht man von einer behelfsmäßigen Einrichtung im Betriebswerk Freilassing ab, die erste leistungsfähige Unterflurdreheinrichtung der DB.

Aufgaben und Einsatzstellen des Bw München 2

Als Betriebswagenwerk für Reisezugwagen obliegen dem Bw München 2 vielerlei Aufgaben:

- Beheimatung von rund 1100 Reisezugwagen (IC-, Schnellzug-, Gesellschafts-, Nahverkehrs- und Speisewagen).
- Instandhaltung von Reisezugwagen. Hierbei fallen etwa 4400 Bedarfsausbesserungen und 950 Fristarbeiten pro Monat an.
- Innen- und Außenreinigung, seit 1989 auch Entsorgung von druckertüchtigten Reisezugwagen. Täglich werden etwa 1300 Wagen innen und etwa 450 Wagen außen gereinigt.
- Fertigstellung von Reisezuggarnituren einschließlich ihrer Beschilderung.
- Reinigung von S-Bahn-Triebzügen sowie
- Radsatzunterflurbehandlungen an sämtlichen Schienenfahrzeugen der BD München. Monatlich werden etwa 280 Triebfahrzeuge und etwa 50 Reisezugwagen behandelt.

770 Dienstkräfte erfüllen diese Aufgaben und folgende Einrichtungen beziehungsweise Einsatzstellen stehen zur Verfügung:

- Die schon beschriebene Werkhalle Pasing (West) mit allen notwendigen Einrichtungen zur Instandhaltung, Wartung, Innenreinigung und Zugfertigstellung,
- drei automatische Reisezugwagen-Außenreinigungsanlagen. Davon befindet sich eine nördlich der Werkhalle des Bw München 2, eine zweite in der Vorstellgruppe Süd (zwischen Hackerbrücke und Donnersberger Brücke) und die dritte in der Vorstellgruppe Nord westlich der Friedenheimer Brücke.

Faltplan II, Plan 8

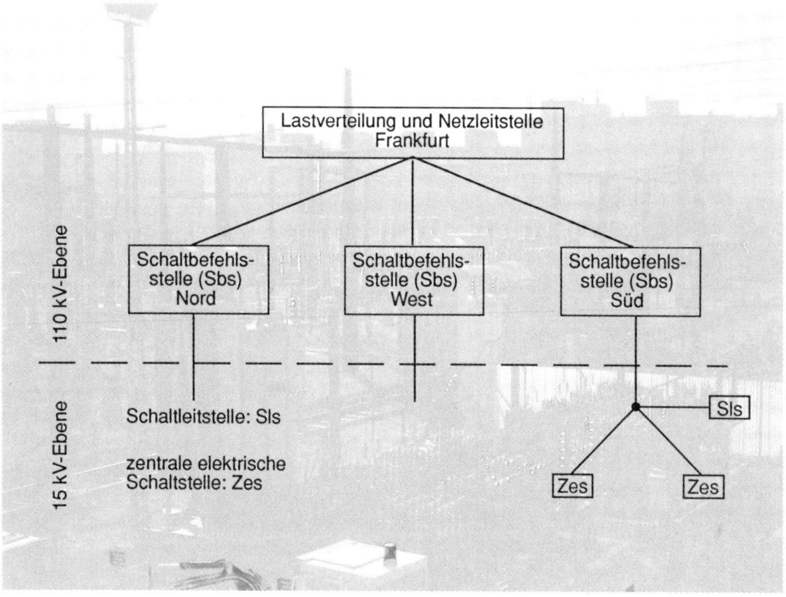

Organigramm der Netzleitbetriebsführung mit dem Unterwerk Pasing als Bildhintergrund.

▷ Insgesamt 38 Behandlungsgleise zur Wageninnenreinigung und Zugfertigstellung. Davon acht in der Abstellgruppe des Betriebsbahnhofes Pasing (West), zehn in der Vorstellgruppe Süd, 14 in der Vorstellgruppe Nord (östlich der Friedenheimer Brücke), zwei in der Abstellgruppe des Personenbahnhofs München Ost und schließlich noch vier in der Bw-Außenstelle in Garmisch-Partenkirchen.

Genau ausgeklügelte Gleis- und Hallenbelegungs- sowie Wartungspläne gewährleisten einen reibungslosen Betriebsablauf. Nur so kann dem Reisenden ein gutes Angebot hinsichtlich Komfort und Betriebssicherheit des Wagenmaterials sowie dessen pünktlicher Bereitstellung gemacht werden.

8.3.3 *Bahnbetriebswerke für die Bahnstromversorgung: Bw München 3 und 7*

Geschichtlicher Rückblick

Als Kernstück und Keimzelle des heutigen Bw München 3 ist das Unterwerk (UW) Pasing anzusehen, das in den Jahren 1923 bis 1925 unter der Leitung der damaligen Gruppenverwaltung Bayern der Deutschen Reichsbahn zwischen der Abzweigung der Bahnlinien nach Lindau und Herrsching erbaut wurde. Der Bau dieses UW ist gleichzeitig als Auftakt für die von Süddeutschland ausgegangene Hauptbahnelektrifizierung anzusehen. Zur Bereitstellung des für den elektrischen Zugbetrieb erforderlichen Bahnstroms bedurfte es weiterhin auch eigener Kraftwerke und Fernleitungen. So entstanden nahezu um die gleiche Zeit das Walchenseekraftwerk und die Kraftwerkskette an der Mittleren Isar. Bereits 1924 waren alle Kraftwerke über zwei 110-Kilovolt-Bahnstromleitungen mit dem UW in Pasing verbunden und noch im gleichen Jahre wurde eine 110-Kilovolt-Stichleitung nach Landshut fertiggestellt. Damit waren die Voraussetzungen geschaffen, um 1925 auf den Strecken München—Garmisch (Griesen/Mittenwald), München—Kochel, München—Herrsching und München—Landshut den elektrischen Zugbetrieb aufnehmen zu können.

Im Krieg wurde das UW Pasing durch Fliegerangriffe schwer beschädigt. Während das 110- und das 15-Kilovolt-Haus keine wesentlichen Schäden erlitten, traf die Schaltwarte des UW eine Bombe. Eine Gedenktafel erinnert daran, daß dabei 35 Personen ums Leben kamen. Im Zuge der Eröffnung des S-Bahn-Betriebs im Jahr 1972 wurde das UW umgebaut und den erhöhten Anforderungen angepaßt.

Pasing ist auch heute noch der wichtigste Stützpunkt für den elektrischen Zugbetrieb im süddeutschen Netz, da hier mehrere 110-Kilovolt-Bahnstromfernleitungen zusammenlaufen, die die von den Kraftwerken erzeugte Energie heranführen und nach mehreren Richtungen weiter verteilen.

Instandhaltung der Oberleitung

Mit Einführung des elektrischen Zugbetriebs mußten auch die hierfür notwendigen Oberleitungen instandgehalten werden. Zur Erfüllung dieser Aufgaben wurde beim Pasinger Unterwerk eine sogenannte Fahrleitungskolonne (Flk) eingerichtet, die bereits zur Reichsbahnzeit zu einer Fahrleitungsmeisterei (Flm) aufgewertet wurde. Im Zuge der schon erwähnten Umorganisation im Jahre 1973 wurde die Flm Pasing mit dem UW Pasing zusammengelegt, wobei fortan beide Einrichtungen bis zu einer weiteren, am 1. Januar 1982 in Kraft getretenen Organisationsänderung unter der Bezeichnung Flm Pasing geführt wurden. Seitdem bilden sie das Bw München 3. Bis zum Jahr 1973/74 gehörte auch noch die Flk München Ost — die Jahre der Reichsbahnzeit ausgenommen — als eine von mehreren Außenstellen zur Flm Pasing. Seit dieser Zeit ist auch sie zur Flm erhoben worden und bildet damit eine eigene Dienststelle, die seit der letzten Umorganisation (1982) als Bw München 7 bezeichnet wird.

Während die Pasinger Einrichtungen stets auf ihrem Gelände verblieben sind, war die Flk beziehungsweise Flm München Ost bis 1980 an der Friedenstraße gegenüber dem Ostbahnhof ansässig und ist nunmehr auf dem Gelände des Bw München 4 untergebracht. Da dieses Gelände teilweise zum Verkauf ansteht, erhält das Bw München 7 einen Neubau im Bereich des früheren Kohlenbansens.

Das Bw 3 als zentrale Schaltstelle für die 110-Kilovolt-Bahnstromversorgung in Süddeutschland

Etwa 86 Prozent der Zugförderleistungen der DB werden durch elektrische Triebfahrzeuge auf nur 40 Prozent der 28000 Kilometer langen Strecken erbracht. Die hierzu notwendige Kraftwerksleistung von rund 1900 Megawatt wird zu 59 Prozent von Wärmekraftwerken, zu 24 Prozent von Umformerwerken und zu 17 Prozent von Wasserkraftwerken bereitgestellt.

Der in den Kraftwerken erzeugte Bahnstrom von 16⅔ Hertz wird in eine 5470 Trassen-Kilometer langes Bahnstromnetz eingespeist und in insgesamt 109 Unterwerken von der 110-Kilovolt-Ebene auf die 15-Kilovolt-Ebene der Oberleitungen, die ein rund 11000 Kilometer langes Streckennetz bilden, herabtransformiert.

Die optimale Nutzung der in den Kraftwerken erzeugten Energie, ihre Verteilung im 110-Kilovolt-Bahnstromleitungsnetz mit möglichst wenig Verlusten sowie der Energieaustausch mit den Verbundpartnern in Österreich und der Schweiz wird von der Lastverteilungs- und Netzleitstelle in Frankfurt mit Unterstützung eines Prozeßrechners zentral überwacht und gesteuert. Ihr sind drei Schaltbefehlstellen (Sbs) mit Sitz in Lehrte bei Hannover, Gremberghoven bei Köln und München-Pasing unterstellt.

Der Pasinger Schaltbefehlstelle (Sbs) als Teil des Bw München 3 kommt hierbei für den gesamten süddeutschen Raum die Betriebsführung der ortsfesten Anlagen des elektrischen Zugbetriebs zu, das heißt die Regelung der Kraftwerksleistungen, der Umformer in den UW und die Zusammenschaltung der 110-Kilovolt-Leitungen. Darüber hinaus ist das Bw München 3 das einzige mit Aufgaben im Netzverbundbetrieb, da dieser nur mit Österreich und der Schweiz besteht.

Betriebsführung auf der 15-Kilovolt-Ebene

Dem Bw München 3 obliegt nicht nur die Betriebsführung auf der 110-Kilovolt-, sondern auch auf der 15-Kilovolt-Ebene. Dazu dient eine für den gesamten Bereich der BD München zuständige Schaltleitstelle (Sls), der — ebenfalls dem Bw zugehörig — Zentrale elektrische Schaltstellen (Zes) nachgeordnet sind.

Die Schnittstellen zwischen den Schaltbefehlsstellen des 110-Kilovolt-Bereiches und den Schaltleitstellen beziehungsweise den zentralen elektrischen Schaltstellen des 15-Kilovolt-Bereichs bilden die Unterwerke. In ihnen wird der Bahnstrom von 110 Kilovolt auf 15 Kilovolt herabtransformiert und über Speiseleitungen den Oberleitungen zugeführt. So sind dem Bw München 3 die UW Nannhofen, Geisenbrunn, Wolfratshausen, Holzkirchen und Röhrmoos sowie fünf Schaltposten zugeteilt.

Dem Bw 7 gehören die beiden Unterwerke München Ost und Pulling, drei Schaltposten sowie ein Stützpunkt mit UW in Landshut an. Demnächst werden noch zwei weitere Unterwerke hinzukommen, eines in Grafing (bereits im Bau) und ein weiteres in Markt Schwaben (in Planung). Die im Großraum München vorhandenen oder noch einzurichtenden UW sind für Taktverdichtungen des S-Bahn-Verkehrs notwendig.

Für die Instandhaltung oder die Überwachung von Neubauvorhaben von Oberleitungen sind im Großraum München die beiden Betriebswerke München 3 und 7 zuständig. Entsprechend der räumlichen Arbeitsaufteilung fiel die Überwachung der Elektrifizierungsarbeiten im neuen Rangierbahnhof, ebenso auch die Bereitstellung der erforderlichen Fahrzeuge und Materialien in die Zuständigkeit des Betriebswerks München 3.

Zum Zuständigkeitsbereich des Bw München 3 gehört auch das aus dem Jahre 1894 stammende Bahnstromkraftwerk „Kammerl“ an der Ammer, das älteste betriebsfähige Kraftwerk dieser Art in der Welt.

Instandhaltung von Bahnstromanlagen (16⅔ Hertz) und elektrische Energieversorgungsanlagen (50 Hertz)

Neben den überregionalen Aufgaben des Netzleitbetriebs auf der 110- und 15-Kilovolt-Ebene durch das Bw München 3 und dessen Vorhaltung einer Schwerlastgruppe für den Trafoversand im Sbs-Bereich sind die beiden Bw München 3 und 7 mit zahlreichen Instandhaltungsaufgaben befaßt. Hierbei ist das Bw München 3 für den nordwestlichen bis südlichen und das Bw München 7 für den nördlichen bis südöstlichen Großraum von München zuständig.

Als wesentliche Instandhaltungs-Aufgaben der beiden Bahnbetriebswerke sind für den 16⅔-Hertz-Bereich die Instandhaltung der 110-Kilovolt-Bahnstromleitungen, der Oberleitungsanlagen sowie der Schaltanlagen für die Bahnstromversorgung zu nennen. Im

Güterwagenausbesserung im Betriebswerk München 4. Mit Inbetriebnahme des Rangierbahnhofs München Nord wird die Reparatur der Schadgüterwagen dorthin verlagert werden. Dies trifft auch für den Werkteil West (in Laim) zu.

50-Hertz-Bereich sind es die elektrischen Energieversorgungsanlagen sowie die elektrischen Weichenheiz- und Zugvorheizanlagen.

Das Bw München 3 ist darüber hinaus noch mit folgenden Instandhaltungsaufgaben befaßt: Instandhaltung der 110- bzw. 15-Kilovolt-Schutzeinrichtungen und Netzleittechniken sowie die Instandhaltung von 50-Hertz-Schutzeinrichtungen im ganzen Direktionsbereich.

Das Bw München 7 ist ferner für die Instandhaltung der maschinentechnischen Anlagen (zum Beispiel Schiebebühnen, Heizungs-, Tank- und Druckluftanlagen, Rolltreppen oder Aufzüge) zuständig. Diese Aufgaben teilen sich das Bw 7 und das Bw 5 in räumlicher Hinsicht.

8.3.4 *Bahnbetriebswerk München 4 (Bw München Ost)*

Bauliche Anlagen und Außenstellen

Das Bw München Ost geht zurück auf eine „Lokomotivremise", die zusammen mit dem Bau der Station Haidhausen im Jahr 1880 auf er südöstlichen Gleisseite nahe der Rosenheimer Straße entstand. Mit Fertigstellung des neuen Rbf Müchen Ost im Jahr 1924 wurde diese mittlerweile als Bahnbetriebswerk bezeichnete Remise auf das heutige Bw-Gelände nahe des Rangierbahnhofs an der Berg-am-Laim-Straße verlegt.

Das Kernstück des neuen Bw war eine große Halle mit etwa 14700 Quadratmetern, in die auf der Westseite 18 Gleise einmündeten. Zur Bundesbahnzeit war der größere, westlich der Schiebebühne gelegene Hallenteil für die Unterstellung und Wartung der Elloks sowie zur Ausbesserung von Schadgüterwagen eingerichtet. Der kleinere, östliche Teil war den Dampfloks, Akku-Triebwagen und Dieselloks vorbehalten. In Anbetracht baulicher Mängel und wegen eines Hagelschadens im Jahre 1984 wurde der nördliche für die Ellokabstellung genutzte Hallenteil bereits ein Jahr darauf abgebrochen. Damit verblieb nur noch der Hallenteil für die Güterwagenausbesserung mit einer Fläche von etwa 10500 Quadratmetern und sieben Gleisen.

Die einzige Außenstelle des Bw München 4 ist der Werkteil West, in dem ebenfalls Schadgüterwagen repariert werden. Bei ihm handelt es sich um das ehemalige Bww München Laim, das zum 31. Dezember 1982 im Zuge der Umorganisation als selbständige Dienststelle aufgelöst wurde. Dem Bw München 4 war bereits zwischen 1952 und 1956, als es noch als Bw München Ost bezeichnet wurde, erstmals eine Außenstelle angegliedert worden. Es war das Bw München Thalkirchen (siehe Kap. 8.4), nach dessen Übernahme das Bw 4 mit 930 Mitarbeitern vorübergehend den höchsten Mitarbeiterstand erreichte. Vier Jahre später wurde diese Bw-Außenstelle aufgelöst.

Das Bw München Ost als Triebfahrzeug (Tfz)-Bw

Das Bw München Ost war im Großraum München neben dem Bw München Hbf das zweitgrößte Bahnbetriebswerk für Triebfahrzeuge. Als solches hatte es folgende Aufgaben zu erfüllen:

- Beheimatung und Instandhaltung von Tfz,
- Gestellung von Tfz für die Beförderung von Nahverkehrs- und Güterzügen, vorwiegend für die vom Ostbahnhof ausgehenden Strecken,

(links): Triebfahrzeugabstellung im Betriebswerk München 4. Die darunter stark vertretene Baureihe 194 erbrachte in ihren letzten Betriebsjahren vorzugsweise Leistungen in der Relation München—Ingolstadt (Heimat-Bw).

Tabelle 15 (Mitte): Betriebswerk Mü 4: Stationierungsübersicht Dampf- und Ellok.

(unten): Lokomotiven der Baureihe 70 gehörten von 1924 bis 1959 zum Bestand des Betriebswerks München 4. Die 1964 im Lokschuppen fotografierte 70 083 gehörte allerdings nicht zum eigenen Bestand.

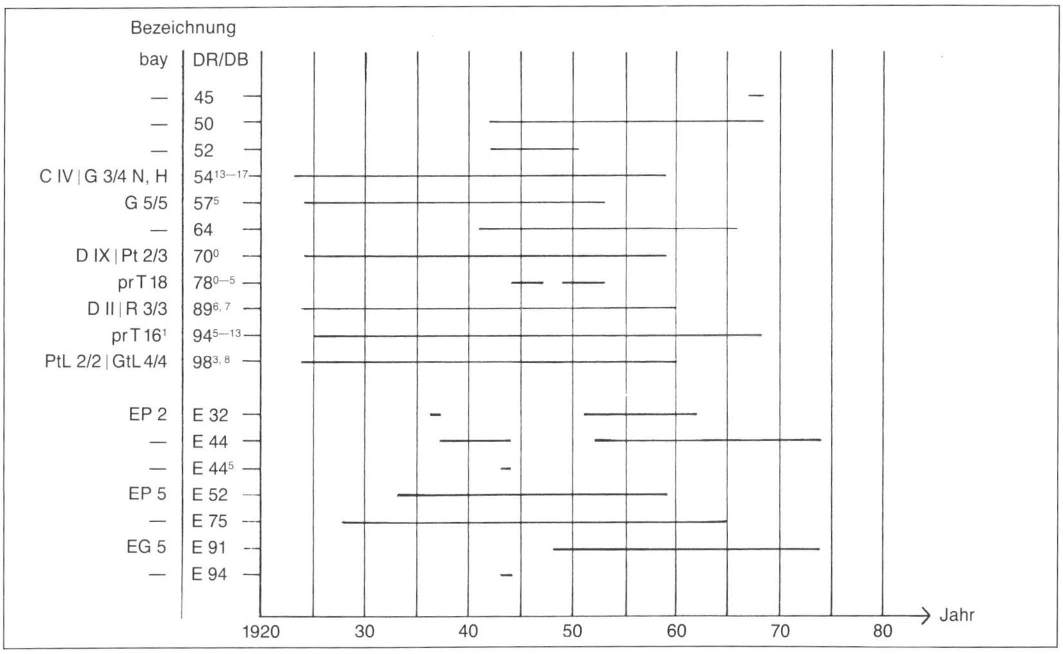

▷ Gestellung von Tfz für den Rangierdienst auf den Bahnhöfen München Ost Personenbahnhof, München Ost Rangierbahnhof, München Süd, München-Milbertshofen, München-Schwabing, München-Freimann, München-Johanniskirchen und Feldkirchen bei München,
▷ Einsatzstelle für Tfz-Führer für den Zugförderungs- und Rangierdienst.

Im Bw München Ost waren nach 1945 neben Dampf- und Elloks (siehe Tabelle 15) noch weitere Fahrzeuge beheimatet:

▷ Dieselloks: 211/212, 260 und 290
▷ Kleinloks: KS, Köf II und Köf III
▷ Elektrische Triebwagen: ET 26, ET 85, ET 90 und vorübergehend 420; ETA 150, ETA 177 und ETA 179

Das Heizkraftwerk, heute Betriebswerk 5, im Jahr 1937. Das niedrigere Gebäude mit den zwei Schornsteinen war als ehemaliges Elektrizitätswerk die erste Anlage des Betriebswerks. Bis zur Aufnahme des S-Bahn-Betriebs hieß der Haltepunkt an der Donnersberger Brücke noch „Hauptwerkstätte".

- ▷ Brennkrafttriebwagen: TVT 62
- ▷ sonstige Fahrzeuge: 57-Tonnen-Dampfkran, Schneeschleuder mit Dampfantrieb, Klima-Schneepflug, Heizkesselwagen und Hilfsgerätewagen.

Bedingt durch Strukturwandel, Rationalisierungs- und Zentralisierungsmaßnahmen ging seit Beginn der fünfziger Jahre die Zahl der beheimateten Tfz stetig zurück. Im Jahr 1949 waren es 122 Fahrzeuge, zehn Jahre später noch 98 und nach weiteren zehn Jahren nur noch 65 Loks beziehungsweise Triebwagen. Mit Inbetriebnahme des S-Bahn-Verkehrs im Jahre 1972 verlor das Bahnbetriebswerk seine Aufgaben für die Zugförderung im Nahverkehr. Diese Aufgaben gingen auf das seinerzeit neu errichtete Bw Steinhausen (Bw München 6) über. Die übrigen Zugförderungsaufgaben verblieben noch, bis alle restlichen Loks im Jahr 1977 abgezogen waren. Die Verringerung des Lokbestandes machte sich schon seit 1969 bemerkbar, indem nach und nach immer weitere Baureihen an andere Betriebswerke umbeheimatet oder außer Dienst gestellt wurden. Im einzelnen endeten die Lokstationierungen wie folgt:

- ▷ zum 1. Juni 1969: Dampfloks, zuletzt Baureihen 045 und 050,
- ▷ zum 1. Juni 1974: elektrische Streckenlokomotiven, zuletzt Baureihen 144 und 194,
- ▷ zum 1. Juni 1975: elektrische Triebwagen, zuletzt nur Baureihe 485, und Ellok der Baureihe 191,
- ▷ zum 15. Februar 1977: Dieselloks für den Strecken- und Rangierdienst, zuletzt Baureihen 211/212, 260, 290, Köf II und Köf III.

Obwohl somit seit 1977 beim Bw München Ost keine Loks mehr beheimatet waren, behielt es doch seine Funktion als Einsatzstelle für Tfz-Führer bei. Soweit die bis zuletzt noch bestehenden Hallen nicht vom Bw München 4 benötigt wurden, dienten sie dem Bw München 7 sowie zwei Eisenbahnclubs.

Güterwagenausbesserung und Instandhaltung von Sonderfahrzeugen

Neben den vorerwähnten Aufgaben hat das Bw München 4 derzeit nur noch zwei weitere Funktionen zu erfüllen:

- ▷ Behebung von Schäden an Güterwagen, die in den Rangierbahnhöfen im Großraum München und im Raum Rosenheim anfallen.
- ▷ Instandhaltung der im Ostbahnhof beheimateten Bahndienstwagen, Gleiskraftfahrzeuge und Kfz-Transportwagen für „Auto im Reisezug". Die Reisezugwagen, deren Instandhaltung ursprünglich ebenfalls dem Bw oblag, wurden im Rahmen einer Organisationsänderung ab 31. Mai 1985 dem Bw München 2 in Pasing zugewiesen.

Mit der Fertigstellung der ersten Ausbaustufe des Rbf München Nord wird das Bw München 4 dorthin verlagert. Der Umzug des Werkteils West erfolgt ebenfalls zu diesem Zeitpunkt; der Werkteil Ost wird mit Beginn des Sommerfahrplans 1992 nachfolgen. Auf dem alten Gelände an der Baumkirchenerstraße wird dann nur noch das Bw München 7 verbleiben.

8.3.5 *Bahnbetriebswerk München 5 (Kraftwerk München Hbf)*

Zur Versorgung der Bogenlampen im Münchner Centralbahnhof mit elektrischer Energie errichtete die Bayerische Staatsbahn östlich der Donnersbergerstraße, zwischen der Centralwerkstätte und der Abzweigung der damaligen Strecke nach Landshut, im Jahr 1897 ein Elektrizitätswerk. Unter Erweiterung der Kesselanlage wurde ihm 1907 das heutige Fernheizwerk angegliedert. Es war das erste in München und diente nicht nur der Wärmeversorgung von Gebäuden, vor allem des Hauptbahnhofs, des Verkehrsministeriums und des

Betriebswerk München 6 in Steinhausen. Wenige Jahre nach Aufnahme des S-Bahn-Betriebs wurde die Halle mit vier je 210 Meter langen Gleisen auf das Doppelte erweitert.

Hauptzollamtes, sondern auch der Zugvorheizung. Aus dieser Zeit sind noch heute mehrere Bauten vorhanden: das Kessel- und Maschinenhaus, das Verwaltungsgebäude und der 68 Meter hohe Kamin.

Im Verlauf der Jahrzehnte mußten die Anlagen zum Teil immer wieder erneuert werden (1934/36, 1956 und 1968). Bei den letzten Umbaumaßnahmen erfolgte die Umstellung von Kohle- auf Gasheizung. Heute dient das Fernheizwerk, das bis zum Jahr 1982 den offiziellen Namen „Kraftwerk" trug und seitdem als Bw München 5 bezeichnet wird, immer noch der Zugvorheizung sowie der Wärmeversorgung des Hauptbahnhofs und des Hauptzollamtes. Darüber hinaus werden auch noch eine Reihe weiterer Gebäude mit Wärme vesorgt. Es sind dies die BD München, das Bw 1, das Bundesbahnzentralamt, die Güterabfertigung, die Spedition Schenker sowie die beiden Postdienststellen Oberpostdirektion und Postamt München 3.

Bis zum Jahr 1988 war dem Bw München 5 organisatorisch auch noch die Kesselanlage in Pasing (West) angegliedert. Das dortige, zusammen mit dem Bw Pasing (West) um 1940 errichtete Kesselhaus konnte erst 1957/58 in Betrieb genommen werden, da damals im Krieg der Innenausbau eingestellt werden mußte. Die ganze Zeit über behalf man sich mit mehreren stationär aufgestellten Dampflokkesseln. Daran angeschlossen waren neben dem Bw Pasing (West) noch die Fernmeldewerkstätte und die Bundesbahnschule in Aubing. Nachdem diese drei Dienststellen bis 1988 mit eigenen Heizungsanlagen ausgerüstet worden waren, konnte das Heizwerk Pasing stillgelegt werden.

Neben der Wärmeversorgung obliegt dem Bw München 5 auch die Instandhaltung von maschinentechnischen Anlagen (zum Beispiel Verkehrsgeräte, Elektrofahrzeuge, Rolltreppen und dergleichen). Diesen Aufgabenbereich teilt es sich mit dem Bw München 7. Entsprechend der Lage der beiden Dienststellen im Stadtgebiet von München ist das Bw 5 für das westliche und das Bw München 4 für das östliche Stadtgebiet zuständig.

8.3.6 *Bahnbetriebswerk München 6 (Bw München-Steinhausen)*

Nachdem zur Unterhaltung, Reinigung und zum Abstellen der für den S-Bahn-Betrieb neu in Dienst gestellten Triebzugeinheiten (Baureihe 420/421) bei den in München vorhandenen zugförderungstechnischen Dienststellen keine Möglichkeit bestand, mußte man sich für den Bau einer vollkommen neuen Anlage entscheiden. Die Standortwahl fiel schließlich auf eine Fläche, die sich in Steinhausen zwischen dem Rbf München Ost und dem nördlich davon gelegenen Industriegebiet an der Zamilastraße befindet. Solange dieses neue Betriebswerk noch nicht fertiggestellt war, mußten für die bis dahin angelieferten Triebzüge andere Betriebswerke (Bw München 1, 2 und 4) als vorübergehende Einsatz-, Reinigungs- und Unterhaltungsdienststellen dienen.

Das neue Bw, bis Ende 1981 als Bw München-Steinhausen bezeichnet, ist am 1. Februar 1972 in Betrieb genommen worden. Mit Aufnahme des S-Bahn-Betriebs am 28. Mai 1972 sind dem Bw bei einem Personalstand von 699 Mitarbeitern 120 Triebzugeinheiten zugeteilt worden.

An baulichen Anlagen verfügte es in dieser Ausbaustufe über eine Werkhalle mit vier je 210 Meter langen Gleisen, teilweise ausgerüstet mit Untersuchungsgruben und Dachuntersuchungsbühnen, außerdem mit einer Drehgestellsenke. Nördlich an die Halle war bereits ein zweistöckiges Verwaltungs- und Bürogebäude mit aufgesetztem Stellwerk angebaut. Darüber hinaus standen zum Abstel-

(rechs): Die Hauptwerkstätte der Localbahn AG (später Betriebswerk Thalkirchen).

(unten): Elektrischer Triebwagen der Localbahn AG, eingesetzt auf der Isartalbahn zwischen Isartalbahnhof und Höllriegelskreuth-Grünwald. Gattung C4L (Nr. 501-505, später ET 183 01-05).

len und Reinigen der Triebzüge jeweils sechs Gleise zur Verfügung.

Bereits in den Jahren 1975 bis 1978 wurde das Bw erweitert und dabei auf einen Endbestand von etwa 240 Fahrzeugen ausgelegt. Als wesentliche Erweiterungsmaßnahmen sind zu nennen:

▷ Vergrößerung der Tfz-Halle von vier auf acht Gleise,
▷ Erweiterung der Hallenanbauten,
▷ Errichtung eines Mehrzweckgebäudes als Ersatz für ein bisher gemeinsam mit der Bahnmeisterei München Ost genutztes Gebäude und
▷ Erweiterung der Abstellanlage auf zehn Gleise.

Nicht erweitert wurde hingegen die Innenreinigungsanlage für Triebzüge. Im Jahr 1990 betrug der Fahrzeugbestand bereits 189 Einheiten und der Personalkörper umfaßte im Oktober 1990 zusammen mit der Außenstelle Rosenheim 824 Mitarbeiter, überwiegend Triebfahrzeugführer.

8.3.7 *Bahnbetriebswerk München 8 (Kraftwagenbetriebswerk)*

Im Zuge der Auslagerung von Eisenbahndienststellen aus dem Gelände der ehemaligen Centralwerkstätte beziehungsweise des späteren RAW München ab Ende der dreißiger Jahre, bekam das Betriebswerk, das schon damals für die Unterhaltung von Straßenfahrzeugen zuständig war, einen Neubau bei der sogenannten Ortsgutanlage München Nord an der Riesenfeldstraße. Auch das Betriebshauptstofflager verlegte man dorthin. Diese Maßnahmen sind im Zusammenhang mit dem damals geplanten und begonnenen Bau des Rangierbahnhofs München Nord zu sehen. Als 1972 dieses Gelände für die olympischen Sportstätten benötigt wurde, war wiederum ein Umzug fällig. Als Ersatz bekam das Kraftwagenbetriebswerk, heute Bw München 8, zum 1. Oktober 1970 die jetzige neue Anlage auf einem als Industriegelände ausgewiesenen vier Hektar großen, zwischen dem Rangierbahnhof Laim und dem Hirschgarten gelegenen Gelände.

Der Planung der Neuanlage wurde ein Fahrzeugbestand von 100 Omnibussen und 500 sonstigen Kraftfahrzeugen aller Art zugrunde gelegt.

Das Bw München 8 ist zur Zeit Heimatdienststelle für 1365 Kraftfahrzeuge und hat 250 Mitarbeiter, davon sind 190 Kraftfahrer auf Omnibussen, Transportern, Personen- und Lastkraftwagen. Instandzuhalten sind für den innerdienstlichen Betrieb Kraftfahrzeuge aller Art, für den öffentlichen Güterfern- und -nah-

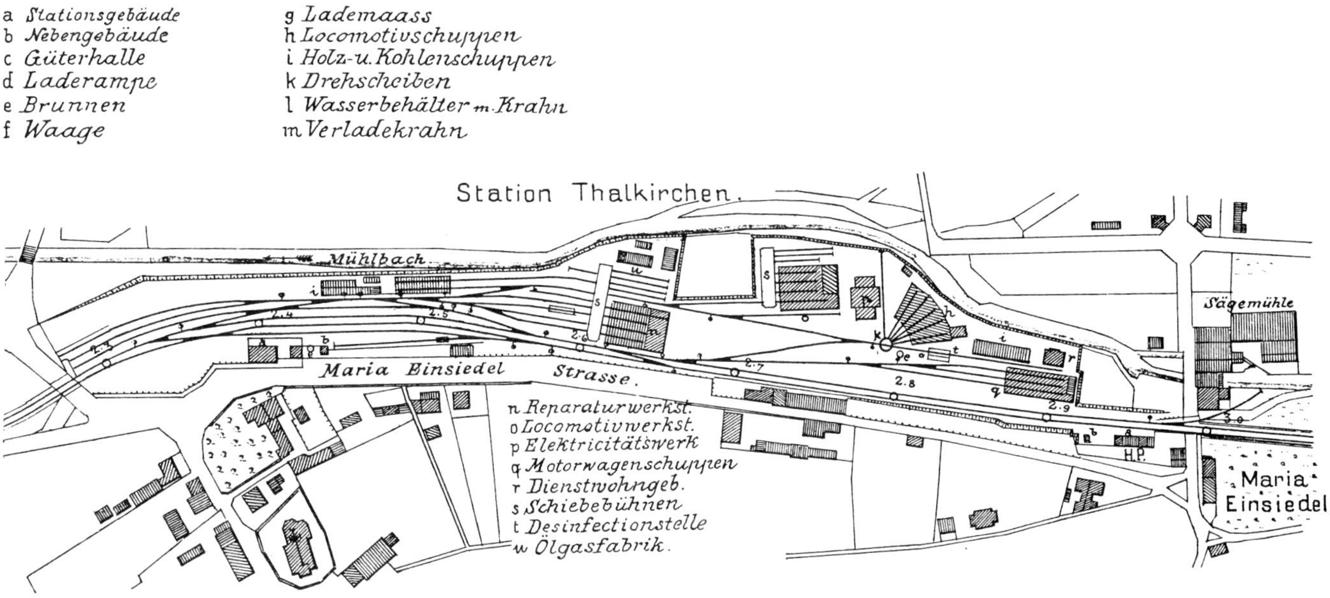

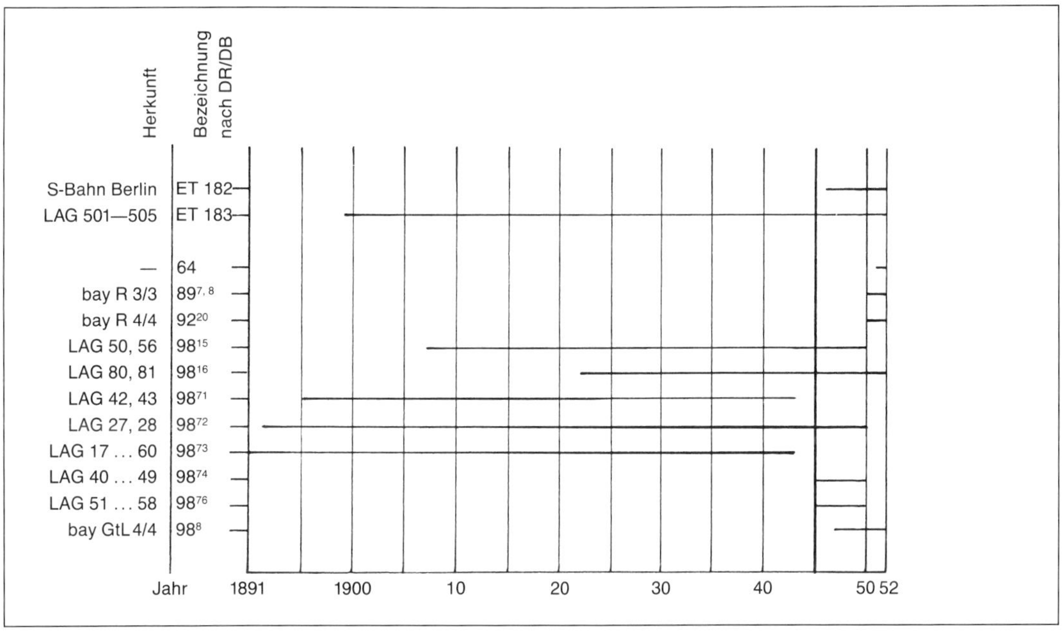

Plan 20 (oben): Bahnhof Thalkirchen mit Bw.

Tabelle 16 (unten): Betriebswerk Mü-Thalkirchen: Stationierungsübersicht

verkehr Lastkraftwagen und Containerzugmaschinen.

Für die Durchführung der Arbeiten ist eine eigene Werkstätte vorhanden. Für die übrigen Fahrzeuge, die über den gesamten BD-Bezirk von Lindau bis Freilassing und von Garmisch bis Nördlingen im Einsatz sind, werden Betriebsstellen in Augsburg, Ingolstadt und Kempten sowie private Firmen beauftragt. Hinzu kommt noch die Instandhaltung von 82 Omnibussen für den „Regionalverkehr Oberbayern".

8.4 Aufgelassene Bahnbetriebswerke in München

Bahnbetriebswerk Thalkirchen

Mit der Eröffnung des ersten Abschnitts der Isartalbahn wurde im Jahr 1891 in Thalkirchen eine Betriebswerkstätte eingerichtet. Neben dieser Betriebswerkstätte wurde von der Lokalbahn AG (LAG) in Thalkirchen die in verschiedene Abteilungen gegliederte Hauptwerkstätte aufgebaut, die die Fahrzeuge aller der LAG gehörenden 16 Strecken zu betreuen hatte. Hier wurden die größeren Instandsetzungsarbeiten an Lokomotiven und Wagen der LAG durchgeführt (siehe Plan 20).

Am 1. Januar 1938 wurde die LAG verstaatlicht und ging mit ihren Strecken und Fahrzeugen in der Deutschen Reichsbahn auf. Das Bahnbetriebswerk blieb bestehen und beheimatete die auf der Isartalbahn eingesetzten 15 Dampfloks und fünf Elektrotriebwagen (siehe Tabelle 16).

Seit 1950 fuhren die Züge nach Wolfratshausen nicht mehr im Isartalbahnhof, sondern im Hauptbahnhof ab. So verlor das Bw Thalkirchen weitgehend seine Aufgaben, wurde am 1. Januar 1952 als selbständige Dienststelle aufgelöst und noch bis Ende Mai 1956 dem

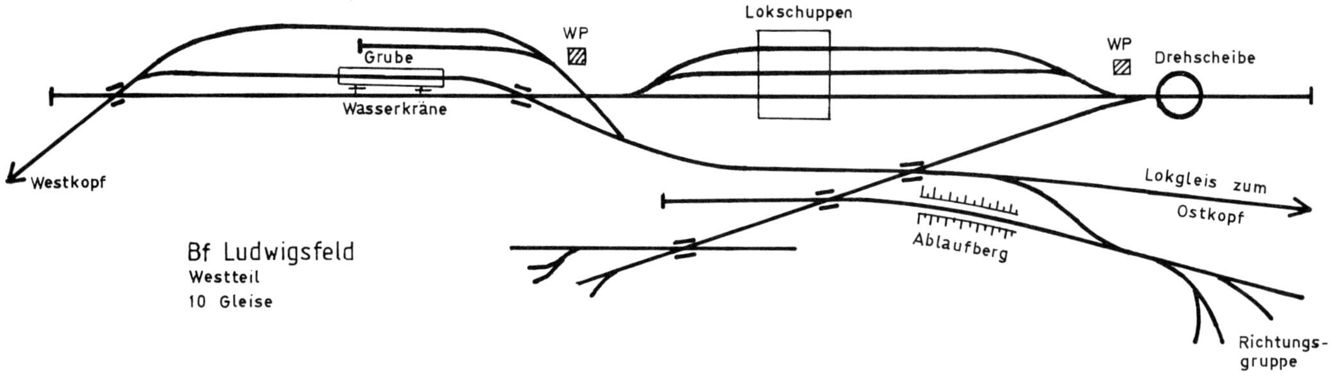

Plan 21: Ehemaliges Betriebswerk München-Ludwigsfeld um 1950.

Bw München Ost als Außenstelle angegliedert (siehe Kapitel 8.3.4).

Die Anlagen der ehemaligen Hauptwerkstätte sind inzwischen teilweise abgetragen, aber die Bw-Gebäude bestehen noch in ihrer ursprünglichen Form und werden heute privat genutzt.

Bahnbetriebswerk München-Ludwigsfeld

Als man in den Jahren 1940—1943 für Baustofftransporte, die sowohl für den neuen Rangierbahnhof München Nord als auch für die Großbauten des Nationalsozialismus erforderlich waren, den Baugüterbahnhof München-Ludwigsfeld errichtete, gliederte man ihm auch eine Lokbehandlungsanlage an. Der Bau des neuen Rangierbahnhofs wurde aber schon in den ersten Kriegsjahren eingestellt. Nach dem Krieg waren die Rangierbahnhöfe in Laim und München-Ost teilweise zerstört. Das gleiche Schicksal ereilte auch die Bw München Hbf und München Ost. Daher mußte der Bahnhof München-Ludwigsfeld mit seinen recht umfangreichen Gleis- und Rangieranlagen Zugbildungen für die beiden Münchner Rangierbahnhöfe übernehmen (siehe Plan 21).

Als Folge davon wurde die Lokbehandlungsanlage in Ludwigsfeld am 1. Oktober 1946 zum Bahnbetriebswerk aufgewertet und übernahm vom Bw München Hbf und München Ost Lokomotiven der Baureihe 54^{15} (bay. G 3/4 N), die damals mit neun bis 15 Stück die zahlenmäßig am stärksten vertretene Baureihe war.

Des weiteren waren in München-Ludwigsfeld beheimatet:

- ▷ E 91 15 (vom 19. November 1948 bis 22. April 1949),
- ▷ E 60 13 (vom 21. November 1945 bis 18. Dezember 1948),
- ▷ BR 42, BR 52, preuß. G 10, BR 89^6, BR 89^7 und BR 98^{15}.

Haupteinsatzgebiet der Ludwigsfelder Lok war der Rangier- und Übergabedienst auf dem Nordring; in Ludwigsfeld-Ablaufberg, Schwabing, Milbertshofen, Karlsfeld, Moosach, Gaswerk, Dachau, Allach und Freimann war je eine Lok im Einsatz.

Außerdem wurden Personenzüge zwischen Dachau und Altomünster sowie Abstellzüge zwischen München Hbf und Pasing bespannt.

Die Auflösung des Bw erfolgte am 28. Juni 1953. Die teilweise noch brachliegende Bw-Anlage wurde 1988 zusammen mit dem bis dahin als Abstellbahnhof genutzten Teil des Bf München-Ludwigsfeld abgebrochen, da das Gelände für den Bau des Rangierbahnhofs München Nord benötigt wurde.

8.5 Baudienststellen

8.5.1 *Bundesbahn-Fernmeldewerkstätte München-Aubing (Fw)*

Geschichtlicher Rückblick

Im Jahr 1990 konnte die Fw München-Aubing, die einzige Werkstätte dieser Art im alten Bundesgebiet, auf ihr fünfzigjähriges Bestehen zurückblicken. Ihren Sitz in Aubing verdankt sie dem während der Kriegszeit geplanten Neubau des Münchner Hauptbahnhofs, für den ihre Vorgängerin, die Telegraphen- und Signalwerkstätte ihre Gebäude auf dem Gelände der ehemaligen Central- beziehungsweise Hauptwerkstätte im Jahr 1940 freimachen sollte. Ihre jetzigen, damals als Ersatz bereits fertiggestellten Gebäude, mußten jedoch kurzfristig an die Firma Dornier (Flugzeugbau) abgegeben werden, weshalb die Werkstätte auf ihrem angestammten Gelände verbleiben konnte.

Das Jahr 1940 war dennoch ein entscheidendes Jahr, da auf Betreiben des Reichsverkehrsministeriums alle Telegraphenwerkstätten zu zwei „Zentralen-Telegraphenwerkstätten (ZTW)" mit Sitz in Berlin und München zusammengefaßt wurden. Dieses Jahr kann somit als Gründungsjahr der heutigen Fernmeldewerkstätte angesehen werden.

In Berlin wurden Nieder- und Trägerfrequenzanlagen, Wechselstromtelegrafiereinrichtungen, Fernschreib- und Funkanlagen instandgesetzt. In München wurde die Instandsetzung von Fernsprechern aller Art, Vermittlungen, Uhrenanlagen, Meßgeräten, Bahnsteigläutwerken, Morseeinrichtungen, Bahnselbstanschlußanlagen und Stromversorgungen betrieben.

Ein Bombenangriff zerstörte 1944 die Werkstätten der ZTW München total. Daraufhin wurde die Instandsetzung behelfsmäßig in Puchheim, Garmisch-Partenkirchen und Berchtesgaden teils in Baracken, teils in Eisenbahnwagen durchgeführt. Sofort nach Kriegsende, im Mai 1945, begann der Wiederaufbau der am wenigsten beschädigten Halle. Die Gebäude in Aubing waren nämlich zu dieser Zeit noch von den amerikanischen Besatzungstruppen beschlagnahmt. Da auch an ihnen erheblicher Schaden durch Bomben zu verzeichnen war, war es vermutlich diesem Umstand zu verdanken, daß bereits im Frühjahr 1947 eine Rückgabe an die Bahn erfolgte. Sofort begann daraufhin der Umzug der ZTW von der Hauptwerkstätte nach Aubing. Bedingt durch die Teilung Deutschlands und seine Unterteilung in Besatzungszonen wurde die ZTW-Berlin nach Minden verlegt und später als Eisenbahn-Fernmeldewerkstätte (EFW) Nord bezeichnet. Gleichzeitig wurde die ZTW München zur EFW-Süd, wobei die Instandsetzung der Funkanlagen nach Karlsruhe verlagert wurde.

Im Jahre 1949 konnte die Eingliederung der EFW-Nord in die EFW-Süd vollzogen werden, dabei übersiedelten etwa 50 Mitarbeiter nach München. Mit der Eingliederung der Richtfunkwerkstätte Karlsruhe, kamen noch etwa weitere 20 Mitarbeiter nach München. Damit war im Jahr 1952 die bereits zur Reichsbahnzeit angestrebte Zentralisierung der Fernmeldeinstandsetzung abgeschlossen.

In diese Zentralisierungsphase fällt auch der Bau einer Schule zur Weiterbildung und Ausbildung der Mitarbeiter, da die sich sehr schnell weiterentwickelnde und enorm ausweitende Fernmeldetechnik immer mehr qualifizierte Facharbeiter und Spezialisten verlangte, die von Industrie und Handwerk nicht zu bekommen waren. Im Jahr 1968 kam noch eine neue, größere Lehrwerkstätte mit modernen Einrichtungen hinzu, um den Anforderungen an eine zeitgemäße Ausbildung voll Rechnung tragen zu können.

Aufgaben der Fw heute:

Im Zuge der Umbenennung der Dienststellen bekam die EFW 1955 die heute noch gültige Bezeichnung Bundesbahn-Fernmeldewerkstätte München-Aubing (Fw). Ihre derzeit rund 480 Mitarbeiter, davon etwa zehn Prozent Frauen, haben sehr vielfältige Aufgaben zu erfüllen:

- ▷ Zentrale Materialversorgung mit Stoffen und Geräten,
- ▷ Zentrale Instandsetzung von Baugruppen, Geräten und Anlagen,
- ▷ Fertigung von Baugruppen und Geräten, sofern sie nicht als Industrieerzeugnisse erhältich sind,
- ▷ Baumuster-, Typen- und Zulassungsprüfungen,
- ▷ Abnahme, Gewährleistungs- und Revisionsmessungen und
- ▷ Ausbildung zum Energieanlagen- und Kommunikationselektroniker (etwa 250 Auszubildende).

Entsprechend der stürmischen Entwicklung der Elektronik, hat sich der ursprüngliche Zuständigkeitsbereich der Dienststelle von der klassischen Fernmeldetechnik über die Nachrichtentechnik bis hin zur Telekommunikationstechnik einschließlich der Mikroprozessortechnik entwickelt. Als einzige zentrale Dienststelle dieser Art im DB-Bereich, leistet die Fw somit einen wichtigen Beitrag für die „Technischen Dienste" bei der DB.

8.5.2 *Boden- und Baustoffprüfstelle*

Wohl jeder Münchner Eisenbahner wird die Versuchsanstalt als bundesbahneigene Prüf- und Untersuchungsstelle kennen (siehe Kapitel 10.3). Doch kaum einer wird wissen, daß es daneben für Boden- und Baustoffprüfungen noch eine spezielle Dienststelle gibt, nämlich die Boden- und Baustoffprüfstelle in Pasing. Wie in der Bezeichnung bereits zum Ausdruck kommt, gliedern sich die Aufgaben dieser Dienststelle in zwei Fachbereiche. Der ältere Fachbereich, die Baustoffprüfung, geht auf das Jahr 1928 zurück. Als damals das AW München nach Freimann verlegt wurde, standen auf dem alten AW-Gelände entsprechende Räumlichkeiten für die neu gegründete Baustoffprüfstelle zur Verfügung. Da sie für Prüfungen von Baustoffen des Massivbaus, wie sie vor allem Neubauten erfordern, zuständig war, wurde sie sowohl personalmäßig als auch fachtechnisch bis 1946 dem Neubauamt unterstellt. Ihre seinerzeitigen Aktivitäten beschränken sich nicht nur auf Eisenbahnbauten (zum Beispiel Festigkeitsprüfungen der Betondächer des Ostbahnhofs), sondern dehnen sich auch auf den Autobahnbau aus. Bevor die Baustoffprüfungsstelle ihre heutigen Räumlichkeiten beim alten Pasinger Bahnhof beziehen konnte, war sie zwischen 1946 und 1964 auf dem ehemaligen Kasernengelände an der Arnulfstraße untergebracht.

Der andere Fachbereich „Boden" geht auf die Bautechnische Versuchsstelle der Versuchsanstalt zurück. Nach deren Auflösung 1956 wurde, ebenfalls auf dem alten AW-Gelände an der Richelstraße, eine Erdbaugruppe ins Leben gerufen und in die Baustoffprüfstelle eingegliedert. Seitdem trägt die Dienststelle ihren heutigen Namen. Der „Boden" verblieb noch bis zum Jahr 1968 auf dem alten Gelände. Bis zum Umzug nach Pasing im Jahr 1981

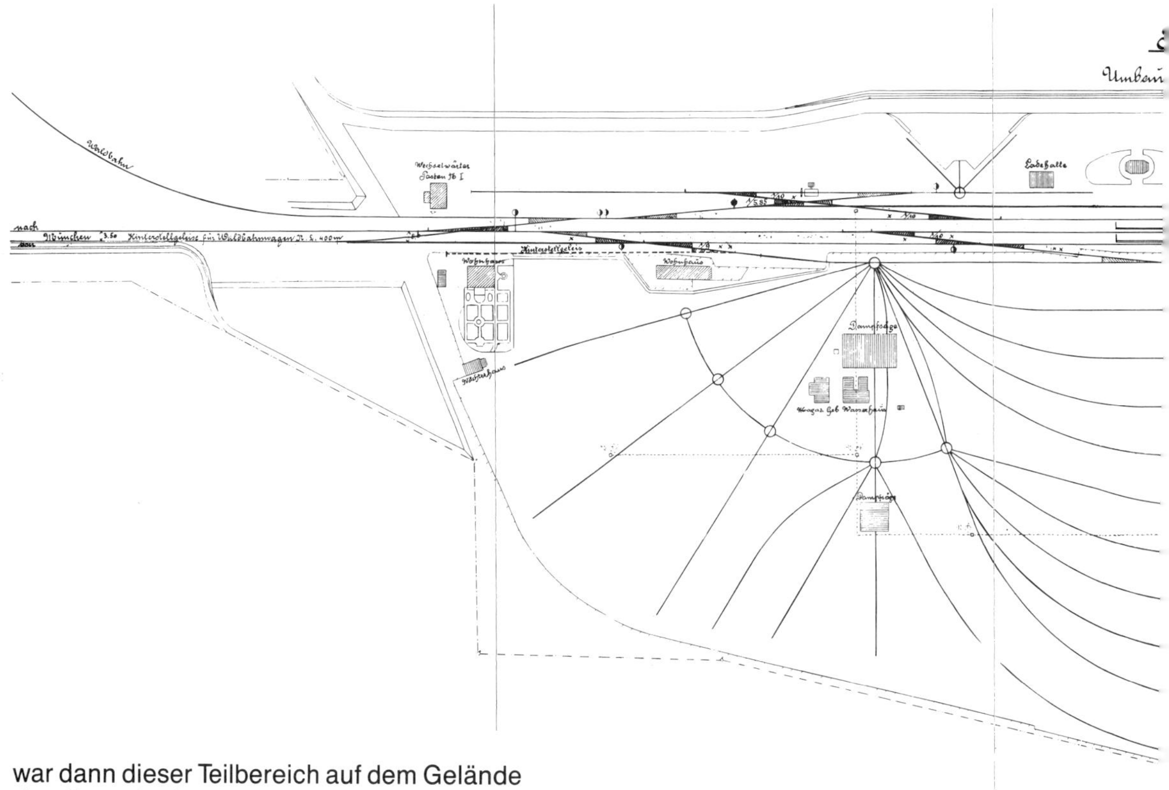

war dann dieser Teilbereich auf dem Gelände der Brennkrafttechnik der Versuchsanstalt untergebracht.

Dieser Fachbereich ist in erster Linie für bodenmechanische Fragen zuständig. Da derartige Fragen insbesondere bei Brückenneubauten anstehen, war die Prüfstelle auf diesem Sektor in neuerer Zeit unter anderem auch mit der Gründung der Brücken auf den neuen Schnellfahrstrecken befaßt.

Im Bereich „Massivbau“ ist die Boden- und Baustoffprüfstelle zum einen eine Gutachter- und Prüfstelle zur Einhaltung der Qualitätskriterien von Beton, Abdichtungsstoffen oder Kunststoffmörteln. Zum anderen sind auf diesem Sektor auch Entwicklungsarbeiten zu leisten. Hierbei nimmt die Weiterentwicklung von Verfahren zur Betonsanierung einen breiten Raum ein.

Die beim alten Pasinger Bahnhof untergebrachte Dienststelle gehört personalmäßig seit 1981 zum Brückenbauhof, fachtechnisch seit 1946 zum Brückenbüro beziehungsweise zu der heutigen Hauptabteilung „Projekte Bautechnik“ der BD München.

8.5.3 *Brückenbauhof München*

Der Brückenbauhof (Brb) München ist einer von zehn der Deutschen Bundesbahn. Zum Unterhaltungsbezirk des Brb München zählen etwa 3300 Brücken und sonstige Ingenieurbauten, wie S-Bahn-Tunnel, Hallen und Dächer, mit einem Sachanlagenwert von etwa 1,6 Milliarden DM.

Die wichtigsten Aufgaben des Brb sind:

- ▷ Turnusmäßige Untersuchung der Brücken und sonstiger Bauwerke des konstruktiven Ingenieurbaus durch zwei Untersuchungstrupps,
- ▷ Mitwirkung bei der Abnahme neuer Brücken,
- ▷ Instandhaltung von stählernen und massiven Brücken,
- ▷ Soforteinsatz bei betriebsgefährdenden Schäden an Brücken,
- ▷ Herstellung von kleineren Stahl- und Massiv-Bauteilen in der eigenen Werkstatt,
- ▷ Ausführung von Korrosionsschutz- und Isolierarbeiten an Brücken,
- ▷ Ein- und Ausbau von Hilfsbrücken,
- ▷ Vorhaltung von Brückenbehelfen, Hilfsbrücken, zerlegbaren Brücken, Pfeilergeräten und Einzelträgern für Notstandsmaßnahmen.

Beim Brb sind 125 Mitarbeiter beschäftigt, davon 74 Baustellenarbeiter, die in zwölf Bautrupps, zwei Untersuchungstrupps und in einem Kernbohrtrupp eingesetzt sind.

8.5.4 *Ehemaliges Schwellenwerk Kirchseeon*

Am 13. Mai 1868 wurde der Bau der Bahnlinie von München nach Rosenheim über Grafing beschlossen. Die dafür benötigten Schwellen sollten in einer im „Holzland“ östlich von Eglharting — nahe dem Ebersberger Forst — zu errichtenden Schwellenfabrik hergestellt werden. Sie kam südlich der neuen Bahnstation von Kirchseeon, das damals in diesem Bereich noch keinerlei Bebauung aufwies, zu liegen. Für die Fabrik waren eine Dampfsäge, eine „Kyanisierhalle“ mit „Sublimathütte“, die zusammen die Imprägnieranlage ergaben, ein Verwaltungsgebäude mit Bureau und zwei Wohnungen, eine Schmiede, eine Wächter-

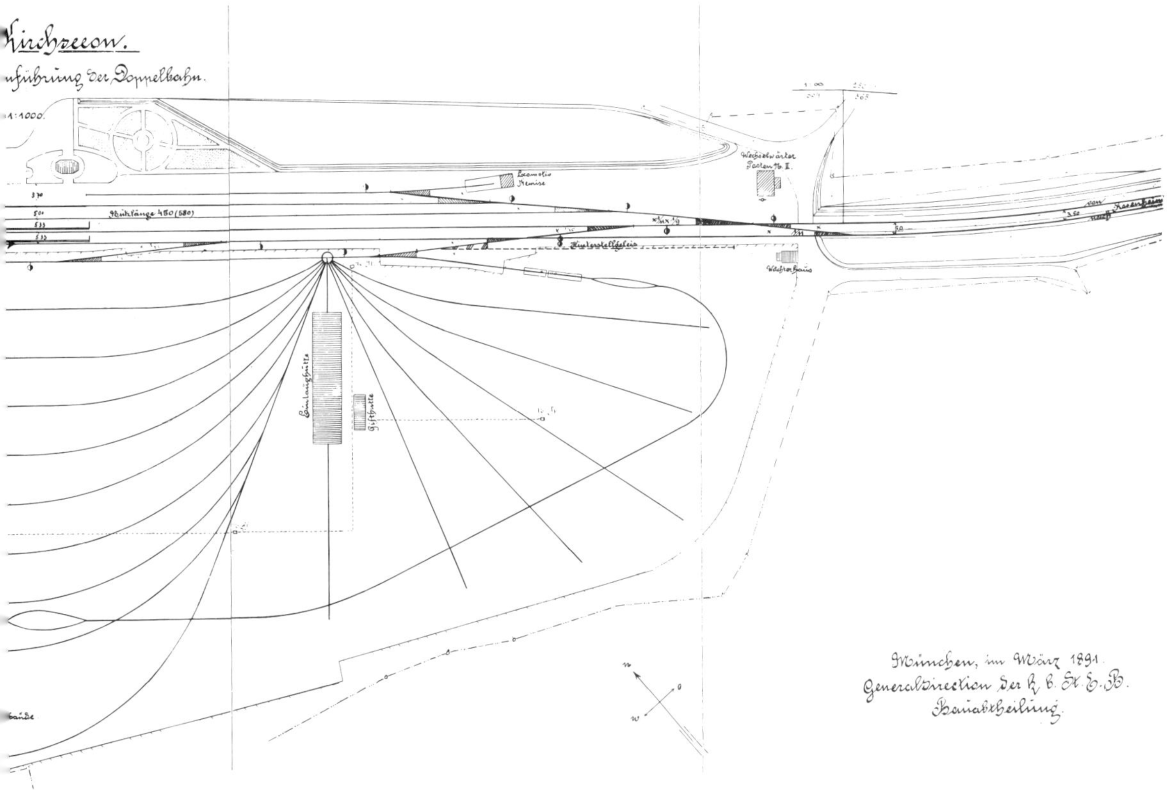

Plan 22 (oben): Bahnhof und Schwellenwerk Kirchseeon von 1891.

(unten): Die Kyanisierhalle des ehemaligen Schwellenwerkes Kirchseeon.

und eine Werkzeughütte vorgesehen. Die Hochbauten wurden 1869 begonnen und fertiggestellt, ebenso wurden 1869 die Planie des 35 Tagwerke großen, mit Fichtenwaldungen bestandenen Geländes und einige Gleisanlagen vollendet. Gleichzeitig war zu diesem Zeitpunkt schon die Bahnstrecke bis Kirchseeon für Materialzüge befahrbar — eine große bautechnische Leistung; offensichtlich gab es damals noch keine zeitraubenden baurechtlichen Verfahren! Die Schwellenfabrik war ebenfalls sehr bald einsatzbereit, berichtet die Statistik doch von 161 750 bereits im Jahre 1880 gelieferten Schwellen.

Von 1889 bis 1892 wurde der Ebersberger Forst von der „Nonne", einem Schmetterling, befallen, die den Baumbestand bis zur Hälfte vernichtete. Genau 2793 Hektar des Fichtenbestands wurden von den Raupen dieses Schädlings kahlgefressen. Zum Fällen der Bäume waren 7600 Mann angeheuert. Für den Abtransport des Holzes wurde 1890 eine normalspurige Waldeisenbahn von 8 Kilometer Länge mit fünf Ladestellen, darunter eine mit einem Dampfladekran, innerhalb von zehn Wochen angelegt. 35 Kilometer feste Schmalspurgleise und 35 Kilometer „fliegende Gleise" mit 450 Trucks, die von Pferden ge-

(rechts): Blick auf das Schwellenwerk Kirchseeon mit „rotem Turm" (Wasserturm).

(unten): Die neue Imprägnieranlage des Schwellenwerks Kirchseeon.

zogen wurden, und 50 Handladekräne besorgten die Zufuhr zur Normalspurbahn, auf der täglich 77 Waggons Holz abgefahren wurden. Am Ende der Aktion waren es 45000 Eisenbahnwagen mit je 10 Tonnen Holz, die den Wald verlassen hatten.

Dieser geballte Einsatz von Arbeitern hatte natürlich einen Bauboom in Kirchseeon zur Folge; so bemühte sich der 1894 hierher versetzte Vorstand der Schwellenfabrik, Ing. Josef Bleibinhaus, neben anderen Mitstreitern mit Erfolg um eine eigene Schule und Kirche für Kirchseeon, wofür ihm 1909 die Ehrenbürgerurkunde überreicht wurde. Aber auch sonst erwarb sich dieser Mann einen guten Namen, entwickelte er doch zusammen mit Hasselmann ein Imprägnierverfahren, das das Schwellenwerk weltweit bekannt machte. Seit 1907 trug es die amtliche Bezeichnung „Schwellenwerkinspektion".

Einen Eindruck über die Ausdehnung des Werks, das immerhin 200 Mann beschäftigte, mag der Plan 22 geben. So war es für Kirchseeon ein schwerer Schlag, als das Werk 1958 seine Tore für immer schloß. Nachdem 1964 das große Areal für 25 Jahre an eine Zweigniederlassung der Fiat-Autowerke überging, die mit ihren Anschlußgleisen für einen lebhaften Eisenbahnverkehr sorgte, wurden fast alle baulichen Hinterlassenschaften des Schwellenwerks beseitigt. Nur der Wasserturm, heute „Roter Turm" benannt, der früher auch die Wasserversorgung des Ortes sicherstellte, überlebte; außerdem erinnert noch der Straßenname „Waldbahn" an die frühere Geschichte.

9

Über 150 Jahre Lokomotivbau in München

Die Waggonfabrik Joseph Rathgeber

Schaltbau München

Gemeinsame Werkstätte der Internationalen und Deutschen Schlafwagengesellschaft

Eisenbahn-Industrie in München

Die Eisenbahn ist mit ihrer hochentwickelten Technik in vielfältiger Weise mit der Industrie verbunden. Es sollen hier jedoch nur die Industriebetriebe behandelt werden, die — in Vergangenheit oder Gegenwart — entweder Eisenbahnfahrzeuge bauen oder reparieren oder spezielle Fahrzeugausrüstungen herstellen. Auf all die anderen Firmen einzugehen, die Entwicklungen oder Fertigungen für die Eisenbahn betreiben, ginge weit über den Rahmen dieses Buches hinaus.

9.1 Über 150 Jahre Lokomotivbau in München

Maffei nannte seine erste im Jahr 1841 gebaute Lokomotive „Der Münchner“ und Krauss seine erste für die Großherzogliche Oldenburgische Eisenbahn 1867 fertiggestellte Lokomotive „Landwührden“.

Dank der Initiative des Josef Anton Ritter von Maffei, der 1838 das Lindauer'sche Eisenwerk erworben hatte, ist der Lokbau nunmehr seit über 150 Jahren Teil der Stadtgeschichte. Die Krauss-Maffei AG, bei der die Verkehrstechnik heute einer von insgesamt sieben Geschäftsbereichen ist, ist 1931 durch Fusion der J. A. Maffei AG und der 1866 auf dem Marsfeld (an der heutigen Arnulfstraße) gegründeten Lokomotivfabrik Krauss & Compagnie hervorgegangen. Die jeweils ersten in den beiden Münchner Lokomotivfabriken gebauten Lokomotiven sind als Modell beziehungsweise im Original im Deutschen Museum zu besichtigen. Maffei benannte seinen 1841 fertiggestellten „Dampfwagen“ „Der Münchner“ und Krauss seine erste Lokomotive „Landwührden“. Letztere erhielt noch im Herstellungsjahr 1867 auf der Weltausstellung in Paris den höchsten Preis, und bis zu ihrer Außerdienststellung im Jahr 1900 erreichte sie eine Laufleistung von 860 000 Kilometern. Es würde den hier vorgegebenen Rahmen bei weitem sprengen, wollte man im einzelnen auf die vielen in den beiden Werken entwickelten und gebauten Lokomotiven eingehen. Doch eine unter ihnen, vielfach als schönste Lokbaureihe bezeichnet, sei erwähnt, die bayerische S 3/6, eine Vierzylinder-Verbundlokomotive mit Barrenrahmen. Von 1908 bis 1930 wurden von Maffei 141 Stück dieses Typs gebaut, der zum „Zugpferd“ der Schnellzüge bis in die 60er Jahre wurde.

Schon frühzeitig erkannte man bei Maffei die Bedeutung der elektrischen Traktion. So wurde die erste elektrische Lokomotive bereits 1909 für die Badische Staatsbahn gebaut. Später baute man dann auch für die Bayerische Staatsbahn die ersten Lokomotiven: EP 3/5, EP 2, EP 5 und EG 4. Das Maffei'sche Werk lag in der Hirschau und bekam erst 1902 einen Gleisanschluß durch den Englischen Garten.

Als im Jahr 1931 beide Firmen fusionierten, dauerte es nicht mehr lange, bis alle Münchner Werkstätten in das neue Werk in Allach gegenüber dem gleichnamigen Bahnhof verlegt waren, dessen Keimzelle eine seit 1907 betriebene Gießerei war. Hier wurden dann bis Ende 1943 insgesamt 491 Dampfloks der Einheits-

(rechts): In einem Buch über die Eisenbahn in München darf auch die Lok nicht fehlen, die den Namen „München" trug. Ursprünglich mit der Bahnnummer A1 als 1A1-n2-Lok von Maffei 1857 an die bayerische Ostbahn geliefert, wurde sie zwischen 1869 und 1872 zur Achsfolge 1B-n2 mit der Nr. B 79 umgebaut und 1891 von der Bayerischen Staatsbahn mit der Betriebsnummer 1081 in die Gattung B IX eingeordnet, wie sie das Bild zeigt; sie tat bis 1917 ihren Dienst.

(Mitte): Die bayerische S 3/5 3322 (17411) vor ihrer Auslieferung auf einem Werksgleis der Maffei'schen Lokomotivfabrik in der Hirschau.

(unten): Die fabrikneue E 44 044 steht am 7. April 1936 auf einem Werksgleis in Allach. Sie war für den Einsatz auf der schlesischen Gebirgsbahn bestimmt und wurde deshalb dem Betriebswerk Hirschberg, Reichbahndirektion Breslau, zugeteilt.

baureihen 03, 41, 44, 50 und 64 gebaut. Hinzu kamen noch 270 Loks der Kriegsbaureihe 52 sowie Nachbauaufträge für die beiden Ellokbaureihen E 44 und E 94. Ende 1943 mußte Krauss-Maffei den Lokomotivbau einstellen und statt dessen die Reparatur von kriegsbeschädigten Lokomotiven durchführen. Diese Reparaturarbeiten sind zur Entlastung der Ausbesserungswerke noch bis Anfang der fünfziger Jahre durchgeführt worden.

Im Jahr 1950 wurden in Zusammenarbeit mit dem Bundesbahnzentralamt wieder die Konstruktion und der Bau von Lokomotiven aufgenommen. Bis 1956 wurden noch insgesamt 18 Stück der neuen Dampflokbaureihe 65 gebaut; ein sich daran anschließendes Bauprogramm umfaßte insgesamt 589 Elloks (Baureihen E 03, E 10, E 40 und E 50) und Dieselloks (Baureihen V 60, V 80, V 100, V 160 und V 200).

Nach Beendigung dieses Programms begann im Jahr 1974 die Lieferung von Lokomotiven der Baureihe 111, und im Anschluß daran erfolgte — nach vorangegangenem Bau von Prototypen — der Bau der Serienlok 120. Die bei ihr erstmals angewandte Steuertechnik

Fertigung des Serien-ICE bei Krauss-Maffei.

zur Umwandlung von Einphasenwechselstrom in Drehstrom kennzeichnet auch das derzeitige Paradepferd der DB, den ICE, von dem in einer ersten Bauserie 120 Triebköpfe bei der deutschen Lokomotivindustrie bestellt wurden. Auch bei diesen neueren Fahrzeugtypen war Krauss-Maffei nicht nur mit der Herstellung, sondern ebenso auch mit der Konstruktion befaßt.

Die DB ist zwar auf dem Lokomotivsektor der Hauptauftraggeber, doch daneben sind Lokomotiven ins Ausland und vor allem Rangierlokomotiven für Industriebetriebe zu liefern. Neben dem Lokomotivbau befaßt sich die Krauss-Maffei AG seit 1969 auch mit der Entwicklung der Magnetschwebetechnik. Der unter anderem daraus hervorgegangene Transrapid 06 erreichte 1988 auf der Großversuchsanlage im Emsland die Geschwindigkeit von 412,6 km/h. Ein Vorgänger dieses Versuchsfahrzeugs steht zusammen mit der Dampflok 18 528 vor dem Verwaltungsgebäude an der nach dem Unternehmen benannten Straße.

Seit den sechziger Jahren erlangte weiterhin die Lieferung von elektronischen Regelsystemen, die der Optimierung von Lokomotivsteuerungen und des automatisierten Lokomotiveinsatzes dienen, zunehmend an Bedeutung. Im Zusammenhang mit diesem Produktionszweig war Krauss-Maffei auch an Entwicklung und Bau des Rollprüfstands (siehe Kapitel 10.3) beteiligt.

So spielt die Firma Krauss-Maffei neben ihrer Bedeutung als potenter Industriebetrieb für die Stadt München auch als Lokomotivfabrik nach wie vor eine große Rolle für die Eisenbahn.

9.2 Die Waggonfabrik Joseph Rathgeber

Josef Rathgeber, ein gelernter Huf- und Wagenschmied, betrieb seit 1830 an der Marstallstraße in München eine Werkstätte, deren Produktionsprogramm vom Hufnagel bis zur kompletten Reise- und Postkutsche reichte.

Als das Zeitalter der Eisenbahn anbrach, erkannte Rathgeber rasch, daß die Zukunft den dampfgetriebenen Schienenfahrzeugen gehören würde. So gab er die Wagenschmiede auf und gründete 1852 an der Marsstraße — nahe dem „Centralbahnhof" — eine Waggonfabrik. Schon 1856 wurden hier die ersten deutschen vierachsigen Eisenbahnwaggons gebaut. 1865 übernahm der Sohn des Firmengründers, Josef Rathgeber jun., den Betrieb und entwickelte ihn in der Folgezeit zu einem der bedeutendsten Unternehmen dieser Branche in Europa.

Die ständig wachsende Nachfrage nach dem Rathgeberschen Personen-, Schlaf- und Speisewagen, Güter-, Post- und Packwagen führte 1911 zur Verlagerung des gesamten Betriebs aus der Enge der Innenstadt hinaus nach Moosach. Im selben Jahr erfolgte auch die Umwandlung in eine Aktiengesellschaft.

Zum 31. Dezember 1986 hat die Rathgeber AG ihren gesamten Produktionsbetrieb auf die seit 1955 im Besitz der Aktienmehrheit befindliche Fahrzeug- und Maschinenfabrik Franz Xaver Meiller übertragen. Die Rathgeber AG ist seither nur noch als Verwaltungsgesellschaft für den eigenen Grundbesitz tätig. Die Produktion der Schienenfahrzeuge ist seitdem eingestellt.

9.3 Schaltbau München

Die Gründung der Firma Schaltbau geht zurück auf das Jahr 1929. Den Anlaß dafür gab die damalige Verwaltung der Deutschen Reichsbahn, Gruppenverwaltung Bayern, da sie für die immer häufiger mit Elloks bespannten Reisezüge elektrische Wagenheizungen benötigte. In den folgenden Jahren dehnte sich das Schaltbau-Programm auch auf Schalt- und Steuergeräte für Lokomotiven und Triebwagen aus. Dabei kam es auch zur Entwicklung neuartiger Bauelemente, die sich nicht nur im Bahnbereich einsetzen ließen.

Heute umfaßt das bahnspezifische Lieferprogramm Ausrüstungsteile für Lokomotiven, Triebwagen sowie Reisezugwagen. Für die Triebfahrzeuge werden Komponenten der Führerstandsausrüstung, Geräte der Sicherheitsfahrschaltung (Sifa) und Schaltgeräte für verschiedene Hilfsbetriebe gefertigt. An Ausrüstungsteilen für Reisezugwagen sind vor allem die kompletten Anlagen zur Energieversorgung aus der Zugsammelschiene und Überwachungseinrichtungen für elektrische Bremsanlagen zu nennen. Es versteht sich wohl von selbst, daß die Entwicklung all dieser Geräte stets einer engen Zusammenarbeit mit verschiedenen Bahnverwaltungen, Lokomotiv- und Waggonfabriken bedarf.

Zur Schaltbau GmbH gehören heute mehrere Tochtergesellschaften, die zusammen eine Firmengruppe mit folgenden Geschäftsfeldern bilden:

▷ Verkehrstechnik,
▷ Antriebstechnik, Automatisierung,
▷ elektrische Bauelemente.

Aus dem zuletzt genannten Bereich bezieht z. B. die Deutsche Bundesbahn eine Reihe eisenbahnspezifischer Komponenten, wie etwa Steckvorrichtungen, Gleichspannungsschütze, Relais oder verschiedene Arten von Schaltern und Schaltelementen. Alle diese Produkte entsprechen dabei den hohen Qualitätsanforderungen für Bahnen.

Mit ihren Tochtergesellschaften in Deutschland, Niederlande, Frankreich, Schweiz und Österreich umfaßt die Schaltbau-Gruppe derzeit etwa 1900 Mitarbeiter. Der Firmensitz ist nach wie vor noch München. Neben dem hier befindlichen Stammwerk sind noch zwei Zweigwerke in Niederbayern vorhanden, eines in Velden/Vils und eines in Aldersbach.

9.4 Gemeinsame Werkstätte der Internationalen und Deutschen Schlafwagengesellschaft

Neben den beiden großen Ausbesserungswerken der DB, die der Instandhaltung von Lokomotiven und Reisezugwagen dienen, besteht in München noch ein drittes Ausbesserungswerk, das gemeinsam von zwei Gesellschaften, nämlich von der Internationalen und der Deutschen Schlafwagengesellschaft (ISG und DSG) in unmittelbarer Nachbarschaft zum AW Neuaubing, gleich beim dortigen S-Bahnhof, betrieben wird.

Wie der Name schon sagt, dient das Werk vorrangig der Instandhaltung von Schlafwagen, obwohl seit jeher auch andere private Eisenbahnwagen instandgehalten werden. Die Anfänge dieses Instandhaltungsprogramms reichen bis zum Beginn unseres Jahrhunderts zurück. Damals besaß die ISG zwei Werkstätten im Deutschen Reich, eine in Zossen bei Berlin und eine zweite in München-Laim. Die Laimer Werkstätte wurde 1913 nach Neuaubing verlegt. Diese Zahl steht — von der S-Bahn aus gut lesbar — an einer der Hallen.

Nach einer wechselvollen Geschichte in der Zeit zwischen 1925 und 1947 kam es am 1. August 1947 zu einer Neugründung der Internationalen Schlafwagen-Gesellschaft im Werk Neuaubing.

Nach einem Wechsel in der Geschäftsführung der deutschen Landesdirektion der ISG bahnte sich ab 1954 eine enge Zusammenarbeit mit der Deutschen Schlafwagen- und Speisewagen-Gesellschaft (DSG) an. Diese Tochtergesellschaft der Deutschen Bundesbahn war nach dem Zweiten Weltkrieg für den Bereich der Bundesrepublik Deutschland gegründet worden.

Am 21. Mai 1957 wurde ein Gesellschaftsvertrag zwischen der ISG und der DSG zur Gründung einer Offenen Handelsgesellschaft mit dem Sitz in München abgeschlossen. Der Gegenstand dieses noch heute gültigen Vertrags ist der Betrieb einer gemeinsamen Werkstatt im Reparaturwerk der ISG München-Neuaubing zur Instandhaltung und Instandsetzung von Schlaf- und Speisewagen der beiden Gesellschaften. An dem Gesellschaftsvermögen sind die ISG und die DSG zu gleichen Teilen beteiligt.

In der Neuaubinger ISG/DSG-Werkstätte, in der etwa 150 Mitarbeiter beschäftigt sind (Stand 1990), werden jährlich zwischen 380—400 Fahrzeuge behandelt. Sie verteilen sich auf Schlafwagen der DB und ISG sowie auf die Reisezugwagen vom TUI-Ferienexpreß und des Reisebüros Mittelthurgau. Die Instandhaltung der Speisewagen hingegen erfolgt, seitdem sie 1966 in das Eigentum der DB übergingen, im AW Neuaubing.

10

Bundesbahndirektion München (BD München)

Bundesbahn-Zentralamt München (BZA München)

Bundesbahn-Versuchsanstalt München (VersA München)

Bundesbahnschule München-Aubing

Bundesbahnschule für den Bahnpolizeidienst in München-Freimann

Soziale Einrichtungen der Deutschen Bundesbahn

Übergeordnete und andere zentrale Einrichtungen in München

10.1 Bundesbahndirektion München (BD München)

Geschichte

Nach dem Erfolg der ersten Eisenbahn in England — die erste Strecke von Stockton nach Darlington war am 26. September 1825 eröffnet worden — beschäftigte sich in Deutschland zuerst das Königreich Bayern mit dem neuen Verkehrsmittel. Hier war es der Bayerische Oberstbergrat Josef Ritter von Baader, der schon 1817 lebhaft den Bau einer *„eisernen Kunststraße“* zwischen der Donau (bei Donauwörth) und dem Main (bei Kitzingen) propagiert hatte. Er zog sich damit den Unmut König Ludwigs I. zu, der den schon von Karl dem Großen gehegten Gedanken einer Wasserstraßenverbindung zwischen Donau und Main wieder aufgriff. So kam der Gedanke Baaders nicht zur Ausführung.

Noch vor der Eröffnung der ersten Deutschen Eisenbahn von Nürnberg nach Fürth am 7. Dezember 1835 hatte der Augsburger Bürgermeister Dr. Carron du Val, zusammen mit Handelshäusern in Augsburg und München, die Idee, die beiden Städte mit einer Eisenbahn zu verbinden. Er wurde auf das Beste unterstützt durch den Nationalökonom und führenden Eisenbahnpionier Friedrich List, in dessen Eisenbahnkarte die Strecke München—Augsburg eine herausragende Stellung einnahm. Nach Gründung von Eisenbahnvereinen in München und Augsburg wurde die „allerhöchste Genehmigung“ zum Bau dieser Strecke am 28. November 1835 erteilt, ebenso wie für die Gründung einer Aktiengesellschaft, zu deren erstem Vorstand Josef Anton Ritter von Maffei gewählt wurde.

Die beiden ersten bayerischen Bahnen waren noch reine Privatbahnen. Doch schon bald machte sich der Gedanke an vom Staat zu bauende und zu betreibende Eisenbahnen, also von Staatsbahnen, breit. So wurde 1841 eine Eisenbahnbaukommission mit Sitz in Nürnberg eingerichtet und bereits am 1. Oktober 1844 ging die Strecke München—Augsburg in Staatseigentum über. Am 15. April 1845 wurde in München die „Generalverwaltung der Königlichen Eisenbahnen“ eingesetzt, gleichzeitig wurden in Augsburg, Bamberg, Nürnberg und München sogenannte „Bahnämter“ errichtet, die als Vorläufer der späteren Bundesbahndirektionen gelten können. Im Juni 1847 kam es zur Vereinigung von Bahn und Post unter einer „Generalverwaltung der Königlichen Posten und Eisenbahnen“; an ihre Stelle trat ab 1. März 1851 die „Generaldirektion der Königlichen Verkehrsanstalten“ unter dem damals neu geschaffenen Handelsministerium. Am 14. November 1851 endlich wurde das Bahnamt München zum „Oberpost- und Bahnamt München“ umgewandelt.

Wegen der starken Beanspruchung der Staatskasse durch die bayerischen Bahnbauten kam es trotz des Staatsbahngedankens doch noch zur Gründung einer großen Privatbahn, nämlich der „Königlich priviligierten Actien-Gesellschaft der Bayerischen Ostbahnen“ (12. April 1856), die von München ausgehend den Raum Landshut—Regensburg—Pilsen und Nürnberg—Passau mit Eisenbahnen ausstatten sollte. Diese Privatbahn wurde allerdings nur 19 Jahre alt, denn am 15. April 1875 wurde sie mit genau 771,8 Kilometern Betriebslänge vom Staat übernommen. Ihr Direktionsgebäude befand sich schräg gegenüber dem Hauptbahnhof in der Prielmayerstraße 1; in ihm waren Teile der Bundesbahndirektion München noch bis 1972 untergebracht.

Nachdem 1871 nach Auflösung des Handels-

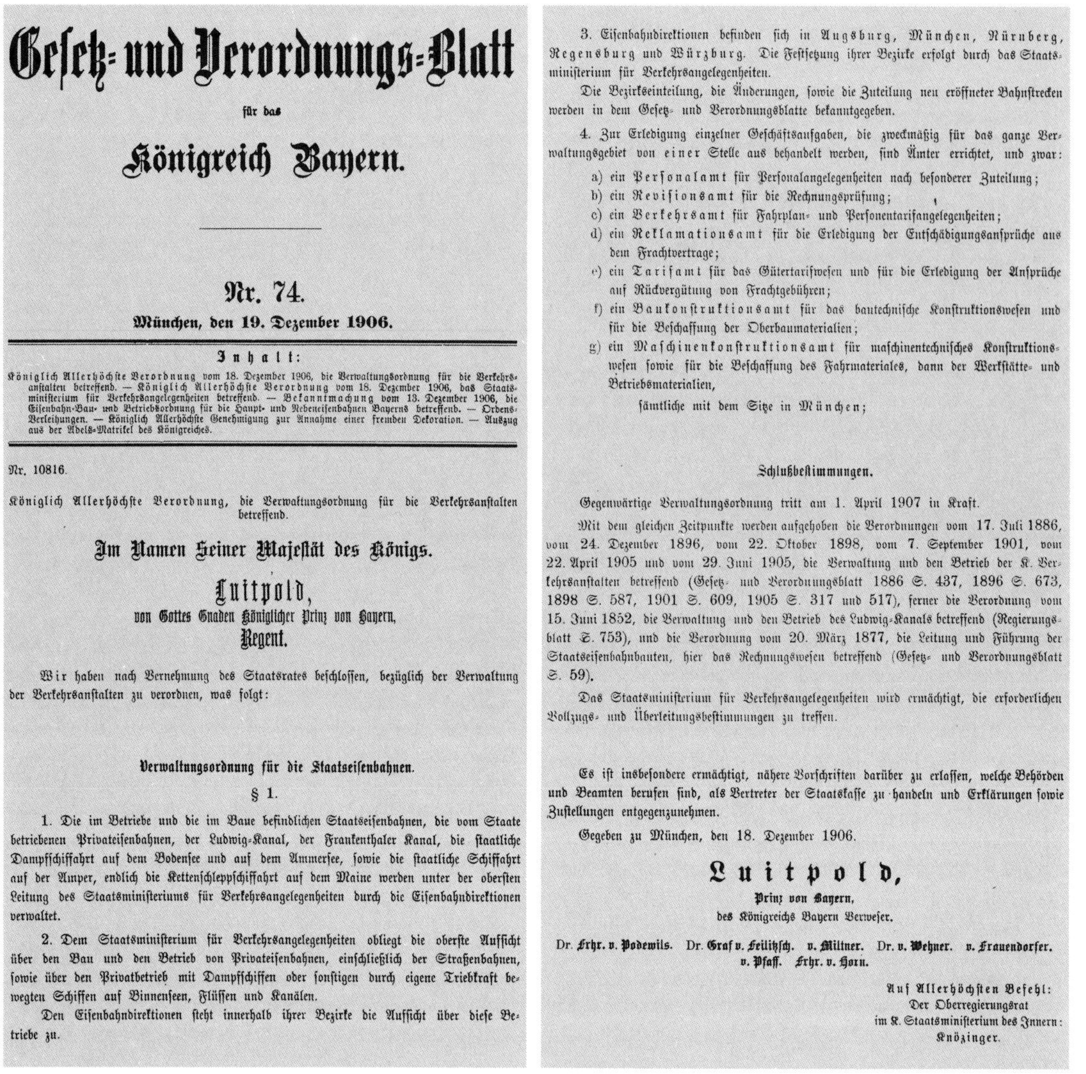

Gesetz- und Verordnungs-Blatt

für das

Königreich Bayern.

Nr. 74.

München, den 19. Dezember 1906.

Inhalt:

Königlich Allerhöchste Verordnung vom 18. Dezember 1906, die Verwaltungsordnung für die Verkehrsanstalten betreffend. — Königlich Allerhöchste Verordnung vom 18. Dezember 1906, das Staatsministerium für Verkehrsangelegenheiten betreffend. — Bekanntmachung vom 13. Dezember 1906, die Eisenbahn-Bau- und Betriebsordnung für die Haupt- und Nebeneisenbahnen Bayerns betreffend. — Ordens-Verleihungen. — Königlich Allerhöchste Genehmigung zur Annahme einer fremden Dekoration. — Auszug aus der Adels-Matrikel des Königreiches.

Nr. 10816.

Königlich Allerhöchste Verordnung, die Verwaltungsordnung für die Verkehrsanstalten betreffend.

Im Namen Seiner Majestät des Königs.

Luitpold,

von Gottes Gnaden Königlicher Prinz von Bayern,

Regent.

Wir haben nach Vernehmung des Staatsrates beschlossen, bezüglich der Verwaltung der Verkehrsanstalten zu verordnen, was folgt:

Verwaltungsordnung für die Staatseisenbahnen.

§ 1.

1. Die im Betriebe und die im Baue befindlichen Staatseisenbahnen, die vom Staate betriebenen Privateisenbahnen, der Ludwig-Kanal, der Frankenthaler Kanal, die staatliche Dampfschiffahrt auf dem Bodensee und auf dem Ammersee, sowie die staatliche Schiffahrt auf der Amper, endlich die Kettenschleppschiffahrt auf dem Maine werden unter der obersten Leitung des Staatsministeriums für Verkehrsangelegenheiten durch die Eisenbahndirektionen verwaltet.

2. Dem Staatsministerium für Verkehrsangelegenheiten obliegt die oberste Aufsicht über den Bau und den Betrieb von Privateisenbahnen, einschließlich der Straßenbahnen, sowie über den Privatbetrieb mit Dampfschiffen oder sonstigen durch eigene Triebkraft bewegten Schiffen auf Binnenseen, Flüssen und Kanälen.

Den Eisenbahndirektionen steht innerhalb ihrer Bezirke die Aufsicht über diese Betriebe zu.

3. Eisenbahndirektionen befinden sich in Augsburg, München, Nürnberg, Regensburg und Würzburg. Die Festsetzung ihrer Bezirke erfolgt durch das Staatsministerium für Verkehrsangelegenheiten.

Die Bezirkseinteilung, die Änderungen, sowie die Zuteilung neu eröffneter Bahnstrecken werden in dem Gesetz- und Verordnungsblatte bekanntgegeben.

4. Zur Erledigung einzelner Geschäftsaufgaben, die zweckmäßig für das ganze Verwaltungsgebiet von einer Stelle aus behandelt werden, sind Ämter errichtet, und zwar:

a) ein Personalamt für Personalangelegenheiten nach besonderer Zuteilung;
b) ein Revisionsamt für die Rechnungsprüfung;
c) ein Verkehrsamt für Fahrplan- und Personentarifangelegenheiten;
d) ein Reklamationsamt für die Erledigung der Entschädigungsansprüche aus dem Frachtvertrage;
e) ein Tarifamt für das Gütertarifwesen und für die Erledigung der Ansprüche auf Rückvergütung von Frachtgebühren;
f) ein Baukonstruktionsamt für das bautechnische Konstruktionswesen und für die Beschaffung der Oberbaumaterialien;
g) ein Maschinenkonstruktionsamt für maschinentechnisches Konstruktionswesen sowie für die Beschaffung des Fahrmateriales, dann der Werkstätte- und Betriebsmaterialien,

sämtliche mit dem Sitze in München;

Schlußbestimmungen.

Gegenwärtige Verwaltungsordnung tritt am 1. April 1907 in Kraft.

Mit dem gleichen Zeitpunkte werden aufgehoben die Verordnungen vom 17. Juli 1886, vom 24. Dezember 1896, vom 22. Oktober 1898, vom 7. September 1901, vom 22. April 1905 und vom 29. Juni 1905, die Verwaltung und den Betrieb der K. Verkehrsanstalten betreffend (Gesetz- und Verordnungsblatt 1886 S. 437, 1896 S. 673, 1898 S. 587, 1901 S. 609, 1905 S. 317 und 517), ferner die Verordnung vom 15. Juni 1852, die Verwaltung und den Betrieb des Ludwig-Kanals betreffend (Regierungsblatt S. 753), und die Verordnung vom 20. März 1877, die Leitung und Führung der Staatseisenbahnbauten, hier das Rechnungswesen betreffend (Gesetz- und Verordnungsblatt S. 59).

Das Staatsministerium für Verkehrsangelegenheiten wird ermächtigt, die erforderlichen Vollzugs- und Überleitungsbestimmungen zu treffen.

Es ist insbesondere ermächtigt, nähere Vorschriften darüber zu erlassen, welche Behörden und Beamten berufen sind, als Vertreter der Staatskasse zu handeln und Erklärungen sowie Zustellungen entgegenzunehmen.

Gegeben zu München, den 18. Dezember 1906.

Luitpold,

Prinz von Bayern,

des Königreichs Bayern Verweser.

Dr. **Frhr. v. Podewils.** Dr. **Graf v. Feilitzsch.** **v. Miltner.** Dr. **v. Wehner.** **v. Frauendorfer.** **v. Pfaff.** **Frhr. v. Horn.**

Auf Allerhöchsten Befehl:
Der Oberregierungsrat
im K. Staatsministerium des Innern:
Knözinger.

„Gesetz- und Verordnungsblatt für das Königreich München“ von 1906.

ministeriums die „Verkehrsanstalten“ in den Geschäftsbereich des Ministeriums des Äußeren gekommen waren, wurden 1886 Post und Bahn wieder getrennt und eine besondere „Generaldirektion der Königlich Bayerischen Staatseisenbahnen“ geschaffen, der die seit 1875 sogenannten zehn Oberbahnämter, darunter München, unterstellt wurden. Auch das Jahr 1887 hatte eine Bedeutung für München, wurde doch am 9. Februar die „Localbahn-Actiengesellschaft München“ gegründet,die neben anderen Strecken in Bayern, Württemberg, in der Lausitz und in Österreich, die Isartalbahn nach Bichl bauen und betreiben sollte (Inbetriebnahme abschnittsweise von 1891 bis 1898).

Am 1. Januar 1904 kam es mit der Einrichtung des „Ministeriums für Verkehrsangelegenheiten“ im Neubau an der Arnulfstraße mit der markanten Kuppel (sie hat den Zweiten Weltkrieg stark beschädigt überstanden, wurde aber später abgebrochen) zur Neuorganisation der Eisenbahn: Die Generaldirektion wurde aufgelöst, wobei ihre Aufgaben an das Ministerium übergingen. Zum 1. April 1907 wurden fünf Eisenbahndirektionen eingerichtet, darunter eine in München; hinzu kamen einzelne Ämter (zum Beispiel Tarifamt) für das ganze Verwaltungsgebiet. Dies alles ist nachzulesen im „Gesetz- und Verordnungs-Blatt für das Königreich Bayern“ Nr. 74 vom 19. Dezember 1906 (Bild oben).

Doch schon nahte das Ende der Bayerischen Eisenbahn: Mit Wirkung vom 1. April 1920 gingen nach langem Ringen die Staatsbahnen an das Deutsche Reich über. Das ehemalige Bayerische Verkehrsministerium wurde zu einer Zweigstelle des Reichsverkehrsministerium; im Jahr 1924 entstand die „Deutsche Reichsbahngesellschaft, Gruppenverwaltung Bayern“. Die Eisenbahndirektionen waren schon ab 6. Juli 1922 zu Reichsbahndirektionen geworden. 1933 löste man auch die Gruppenverwaltung auf. Ihr Gebäude, das ehemalige Verkehrsministerium, bezog nun die Reichsbahndirektion München, die wiederum ihren Sitz für das neu gegründete Reichsbahn-Zentralamt München (siehe Kapitel 10.2) freimachte.

Zum 1. August 1938 wurde die Localbahn-Actiengesellschaft verstaatlicht, damit ging die Isartalbahn ebenso wie die anderen Strecken der LAG an die Deutsche Reichsbahn über.

Für die großen Planungen und Umbauten im Raum München (siehe Kapitel 1.2.2), die die

Kraft einer Direktion bei weitem überstiegen hätte, erfolgte am 1. Januar 1938 die Gründung der Reichsbahn-Baudirektion München (RBauD). Sie bestand bis 1. Oktober 1944, ein Baustab von ihr noch bis zum Kriegsende.

Das Kriegsende hinterließ die Eisenbahnanlagen und auch das Direktionsgebäude weitgehend in Trümmern, die Direktionsbüros waren an viele Stellen zerstreut, ein Zustand, der erst 1971 mit dem Neubau des Gebäudes in der Richelstraße 3 beendet werden konnte. Inzwischen war aus der Reichsbahndirektion München mit Gründung der Deutschen Bundesbahn am 18. Dezember 1951 längst die Bundesbahndirektion München (BD) geworden, die mit dem Neubau auch den Platz gewonnen hatte, um die 1971 aufgelöste BD Augsburg gänzlich zu übernehmen. Eine letzte Erweiterung der Aufgaben und des Einflußbereichs erfuhr die BD München im Jahre 1976, als die BD Regensburg ebenfalls aufgelöst wurde und die Strecken um Landshut auf die BD München übergingen.

Die inzwischen erfolgte Wiedervereinigung Deutschlands wird Auswirkungen auf die Organisation der Eisenbahn haben, da auch die Deutsche Bundesbahn und die Deutsche Reichsbahn, zunächst wohl über die Zwischenstation einer Betriebsgemeinschaft, wieder zusammengeschlossen werden sollen. Wenngleich gegenwärtig noch keine Aussagen über Form und Name möglich sind, ist als Ziel eine kunden- und mitarbeiterverträgliche Zusammenführung zu sehen.

Aufgaben der BD München

Der Bezirk der BD München erstreckt sich von der Altmühl und den Toren Regensburgs bis zu den Alpen, vom Bodensee fast bis Passau und umfaßt etwa 10 Prozent des Streckennetzes der DB.

Die Aufgaben werden am besten mit der Vorstellung ihrer Gliederung, also ihrer Einteilung in Hauptabteilungen (Ha) beschrieben:

- ▷ Ha Steuerung und Planung: Finanzen, Rechnungswesen, Organisation, Informationsverarbeitung;
- ▷ Ha Güterverkehr: Verkaufsabwicklung, Leistungserstellung, 4 Generalvertretungen G;
- ▷ Ha Personenverkehr: Verkauf, Marketing, Servicebetriebe, 3 Generalvertretungen P;
- ▷ Ha Nahverkehr: Ballungsverkehr, Nah- und Regionalverkehre;
- ▷ Ha Produktion: Erstellung der Fahrpläne für den Personen- und Güterverkehr, Planung der Einsätze von Lok, Lokführern und Zugpersonal, Betriebsdurchführung und Betriebsregelungen, betriebliche Infrastrukturplanung;
- ▷ Ha Maschinentechnik und Werke: Planung, Betrieb und Unterhaltung von maschinentechnischen und elektrotechnischen Anlagen und Werkstätten (Bw), Betreuung der Fahrzeuge;
- ▷ Ha Bautechnik und Projekte Bautechnik: Planung und Erstellung von Bauwerken (z. B. Brücken, Hochbauten), Gleisanlagen, Signalanlagen und dergleichen;
- ▷ Ha Personal und Soziales: Personalbetreuung, Personalwirtschaft, Rechtswesen.

Keiner Ha zugeordnet sind die fünf Regionalabteilungen, die für örtliche Bereiche in betrieblicher, technischer und baulicher Hinsicht zuständig sind, und die Abteilung zur Betreuung der Immobilien und des Grundbesitzes.

10.2 Bundesbahn-Zentralamt München (BZA)

Bereits 1907 richteten die damaligen Ländereisenbahnen in München und Berlin zentrale Ämter ein, die die Einheitlichkeit der Konstruktion wahren und den koordinierten Einkauf tätigen sollten. Diese Ämter wurden über die Reichsbahnzentralämter Berlin und München schließlich zu den Bundesbahn-Zentralämtern Minden und München. Ihre Aufgaben ergeben sich daraus, daß ein Verkehrsunternehmen wie die Deutsche Bundesbahn wegen der Einheitlichkeit von technischen Anlagen und Betriebsmitteln die eisenbahntechnische Entwicklung und die Beschaffung von Material zentral steuern muß. Weitere Aufgaben folgen aus dem Bundesbahngesetz, das die Deutsche Bundesbahn verpflichtet, die technische Überwachung und die Gewerbeaufsicht — im Gegensatz zur Privatwirtschaft — selbst durchzuführen. Daraus folgt, daß die Bundesbahn-Zentralämter für alle Bundesbahnstellen Ansprechpartner in Fragen der Herstellung, Bemessung, Sicherheit und Überwachung eisenbahntechnischer Konstruktionen sind.

Das Bundesbahn-Zentralamt München ist zur Erfüllung der ihm gestellten Aufgaben in acht Abteilungen gegliedert und beschäftigt etwa 770 Mitarbeiter.

Abteilungen Elektrotechnik und Maschinentechnik

Zu den Hauptaufgaben dieser Abteilungen gehört die sogenannte „Bauartbetreuung“ von Schienentriebfahrzeugen. Im einzelnen sind hierzu Leistungsunterlagen und Anforderungskataloge zu erstellen, betriebliche Erfahrungen auszuwerten, die Triebfahrzeuge den sich ändernden Anforderungen der Produktion von DB-Leistungen anzupassen sowie schließlich den Unterhaltungsaufwand laufend zu optimieren.

Beide Abteilungen sind auch mit der Entwicklung neuer Triebfahrzeuge befaßt. Auf diesem Sektor hat die Leistungselektronik entscheidende Änderungen bewirkt. So ist es heute möglich geworden, Einphasenwechselstrom aus der Oberleitung in Drehstrom variabler Frequenz und Spannung umzuwandeln. Das Bundesbahn-Zentralamt München entwickelte zum Beispiel in Zusammenarbeit mit der Industrie eine universell einsetzbare elektrische Lokomotive mit Drehstrom-Asynchronmotoren, die bekannte Baureihe 120, die sich gegenüber früheren Baureihen durch bessere Haftwertausnutzung, günstigeres Zugkraftverhalten und geringeren Energieverbrauch auszeichnet. Aufgrund der positiven Erfahrungen mit dieser Technik wurden auch die Triebköpfe der InterCityExpreß-Züge (ICE) für den Hochgeschwindigkeitsverkehr so konzipiert.

Auf dem Gebiet der Bahnstromversorgung wurden beispielsweise auch verbesserte Regeloberleitungen für eine Höchstgeschwindigkeit von 250 km/h und neue 110-Kilovolt-Bahnstromleitungen entwickelt.

Abteilungen Bautechnik und Oberbautechnik

In den Abteilungen Bautechnik sowie Oberbautechnik werden technische Grundlagen für die Weiterentwicklung des Fahrwegs geschaffen. Einrichtungen des vorhandenen Fahrwegs werden ständig verbessert und für ihre Unterhaltung Grundsatzrichtlinien erstellt. Neben der Entwicklung unterhaltungsarmer Oberbauformen und Weichen werden die neuen technischen Erkenntnisse des Brücken-, Tunnel- und Felsbaus sowie des Erd- und Grundbaus für die Praxis nutzbar gemacht. Die Unterlagen für eine einheitliche und funktionsgerechte Gestaltung der baulichen Anlagen sowie für ihre rationelle Ausführung werden den Bundesbahndirektionen in Form von Richtzeichnungen, Richtlinien und Vorschriften zur Verfügung gestellt. Dazu kommt die Beratung bei Entwurf und Ausführung.

Abteilung Signal- und Nachrichtentechnik

Ihre Zuständigkeit umfaßt technische Entwicklungsaufgaben im Bereich der Informatik. Sie betreibt und steuert die Entwicklung von Signalanlagen zur Sicherung des Eisenbahnbetriebs, die Weiterentwicklung der Automation der Rangierbahnhöfe, die Fortentwicklung von Fernmelde- und Funkeinrichtungen (zum Beispiel Zugbahnfunk, Rangierfunk und Zugpostfunk) und von Datenverarbeitung (zum Beispiel Elektronische Platzbuchung, Elektronischer Fahrausweisverkauf, Elektronische Reisezugauskunft), ebenso von Fahrkartenautomaten.

Abteilung Beschaffung

Sie stellt mit einer marktorientierten Materialbeschaffung und einer straff organisierten Lagerhaltung die bestmögliche Versorgung des DB-Bereichs mit dem erforderlichen Eisenbahnmaterial und den Betriebsstoffen sicher. Mit einem Auftragsvolumen von etwa 1,3 Milliarden DM pro Jahr, die sich auf über 15 000 Beschaffungsvorgänge verteilen, ist das Bundesbahn-Zentralamt München die wichtigste zentrale Einkaufsstelle der Deutschen Bundesbahn und zugleich ein bedeutender Partner der Wirtschaft.

Im Aufgabenbereich Materialwirtschaft des Bundesbahn-Zentralamtes München sind allein etwa 100 000 Materialien und Teile zentral zu beschaffen. Bei einem Lagerwert von 260 Millionen DM bedeutet eine Bestandssenkung von nur einem Prozent eine Ausgabenminderung und damit geringere Kapitalanbindung von 2,6 Millionen DM.

Abteilung Entwicklungsplanung

Sie wirkt seit mehr als zehn Jahren am Forschungsprogramm Rad/Schiene des Bundesministers für Forschung und Technologie mit, um die technische Zukunft der Eisenbahn zu sichern (siehe Kapitel 10.3, Rollprüfstand).

Einen weiteren Aufgabenbereich dieser Abteilung bilden Fragen der Normung und Vereinheitlichung bei eisenbahntechnischen Entwicklungen. Da diese Fragen auch für den grenzüberschreitenden Verkehr besonders wichtig sind, sind Mitarbeiter des Bundesbahn-Zentralamtes München im Rahmen der Geschäftsaufgaben nicht nur in nationalen Gremien, sondern auch in internationalen Gremien, vor allem im internationalen Eisenbahnverband (UIC) und dem von ihm gegründeten Forschungs- und Versuchsamt (ORE) vertreten.

Abteilung Verwaltung

Die Verwaltungsabteilung ist schließlich zuständig für Fragen der Wirtschaftsführung, für Finanz- und Rechtsangelegenheiten, für die Preisprüfung und Betriebswirtschaft, für die innere Organisation, für Personalangelegenheiten der Mitarbeiter sowie für die Presse und Öffentlichkeitsarbeit des Bundesbahn-Zentralamtes München.

Design-Center

Mit dem Design-Center bemüht sich die Deutsche Bundesbahn — ebenso wie andere Großunternehmen — um ein vorteilhaftes Erscheinungsbild in der Öffentlichkeit. Angefangen von einer klaren Orientierung im Bahnhof durch standardisierte Wegweiser bis hin zu einem einheitlichen Farbkonzept für alle Fahrzeuge soll ein zeitgemäßes Image den Eisenbahnkunden ansprechen und ihn ständig begleiten.

Auch Fragen der Ergonomie und der visuellen Kommunikation werden im Design-Center behandelt. Dieses Center hat zwar seinen Sitz im Zentralamt, gehört jedoch organisatorisch zur Hauptverwaltung der DB in Frankfurt am Main.

10.3 Bundesbahn-Versuchsanstalt München (VersA München)

Gesetzlicher Auftrag des Eisenbahnversuchswesens

Im Bundesbahngesetz wird ausgeführt, daß die DB dafür einzustehen hat, daß ihre dem Betrieb dienenden baulichen und maschinellen Anlagen sowie die Fahrzeuge allen Anforderungen der Sicherheit und Ordnung genügen. Diese Forderung nach Sicherheit und Zuverlässigkeit des Eisenbahnbetriebs macht es notwendig, die gelieferten Erzeugnisse eingehend zu prüfen und zu untersuchen, ehe sie in Betrieb genommen werden. Die Deutsche Bundesbahn ist auch verpflichtet, Güteprüfungen und Gütebeobachtungen selbst durchzuführen. Daher ist dem Bundesbahn-Zentralamt München eine Versuchsanstalt angegliedert, in der derartige Messungen und Untersuchungen durchgeführt werden.

Einrichtungen, Organisation

Zur Erfüllung ihrer Geschäftsaufgaben verfügt die Versuchsanstalt (VersA) München über umfangreiche Labor- und Prüfeinrichtungen sowie über eine Reihe von Fahrzeugen und fahrbaren Großgeräten. Die derzeit 220 Mitarbeiter verteilen sich auf vier Abteilungen mit insgesamt 18 Meßgruppen, zwei Hauptgruppen und das Büro des Direktors mit zwei weiteren Gruppen. Nachstehend sind ihre Aufgaben kurz dargestellt.

Aufgabengebiete der Abteilungen und Hauptgruppen

Abteilung Bautechnik (Abt. BT)

1984 wurde bei der VersA München die Abteilung Bautechnik eingerichtet. Sie arbeitet überwiegend im Bereich des Brücken- und des konstruktiven Ingenieurbaus.

Die Meßergebnisse, die aus der Materialbeanspruchung infolge statischer oder dynamischer Belastung von Bauteilen abzuleiten sind, dienen in erster Linie der Sicherheit der Bauwerke, der besseren Ausnutzung der Tragfähigkeiten (vor allem bei älteren Brücken, bei denen teilweise die Konstruktionsunterlagen verlorengegangen sind) sowie der Fortentwicklung der Bautechnik und ihrer eisenbahnspezifischen Regelwerke.

Abteilung Chemie und nichtmetallische Werkstoffe (Abt. C)

Die Generaldirektion der Bayerischen Staatsbahnen stellte bereits 1889 einen Chemiker ein und stattete für ihn einen Arbeitsraum mit entsprechenden Geräten aus. Dieses seinerzeit bei der Centralwerkstätte eingerichtete Chemische Labor — die spätere chemische Stoffprüfstelle des RAW Freimann — wurde im Zuge der Neuorganisation des Versuchswesens zum 1. Januar 1938 in Anbetracht des größer gewordenen Aufgabenbereichs zum Chemischen Versuchsamt erhoben. Von Notunterkünften abgesehen, verblieb dieses noch bis 1949 auf dem Gelände der Centralwerkstätte — inzwischen jedoch als Abt. C in die VersA München integriert — und war dann bis 1966, dem Jahr der Fertigstellung ihrer jetzigen Räume, in den Kellerräumen des BZA untergebracht.

Seit der im Jahr 1975 erfolgten Abgrenzung der Zuständigkeiten für die beiden Versuchsanstalten in München und Minden ist die Abteilung C für alle chemischen Versuchsaktivitäten der DB zuständig.

Schon seit rund 100 Jahren gehören zu den Hauptaufgabengebieten der Abteilung Untersuchungen von Schmierölen, Schmierfetten, Reinigungsmitteln, Farben, Imprägnier- und Desinfektionsmitteln, Heizwertuntersuchungen, Gutachten in Tarifangelegenheiten und in allgemeinen chemischen Fragen sowie vor allem Wasseruntersuchungen für die verschiedensten Zwecke.

Neuere Gebiete sind: nichtmetallische Werkstoffe, flüssige und gasförmige Brennstoffe, flüssige Kraftstoffe sowie Arbeitsplatzhygiene.

Das allseits wachsende Umweltbewußtsein bringt für die Abteilung C eine Fülle von weiteren Aufgaben. Immer häufiger interessiert zum Beispiel die Frage, ob Stoffe Substanzen enthalten, die gesundheitsgefährlich oder gar krebserregend sind.

Abteilung Elektrotechnik (Abt. E)

Die Arbeiten dieser Abteilung haben zusammen mit der Abteilung P (Elektrophysik) der VersA München lange Zeit das Gepräge gegeben, so daß heute noch des öfteren von der „el-VersA“ gesprochen wird.

Diese Abteilung ist für alle Untersuchungen auf dem Gebiet der Elektrotechnik zuständig, und zwar sowohl bei allen Lokomotivtypen

Meßzug der Versuchsanstalt München im Bahnhof Ludwigsfeld. Bei Leistungsmessungen neuer Lokbaureihen sind stets mehrere Bremsloks im Einsatz. Zur Dampflokzeit wurden dafür zwei mit Gegendruckbremse ausgerüstete Loks der Reihe 44 (404 und 427) verwendet.

und Wagen, als auch bei stationären Anlagen. Besonders zu erwähnen sind für diese Abteilung die Arbeiten der Meßgruppe E4, die auf dem Gebiet des Zusammenwirkens von Stromabnehmer und Oberleitung tätig ist. So sind beispielsweise Oberleitungen im Rahmen der Funktionsprüfung F4 auf Strecken, die mit 200 km/h befahren werden, zweimal jährlich auf ihre Lagegenauigkeit und auf ihr dynamisches Verhalten (Anpreßkräfte des Stromabnehmers) zu überprüfen. Aber auch bei der Abnahme von neu elektrifizierten Strecken oder der Erprobung neuentwickelter Stromabnehmer ist diese Gruppe gefragt. Sie war auch maßgeblich an den Versuchen beteiligt, die es ermöglichten, mit dem ICE am 1. Mai 1988 auf dem Abschnitt Hohe Wart—Burgsinn der Schnellfahrstrecke Würzburg—Hannover mit 407 km/h einen neuen Weltrekord im allgemeinen und jeweils einen „Weltrekord für Drehstromfahrzeuge“ und „Tunnelfahrt“ aufzustellen.

Zur Abteilung E gehört auch die staatlich anerkannte Prüfstelle für Meßgeräte bei der Deutschen Bundesbahn. Diese als „EB4“ bezeichnete Stelle hat organisatorisch einen bei der DB einmaligen Status. Ihrem Leiter können DB-seitig fachlich keine Weisungen erteilt werden, da er nur an die Weisungen des Eichamtes gebunden ist. Zur Wahrnehmung dieser Aufgaben bedarf es einer besonderen Ausbildung mit einer vor Repräsentanten des Eichamtes als Aufsichtsbehörde abzulegenden Prüfung.

Abteilung Elektrophysik (Abt. P)

Die Abteilung P wurde in ihrer heutigen Form vor 35 Jahren gegründet und arbeitet im wesentlichen auf folgenden Gebieten:

- ▷ Zugbahnfunk (Kontrollmessungen, Streckenmessungen, Sender-Standort-Optimierungsmessungen),
- ▷ Verkaufs- und Bürotechnik (Fahrkartenautomaten, Entwerter, Datenverarbeitungsanlagen),
- ▷ Beeinflussungsfragen bei Signal- und Fernmeldeanlagen,
- ▷ Oberschwingungsmessungen bei Triebfahrzeugen,
- ▷ Feldstärkenmessungen,
- ▷ Qualitätsprüfungen an Lichtquellen,
- ▷ Lichtsignalanlagen,
- ▷ allgemeine Fragen der Beleuchtungstechnik und Optik,
- ▷ Prüfung von elektrischen und elektronischen Bauteilen und Werkstoffen (zum Beispiel Relais, Kabel, Kondensatoren, Widerstände usw.),
- ▷ Prüfung von Akkumulatoren und Batterien,
- ▷ Akustik und Schallschutz,
- ▷ Prüfung von Bauteilen für elektronische Stellwerke.

Hauptgruppe für Meßtechnik und Datenverarbeitung (Gr. Z)

Für die Versuche in den Labors der Versuchs-

anstalten oder für Versuche an den Eisenbahnfahrzeugen werden oft spezielle, auf die Bedürfnisse der Eisenbahntechnik abgestimmte Meßsysteme und -geräte benötigt, die nicht im Handel erhältlich sind. So wurden in jüngerer Zeit zum Beispiel ein Verfahren zur berührungslosen Fahrdrahtlagemessung (V_{max} = 120 km/h) oder ein Verfahren zur Bestimmung der Lage des Fahrdrahts auf dem Stromabnehmer entwickelt. Des weiteren werden für andere Meßgruppen Auswerte- oder Steuerprogramme entwickelt.

Hauptgruppe Rollprüfstand (Gr. R)

Um der Eisenbahn der Zukunft den ihr zukommenden Platz im Gesamtverkehrssystem zu sichern, sind langfristig wirkende Maßnahmen erforderlich. Neben strukturellen und organisatorischen Verbesserungen sind gezielte Forschungs- und Entwicklungsanstrengungen für die Bahn von morgen notwendig. So hat es die DB sehr begrüßt, daß das Bundesforschungsministerium in Abstimmung mit dem Bundesverkehrsministerium seit Anfang der siebziger Jahre im Rahmen des Forschungsprogramms „Bahntechnik" nicht nur die Magnetschwebetechnik, sondern auch Untersuchungen zu einer fortentwickelten Rad/Schiene-Technik förderte.

Mit dem Bau des Rollprüfstandes wurde die Möglichkeit geschaffen, innerhalb der Grenzen des konstruktiv Möglichen und des wirtschaftlich Vertretbaren im stationären Laborversuch das Laufverhalten von Einzelradsätzen, Laufwerken und Fahrzeugen zu studieren. Der Prüfstand ermöglicht es weiterhin, die physikalischen und geometrischen Parameter zu simulieren, die ein Fahrzeug auf der Strecke vorfindet und aus denen das Laufverhalten eines Fahrzeugs resultiert. Ebenso kann auch die Rückwirkung der Fahrzeugmassen auf das Laufwerk simuliert werden.

Bei diesem Prüfstand wird die endlose Schiene durch Rollen nachgebildet, die paarweise je einen Radsatz aufnehmen können. Seit Ende 1980 ist der Rollprüfstand mit vier solchen „Grundzellen" ausgerüstet, das heißt, daß bei vierachsigen Loks alle Radsätze angetrieben werden können. Hierbei sind Geschwindigkeiten bis 500 km/h erreichbar.

Der mechanische Teil des Rollprüfstands ist an ein umfangreiches elektronisches Steuer- und Regelsystem angeschlossen, das zwei Aufgaben zu erfüllen hat: Zum einen führt es die Prozeßsteuerung aus, das heißt, die gezielte Eingabe von Kräften, Wegen, Drehmomenten usw., zum anderen werden über dieses System die von etwa 400 Meßstellen erfaßten Daten registriert und ausgewertet.

Der Rollprüfstand erfreut sich zunehmend internationaler Anerkennung, denn immer häufiger lassen auf ihm Bahnverwaltungen nicht nur der west-, sondern auch der osteuropäischen Länder, ausgewählte Fahrzeuge im

Bis zur Aufnahme des ICE-Verkehrs zum Sommerfahrplan 1991 galt es, ein umfangreiches Versuchsprogramm abzuwickeln. Dabei standen auch Untersuchungen zum aerodynamischen Verhalten der Triebzüge bei Geschwindigkeiten bis zu 280 km/h auf dem Programm, in das sich die beiden Versuchsanstalten in München und Minden teilten.

ICE V auf dem Rollprüfstand.

Hochgeschwindigkeitsbereich testen und optimieren.

Der auf ehemaligem Gelände des AW Freimann errichtete Rollprüfstand wurde während der Laufzeit des Forschungsvorhabens von einer privaten Institution betrieben. Seitdem ihn die DB mit Wirkung vom 1. Oktober 1990 übernommen hat, ist er als Hauptgruppe R in die Organisationsstruktur der VersA eingebunden.

10.4 Bundesbahnschule München-Aubing

Die Bundesbahnschule München-Aubing entstand am 1. August 1970 durch die Vereinigung der Schule an der Lilienthalstraße, deren Areal für die Olympischen Spiele benötigt wurde, und der schon bestehenden Fernmeldeschule in Aubing.

Im Jahr 1969 wurde mit dem Neubau einer Großschule, unter Einbeziehung der 1949 und 1961/62 errichteten Gebäude der Fernmeldeschule, begonnen. Im Januar 1971 konnte dann der Schulbetrieb in vollem Umfang aufgenommen werden.

In der Bundesbahnschule werden Mitarbeiter/innen des gehobenen technischen Dienstes sowie des mittleren nichttechnischen und technischen Dienstes ausgebildet. Ein weiteres Aufgabenfeld sind Fortbildungsunterrichte für alle Fachrichtungen und Funktionen.

Zur praxisnahen Ausbildung stehen unter anderem zwei maschinentechnische Säle, ein Lehrstellwerk, ein Fernsprech-Raum, ein elektrifiziertes Anschlußgleis zur Lokführerausbildung, ein Saal für Drehstromtechnik und ein PC-Raum zur Verfügung.

10.5 Bundesbahnschule für den Bahnpolizeidienst in München-Freimann

Wegen der unsicheren Verhältnisse am Ende des Ersten Weltkrieges sah sich die neu gegründete Deutsche Reichsbahngesellschaft im Jahre 1920 gezwungen, hauptamtliche Kräfte zu beschäftigen, die für Ordnung und Sicherheit zu sorgen hatten. Im Jahre 1924 war daraus ein schlagkräftiges Sicherheitsorgan mit der Bezeichnung „Streifdienst" geworden. Es zeigte sich aber, daß eine einheitliche Ausbildung immer nötiger wurde. Daher wurde im Jahr 1934 in München-Freimann eine Schule mit den nötigen Gebäuden und Anlagen errichtet.

Der Zweite Weltkrieg brachte im Jahr 1944 für die Schule die totale Zerstörung. So entstanden noch während des Krieges primitive Barackenbauten, den damaligen Erfordernissen entsprechend, mit Waffenkammer, Kleiderkammer und Schuhmacherei ausgestattet.

Nach Kriegsende, im Mai 1946, gründeten die Besatzungsmächte in jeder Besatzungszone eine bewaffnete Bahnpolizeiorganisation mit der Bezeichnung „Bahnpolizei". Gleichzeitig begann an der Schule in Freimann die Ausbildung dieser neuen Polizeitruppe, deren Hauptaufgabe damals der Schutz, die Begleitung und die Bewachung von Schienentransporten der Besatzungsmächte war. Die Bahnpolizeischule wurde dabei eine selbständige Dienststelle, unmittelbar der Oberleitung Bahnpolizei in Frankfurt/Main unterstellt. Seit sie ab 1948 der alleinigen Verfügung der DB untersteht, umfaßt das Lehrprogramm folgende Fächer: Polizeirecht, Strafrecht, Strafprozeßrecht, Ordnungswidrigkeitenrecht, Verwaltungsrecht, Kriminalistik, psychologisch richtiges Verhalten. Ebenso werden die praktischen Erfordernisse des täglichen Polizeidienstes vermittelt, wie Erste Hilfe, Bedienen von Funkeinrichtungen, Handhaben von Waffen, Anwenden von Polizeigriffen und Bedienen von Strahlenmeßgeräten. Bereits 1948 wurde der Schule eine zentrale Waffenwerkstätte angegliedert, wodurch Waffenüberprüfungen und Instandsetzungen vorgenommen werden können.

Das Jahr 1948 war auch der Beginn des polizeilichen Einsatzes von Diensthunden. So wurde damals der Schule auch eine Diensthundeabrichtanstalt angegliedert. Der Ausbildungsstand ihrer „Zöglinge" erreichte bald weltbekanntes Niveau. Bei Bahnhofsfesten beispielsweise sind Vorführungen der Diensthunde eine unverzichtbare Attraktion.

In den Jahren 1971/72 endlich entstand der Neubau der heutigen Bundesbahnschule für den Bahnpolizeidienst, wie sie nunmehr offiziell heißt.

Allerdings mußte nun die Schule wegen anderweitiger Nutzung des Geländes in Freimann zum 31. Dezember 1990 ihre Pforten schließen. Das bedeutet aber nicht das Ende der Schule. Sie wurde an einen neuen Ort, nämlich nach Straubing in Niederbayern, verlegt, wo die neuen Räumlichkeiten bereits für den Neubeginn im Jahre 1991 hergerichtet sind.

10.6 Soziale Einrichtungen der Deutschen Bundesbahn

Zu einer Darstellung der Eisenbahn im Raum München gehört es, auch kurz auf die vielen Sozialeinrichtungen der Eisenbahn einzugehen, zumal auch sie — wie die Eisenbahnanlagen — das Stadtbild teilweise mitprägen.

In der Geschichte der Eisenbahn setzten bereits während der Zeit der Bayerischen Staatseisenbahn um 1880 Fürsorgebestrebungen ein. Die ersten Eisenbahnverwaltungen waren vor allem darauf bedacht, ihren Bediensteten geeigneten Wohnraum zur Verfügung zu stellen, wofür ursprünglich ausschließlich dienstliche Gründe ausschlaggebend waren. Erst später trat der soziale Gesichtspunkt immer mehr in den Vordergrund. Dementsprechend unterscheidet man seit jeher zwischen Dienst- und bahneigenen Miet(Vertrags)wohnungen.

Eisenbahnerwohnungen entstanden vor allem in der Nähe personalintensiver Dienststellen, so in Neuhausen, Laim, Neuaubing, Berg am Laim und Freimann. Den Eisenbahnern in München und im anschließenden S-Bahn-Bereich stehen heute insgesamt 11 800 kostengünstige Wohnungen, überwiegend Vertragswohnungen, zur Verfügung. Hinzu kommen noch rund 800 Bettplätze in Wohnheimen.

Soziale Funktionen haben auch die Freizeitangebote zu erfüllen. Hier sind zunächst die Eisenbahnersportvereine (ESV) zu nennen, von denen es in München sieben, einschließlich eines Sportfischervereins, gibt. Den derzeit etwa 16 600 Mitgliedern, die nicht unbedingt Eisenbahner sein müssen, stehen vielfach vereinseigene Sportstätten, meist auf Bundesbahnpachtgrund zur Verfügung. Sie liegen in der Regel in der Nähe der genannten Eisenbahnersiedlungen, so daß keine langen Anmarschwege erforderlich sind.

Eine weitere, heute überwiegend der Freizeitgestaltung und Erholung dienende Einrichtung, sind die 50 Münchner Kleingartenanlagen der Bundesbahnlandwirtschft. Sie umfassen 2469 Gärten mit zusammen 73,6 Hektar Pachtgrund.

In der Verwaltung der Bundesbahn-Landwirtschaft Bezirk München e. V., der zur Zeit etwa 4700 Mitglieder angehören, stehen außerdem noch Böschungs-, Weide- und Ackerflächen mit zusammen rund 263 Hektar.

Neben der Wohnungsfürsorge und den beiden Zweckverbänden gibt es, teils bis zur Staatsbahnzeit zurückreichend, noch eine Reihe weiterer Sozialeinrichtungen, wie zum Beispiel eine Kranken- und Sterbekasse, eine Versicherung (heute DEVK), eine Hausbrandversorgung und eine Sparkasse (heute Sparda-Bank), auf die hier jedoch nicht näher eingegangen wird.

11

S-Bahn

Zulaufstrecken nach München

Anbindung des Flughafens an den Fernverkehr

Linienführung im Bereich von München

Planungen für die Zukunft

Wer rastet, rostet. Dies gilt auch für die Eisenbahn, nicht zuletzt auch, weil bis zur Durchführung von Planungen heutzutage unendlich viel Zeit vergeht — siehe Rbf München Nord. Es gilt also, rechtzeitig Prognosen für den zu erwartenden Reise- und Güterverkehr zu erstellen, daraus den notwendigen Bedarf an Eisenbahnanlagen abzuleiten und in Planungen umzusetzen. Nur so sind diese dann in ausgewogener Form und bei Zeiten parat, sobald der akute Bedarf auftritt. Das lange Planungsprozedere und die meist schwierige Finanzierung machen mehr denn je eine rechtzeitige, intensive und überzeugende Unterrichtung der Behörden, der staatlichen, städtischen und gemeindlichen Stellen, der Politiker und nicht zuletzt der Öffentlichkeit unumgänglich. Dies gilt auch für die Weiterentwicklung der Bahnanlagen im Raum München, wo sich durchaus auch nach der Fertigstellung von Rangierbahnhof Nord und Umschlagbahnhof Riem weitere Bedarfsschwerpunkte zeigen. Zum einen wird der Siedlungsdruck im Raum München mit Sicherheit weiter zunehmen, und da ein Wachstum des Individualverkehrs in der Innenstadt nicht mehr möglich und wünschenswert ist, wird dies gebieterisch den weiteren Ausbau des S-Bahn-Systems erzwingen. Zum anderen ergeben sich für den Fernpersonen- und Güterverkehr mit dem freien Verkehrsmarkt in der Europäischen Gemeinschaft, mit der Wiedervereinigung Deutschlands, mit der Öffnung der Grenzen nach Osten und nicht zuletzt dank ökologischer Notwendigkeiten neue Anforderungen an die Bahn. Diesen Anforderungen zu genügen, ist nunmehr die anstehende Aufgabe. Dabei hat München gegenüber anderen Großstädten zur Zeit die einmalige Chance, einen Teil der durch die Auflassung der Rangierbahnhöfe München Laim und München Ost freiwerdenden Flächen für einen weiteren Ausbau des öffentlichen Verkehrs zu nutzen.

11.1 S-Bahn

Die Möglichkeiten für den weiteren Ausbau der S-Bahn und für die Anbindung des Flughafens über die S-Bahn sind bereits im Kapitel 2.3 dargestellt und sollen deshalb hier nicht wiederholt werden.

11.2 Zulaufstrecken nach München

Im Jahr 1991 nimmt die DB ihre beiden ersten Schnellfahrstrecken Hannover—Würzburg und Mannheim—Stuttgart in Betrieb. Zusammen mit den umfangreichen Baumaßnahmen auf den Ausbaustrecken ergibt sich dadurch für den EC/IC-Verkehr in der Bundesrepublik West ein völlig neues Bild, das von wesentlichen Fahrzeitverkürzungen gekennzeichnet ist. Dazu trägt auch der gleichzeitige Einsatz des neuen ICE zwischen Hamburg und München über Frankfurt/M und Stuttgart bei.

Im Bundesverkehrswegeplan sind weitere Neubau- und Ausbaustrecken vorgesehen, an seiner Fortschreibung wird zur Zeit gearbeitet. Die für den Raum München sich dabei ergebenden Aspekte sollen anschließend skizziert werden.

Strecke München—Nürnberg

Diese Verbindung wird heute über zwei Strecken bedient: von München einerseits über Augsburg, andererseits über Ingolstadt nach Treuchtlingen und Nürnberg. Über die Trasse der neuen Verbindung zwischen Nürnberg und München fiel die endgültige Entscheidung am 18. Juni 1991. Die Streckenführung über Ingolstadt erhielt den Zuschlag, da die Trasse aus verkehrlicher Sicht erhebliche Vorteile bringt. Der Fahrzeitgewinn beträgt etwa 31 Minuten. Die Neubau- und Ausbaustrecke über Ingolstadt ist mit 171 Kilometern um 28 Kilometer kürzer als die jetzige Strecke und erlaubt eine Höchstgeschwindigkeit von 250 km/h. Bei günstigem Verlauf kann 1993 mit dem Bau begonnen werden. Mit der Inbetriebnahme der nach letztem Stand drei Milliarden Mark teueren Strecke wird in neun Jahren gerechnet.

München—Augsburg

Diese Strecke ist eine der meist befahrenen Strecken der Deutschen Bundesbahn und eigentlich schon über die Leistungsgrenze hinaus belastet; ein noch attraktives und auch wirtschaftliches Angebot ist so nicht mehr möglich. So müssen ab 1991 Nahverkehrszüge und Güterzüge aus dem Fahrplan gestrichen werden. Der Berufsverkehr zwischen Augsburg und München kann daher auch weiterhin nur unter Einbeziehung des Fernverkehrs mit allen seinen Risiken für Pünktlichkeit und Platzangebot gestaltet werden. Dies führt zu Unzulänglichkeiten für den Bezirksreisenden, aber auch zu Unannehmlichkeiten für den Reisenden im Fernverkehr. Hier ist — unabhängig von der Trassenentscheidung München—Nürnberg — eine Erweiterung auf vier Gleise dringend notwendig; im Oktober 1990 ist dazu der Planungsauftrag erteilt worden. Am 18. Juni wurde das Raumordnungsverfahren für den viergleisigen Ausbau Augsburg—München eingeleitet. Der Nahverkehr zwischen beiden Städten wird vom Ausbau entscheidend profitieren.

Alpenquerender Verkehr

Die plötzlich aufgetretene Unbefahrbarkeit der Autobahnbrücke bei Kufstein im Sommer 1990 und die Sperrung des Brennerpasses durch Italien wegen des österreichischen Nachtfahrverbots für Lastkraftwagen im Herbst des gleichen Jahres haben deutlich gezeigt, daß das bisher hemmungslose Wachsen des Straßengüterverkehrs seine oberste Grenze erreicht hat und daß die Rückbesinnung auf die Schiene unabdingbar geworden ist. So haben die DB und ÖBB in kürzester Zeit gemeinsam einen zusätzlichen Huckepackverkehr (Rollende Landstraße) für Lkw zwischen Ingolstadt und dem Brenner (sogenannter Brennershuttle) mit gutem Erfolg aufgezogen. Damit wurde allerdings die Leistungsfähigkeit der Strecken im gegenwärtigen Ausbauzustand erreicht oder gar überschritten. Mittelfristig ist eine bescheidene Steigerung der Leistungsfähigkeit der DB-Strecke München—Kufstein durch einen Ausbau möglich; die Planungen dazu sind eingeleitet.

Eine entscheidende Steigerung der Leistungsfähigkeit im Alpentransit zwischen Deutschland und Italien, verbunden mit höheren Geschwindigkeiten, kann nur der seit langem diskutierte Brennertunnel bringen. Seine technische Machbarkeit haben Untersuchungen der betroffenen Bahnen längst nachgewiesen. Unentschieden allerdings ist noch die Frage der Zulaufstrecke nördlich der Alpen, für die mehrere Varianten vorstellbar sind. Zum einen bietet sich dafür natürlich das Inntal an, zum anderen wäre auch ein Tunnel nördlich von Innsbruck unter dem Karwendelgebirge denkbar. Auch eine Umfahrung Münchens — z. B. Rosenheim—Mühldorf—Regensburg — wäre für einen Teil der Züge in Richtung Norden günstig. Alle Varianten werden aber erheblichen Einfluß auf die künftige Gestaltung der Bahnanlagen im Raum München haben. Auch aus dieser Sicht ist eine baldige Entscheidung dringend notwendig.

München—Mühldorf—Salzburg

Das Netz für den Hochgeschwindigkeitsverkehr betrifft nicht nur Deutschland, sondern ist — vor allem mit Rücksicht auf die Europäische Gemeinschaft — von internationaler Bedeutung. So ist zum Beispiel auch in unserem Nachbarland Österreich der Ausbau der Strecke von Wien nach Salzburg bereits begonnen worden. Es liegt also nahe, die deutsche Anschlußstrecke bis München entsprechend auszubauen. Bereits ab dem Sommerfahrplan 1991 werden 16 schnelle EuroCity und InterCity je Richtung zwischen Salzburg und München verkehren, das bedeutet gegenüber 1990 mit fünf EC/IC eine Mehrung von 200 Prozent! Wegen ihrer kurvenreichen Trassierung und ihrer starken Belastung eignet sich die Strecke von Rosenheim nach Freilassing allerdings nicht besonders für einen Ausbau. So ist geplant, die wesentlich besser trassierte Strecke über Mühldorf für diesen Verkehr auszubauen. Gleichzeitig wäre damit eine Entlastung der Strecke über Rosenheim zugunsten des alpenquerenden Verkehrs möglich. Dazu ist ein zweigleisiger Ausbau zwischen Markt Schwaben und Freilassing und der Bau eigener S-Bahn-Gleise von München Ost bis Markt Schwaben notwendig. Damit wäre auch eine Verbesserung des Bezirksverkehrs und des Güterverkehrs nach Mühldorf möglich, hat doch diese Strecke wegen ihrer Eingleisigkeit die Leistungsgrenze zu bestimmten Tageszeiten längst erreicht beziehungsweise überschritten. Wegen der Kreuzungsaufenthalte sind überdies die Fahrtzeiten zu lang. Ebenso ist die Elektrifizierung notwendig. So fand diese Strecke 1985 Aufnahme in den Bundesverkehrswegeplan, und die Planung der einzelnen Ausbaumaßnahmen — Beseitigung schienengleicher Bahnsteigzugänge und Bahnübergänge, Linienverbesserungen für eine Geschwindigkeit von 200 km/h, moderne Signaltechnik mit Gleiswechselbetrieb und notwendige Schallschutzmaßnahmen — ist bereits in vollem Gang. Bei zügigem Verlauf der baurechtlichen Verfahren und rechtzeitiger Bereitstellung der Finanzmittel ist die Fertigstellung des Streckenausbaus bis zum Jahr 2000 zu erwarten.

Verkehr München—Dresden/Leipzig/Berlin

München ist mit den neuen Bundesländern über zwei Strecken verbunden, nämlich über Nürnberg—Probstzella—Halle/Leipzig und über Landshut—Regensburg—Hof. Die Strecke über Nürnberg hat bedeutenden Einfluß auf die schon beschriebene Trassenvarianten zwischen München und Nürnberg. Die Strecke über Hof ist für München von größerer Bedeutung, da sie zwischen Hof und Plauen mehr Fahrgäste und damit auch Züge zählt. Sie stellt nämlich nicht nur eine Verbindung mit Leipzig und Berlin her, sondern auch mit sächsischen Städten und Industrieschwerpunkten wie Chemnitz und Dresden.

Auf der Strecke München—Regensburg wird künftig sicherlich eine Zunahme der Reisendenzahlen und damit auch der Zugzahlen zu verzeichnen sein. Dies gilt auch im Hinblick auf den Verkehr mit der Tschechoslowakei, der ebenfalls über diese Strecke läuft. Während die Kapazität zwischen Freising und Landshut—Regensburg noch nicht ausgeschöpft ist, ist die Streckenbelegung im stadtnahen Bereich bis Freising sehr dicht. Eine mittelfristige Trennung von Fernverkehr und S-Bahn wird derzeit im Rahmen des zweiten S-Bahn-Anschlusses für den Flughafen untersucht (siehe Kapitel 2.3.3).

11.3 Anbindung des Flughafens an den Fernverkehr

Für den künftigen Flughafen München II bei Erding bestand bisher ob seiner Randlage kein Bedürfnis, ihn an das Fernverkehrsnetz der DB anzuschließen. So ist es nicht verwunderlich, daß bisher die Planungen nur einen S-Bahn-Anschluß an München vorsahen. Mit der in Kapitel 11.2 geschilderten Entwicklung, die die Strecke nach Mühldorf und später wohl auch die nach Regensburg in den Schnellverkehr mit einbeziehen wird, verändert sich die Lage jedoch von Grund auf. So kann es durchaus interessant werden, die Fernzüge von München in Richtung Mühldorf und Regensburg über den Flughafen zu führen und so die Gebiete östlich und nördlich von München direkt an den Flugverkehr anzubinden. Unter Ausnutzung der vorgesehenen S-Bahn-Strecken (siehe Kapitel 2.3.3), wäre dies mit vergleichsweise kurzen Verbindungsstrecken zwischen Erding und der Strecke nach Mühldorf bei Walpertskirchen mit etwa 10 Kilometer Länge und zwischen dem Flughafen und der Strecke nach Landshut bei Langenbach möglich, wie der Plan 6 aufzeigt. Ein entsprechender Ausbau des Flughafenbahnhofs hinsichtlich der Zahl und der Länge der Bahnsteige (eigener Fernbahnhof) und Abstellanlagen wäre zwangsläufig damit verbunden. Konkrete Planungen sind aber noch nicht vorhanden, auch fehlt noch der politische Auftrag.

11.4 Linienführung im Bereich von München

Die unter 11.2 geschilderten Zulaufstrecken treffen im Westen in Pasing/Laim, im Osten im Ostbahnhof mit den übrigen Strecken zusammen, um gebündelt den Hauptbahnhof und den Rangierbahnhof Nord zu erreichen. Es erhebt sich also durchaus die Frage, ob die innerstädtischen Strecken und Bahnhöfe in der Lage sind, die damit verbundene Verkehrssteigerung noch aufzunehmen. Für den Rbf München Nord ergeben sich voraussichtlich keine Probleme, da er über die erste Ausbaustufe hinaus noch ausbaufähig ist. Anders allerdings ist die Situation im Hauptbahnhof, dessen Leistungsfähigkeit heute schon in den Flutstunden ausgeschöpft ist. Zur Entlastung könnten Nahverkehrszüge (unter anderem die Ergänzungszüge für die S-Bahn) herausgenommen werden, was mit dem Ausbau der S-Bahn (zweiter Tunnel — siehe Kapitel 2.3.2) möglich wäre. Ebenso wäre das Brechen von Bezirkszügen der Richtungen Rosenheim und Mühldorf im Ostbahnhof denkbar. Allerdings können diese Maßnahmen die Schwierigkeiten, die sich aus der mangelnden Leistungsfähigkeit ergeben, nur mildern, keinesfalls aber lösen.

Eine andere Möglichkeit wäre es, die schnellen Fernzüge (ICE) am Hauptbahnhof vorbei über den Südring, möglichst mit Halt in Pasing und Ostbahnhof zu führen. Dies aber hätte eine Aufsplitterung des Fernverkehrs zur Folge und wäre für den Fahrgast sicherlich nicht wünschenswert. Nicht umsonst überlegen andere Großstädte die Schaffung eines zentral gelegenen Hauptbahnhofs anstelle von mehreren Fernbahnhöfen (zum Beispiel Wien, neuerdings auch Berlin). Diese Überlegungen führen nach Ansicht der Autoren fast zwangsläufig zu einem dritten, nur dem Fernverkehr dienenden Tunnel, mit einem Haltepunkt unter dem Hauptbahnhof.

Für eine solche Lösung würden folgende gewichtige Argumente sprechen:

- ▷ Konzentration des Personen-Fernverkehrs an einer Stelle,
- ▷ Umsteigen von Fernzug zu Fernzug ohne Benutzung von Nahverkehrsmitteln,
- ▷ gute Anbindung an Nahverkehrsmittel (S-Bahn, U-Bahn),
- ▷ kürzeste Fahrtzeit durch München (nur ein Halt, kürzeste Linienführung, kein Fahrtrichtungswechsel) und
- ▷ Ausbau des Südrings für den Personenverkehr nicht notwendig.

Ein solcher Fernbahntunnel mag heute noch sehr utopisch erscheinen, auf längere Zeit gesehen sollte man sich aber schon mit diesem Gedanken vertraut machen. Immerhin sind solche Überlegungen beispielsweise für Frankfurt/M. bereits konkret geworden, wo eine gemeinsam von Stadt und Bahn gebildete Arbeitsgruppe einen Fernbahntunnel quer durch die Stadt untersuchen soll. Im doch größeren München sind die städtebaulichen, verkehrlichen und eisenbahnbetrieblichen Entwicklungen durchaus ähnlich gelagert, im Nahverkehr sogar wesentlich brisanter. Es ist

München Hbf, Gleis 12, Sonntag, den 2. Juni 1991: ICE Gambrinus (790), mit dem Triebkopf 401 007 an der Spitze, verläßt pünktlich um 6.41 Uhr beim schwachen Schein der aufgehenden Sonne als erster ICE München Hbf in Richtung Hamburg, wo er auch pünktlich eintrifft. Zu seiner Verabschiedung haben sich trotz früher Stunde viele Neugierige eingefunden, auch ein Fernsehteam und ein Autor dieses Buchs.

— nach Auffassung der Autoren — also dringend notwendig, beizeiten Vorplanungen für einen weiteren S-Bahn-Tunnel und gleichzeitig für einen Fernverkehrstunnel aufzunehmen. Nur so kann der Bedarf dafür abgeschätzt und können die weiteren Entwicklungen positiv gesteuert werden, nur so ist ein Agieren anstelle eines — oft verspäteten — Reagierens möglich!

*

Die Geschichte der Eisenbahn im Raum München und die Entwicklung ihrer Anlagen zeigt, daß die Eisenbahn immer bemüht war, sich möglichst sparsam den Erfordernissen des Verkehrs anzupassen. Dabei gingen und gehen von München immer wieder bedeutende Impulse zur Weiterentwicklung der Eisenbahn aus. Der technische Fortschritt ist aber nie Selbstzweck für die Eisenbahner, sondern es gilt, die städtebaulichen, staatlichen und internationalen Einflüsse und die umweltpolitischen Entwicklungen rechtzeitig zu erfassen und in Planungen umzusetzen. So soll die Eisenbahn in die Lage versetzt werden, allen Anforderungen gerecht zu werden. Dies geschieht aus der Einsicht, daß die Eisenbahn als umweltverträgliches Verkehrsmittel Verkehrsbedürfnisse volkswirtschaftlich sinnvoll befriedigen kann; diese Erkenntnis dringt nach und nach ins allgemeine Bewußtsein ein, da der Straßen- und Luftverkehr seine Grenzen erreicht hat, da sich allmählich ökologische Zusammenhänge klären und da sich Fragen des Umweltschutzes gebieterisch stellen. Diese Erkenntnis gilt nicht nur allgemein, sie gilt insbesondere auch für den Raum München, wenn die schöne Stadt und ihr reizvolles Umland ihre Lebensqualität nicht verlieren sollen.

Chroniken

12.1 Streckenchronik für den Großraum München (MVV-Bereich)

Strecke	Inbetrieb-nahme	Länge (km)	Bemerkungen + = Stillegung P = Personenverkehr // = Elektrifizierung G = Güterverkehr
1839			
München–Lochhausen	01.09.	12,52	// 02.10.1927 2. Gleis: 1862 ab Pasing
Lochhausen–Olching	27.10.	6,58	// 02.10.1927 2. Gleis: 1862
Olching–Maisach	07.12.	5,72	// 02.10.1927 2. Gleis: 1862
1840			
Maisach–Augsburg	04.10.	37,07	// 17.10.1927 Maisach–Nannhofen 2. Gleis: 1862 // 15.05.1931 Nannhofen–Augsburg
1854			
München–Planegg	21.05.	14,13	// 23.02.1925 2. Gleis: Centralbf–Pasing 28.09.1892 Pasing–Planegg 1885
München–Großhesselohe	24.06.	10,72	// 29.09.1957 München Hbf–Solln 2. Gleis: 1865 // 28.09.1968 Solln–Großhesselohe
Planegg–Gauting	16.07.	4,76	// 23.02.1925 2. Gleis: 1885
Gauting–Mühlthal	16.09.	4,63	// 23.02.1925 2. Gleis: 1885
Mühlthal–Starnberg	28.11.	4,39	// 23.02.1925 2. Gleis: 1885
1857			
Großhesselohe–Holzkirchen–Rosenheim	31.10.	62,92	// 28.09.1968 2. Gleis: 12.05.1900 Deisenhofen–Holzkirchen 01.05.1909 Großhesseloher Brücke
1858			
München–Landshut	03.11.	70,92	+ 28.09.1892 Mü CB–Feldmoching (Streckenverlegung über Moosach) // 21.09.1925 Hbf–Freising 03.10.1925 bis Landshut 2. Gleis: Centralbf–Feldmoching 28.09.1892 Moosburg–Landshut Feldmoching–Lohhof 03.11.1891 25.01.1892 Lohhof–Freising 19.11.1891 Freising–Moosburg 25.11.1891
1865			
Starnberg–Tutzing	01.07.	11,66	// 23.02.1925 2. Gleis: 1900
Tutzing–Penzberg	16.10.	22,48	// 04.03.1925
1866			
Tutzing–Weilheim	01.02.	13,88	// 23.02.1925
1867			
München–Ingolstadt	14.11.	80,99	// 01.06.1934 Mü Hbf–Dachau; 05.05.1960 Dachau–Ingolstadt; 2. Gleis: Hbf–Allach 09.07.1892; Allach–Dachau 03.08.1891; Dachau–Röhrmoos 17.08.1891; Röhrmoos–Petershausen 03.09.1891; Petershausen–Pfaffenhofen 04.09.1891; Pfaffenh.–Wolnzach 07.04.1892; Wolnzach–Reichertshofen 23.06.1892; Reichertsh.–Ingolstadt 18.07.1892
1871			
München–Ostbahnhof	15.03.	9,82	// 03.01.1927 2. Gleis: seit Streckenöffnung
Ostbahnhof–Neuötting	01.05.	87,68	// 07.09.1970 bis Markt Schwaben; 2. Gleis: Ostbahnhof–Riem 01.05.1909; Riem–Markt Schwaben 1911
Ostbahnhof–Rosenheim	15.10.	55,07	// 12.04.1927; 2. Gleis: Ostbf–Trudering 01.10.1892; Trudering–Zorneding 05.10.1892; Zorneding–Kirchseeon 01.05.1893; Kirchseeon–Aßling 01.10.1893; Aßling–Großkarolinenfeld 01.05.1894; Großkarolinenfeld–Rosenheim 01.10.1894

Strecke	Inbetrieb-nahme	Länge (km)	Bemerkungen + = Stillegung ⁄⁄ = Elektrifizierung P = Personenverkehr G = Güterverkehr
1872			
Kaufering–Buchloe	01.11.	11,81	2. Gleis: Buchloe–Igling 28.04.1906; Igling–Kaufering 29.09.1906
Markt Schwaben–Erding	16.11.	13,63	⁄⁄ 07.09.1970
1873			
München–Kaufering	01.05.	56,18	⁄⁄ 28.09.1968 bis Geltendorf; 2. Gleis: Pasing–Fürstenfeldbruck 01.05.1899; Fürstenfeldbruck–Grafrath 21.11.1905; Grafrath–Türkenfeld 27.04.1906; Türkenfeld–Epfenhausen 29.05.1906; Epfenhausen-Kaufering 29.09.1906
1875			
Pasing–Südbahnhof	31.12.	7,81	+ 01.05.1893
1879			
Weilheim–Murnau	15.05.	21,40	⁄⁄ 23.02.1925 2. Gleis: 1940 Huglfing–Hechendorf (1949 zwischen Huglfing und Murnau – 12,81 km – abgebaut)
1889			
Murnau–Garmisch-Part.	24.07.	25,70	⁄⁄ 23.02.1925
1891			
Thalkirchen–Ebenhausen	10.06.	15,73	⁄⁄ 15.01.1900 bis Höllriegelskreuth; 29.06.1960 bis Ebenhausen; 2. Gleis: 01.11.1896 Höllriegelsk.–Pullach; 01.05.1897 Pullach–Thalkirchen; Rückbau 2. Gleis Thalkirchen–Großhesselohe–I.: 01.06.1964; P: + 01.06.1964 bis Großhesselohe Isartalbahnhof
Ebenhausen–Wolfrathshausen	27.07.	16,16	⁄⁄ 29.06.1960
1892			
Mü-Isartalbf–Thalkirchen	10.04.	1,26	⁄⁄ 15.01.1900; 2. Gleis: 23.12.1897 abgebaut 31.06.1959 P: + 31.05.1964; G: + 31.05.1964 Mü-Isartalbahnhof – km 1,2 und 01.04.1989 km 1,2 – Thalkirchen
München Hbf–Feldmoching	28.09.	14,56	⁄⁄ 21.09.1925; Streckenverlegung über Moosach
1893			
Mü-Laim Rbf–Moosach	01.05.	5,49	⁄⁄ 01.12.1926; eingleisige Güterstrecke
Mü-Laim Rbf–Allach	01.05.	6,20	⁄⁄ 30.07.1934; eingleisige Güterstrecke
Mü-Laim Rbf–Pasing	01.05.	3,09	⁄⁄ 01.02.1926; 2. Gleis: 1894; Güterstrecke
Mü-Laim Rbf–Mittersendling	01.05.	5,70	⁄⁄ 01.01.1960; eingleisige Güterstrecke
Mü-Laim Rbf–Südbahnhof	01.05.	4,73	⁄⁄ 03.01.1927; 2. Gleis 1894 (2,59 km) und 1895
1894			
München Hbf–Laim Pbf	30.08.	4,11	⁄⁄ 16.03.1925; 2. Gleis seit Eröffnung; „Vorortbahn"
Grafing Bf–Glonn	27.05.	10,61	P: + 31.05.1970; G: + 23.05.1971
1895			
Laim Pbf–Pasing	01.05.	3,10	⁄⁄ 16.03.1925; 2. Gleis seit Eröffnung; „Vorortbahn"
1897			
Wolfrathshausen–Eurasburg	01.06.	7,00	P: + 27.05.1972; G: + 27.05.1972
Eurasburg–Beuerberg	15.08.	3,60	P: + 27.05.1972; G: 27.05.1972
1898			
Beuerberg–Bichl	25.05.	13,50	P: + 31.05.1959; G: + 31.05.1959 Bichl–Beuerberg
Ostbahnhof–Deisenhofen	10.10.	13,02	⁄⁄ 23.05.1971
Penzberg–Kochel	23.05.	14,73	⁄⁄ 04.03.1925
1899			
Grafing Bf–Ebersberg	12.11.	5,95	⁄⁄ 28.09.1969
1900			
Pasing–Planegg	01.05.	6,75	⁄⁄ 16.03.1925; 2. Gleis seit Betriebseröffnung; „Vorortbahn"
1901			
Moosach–Schwabing	01.10.	8,89	⁄⁄ 23.08.1926 (Moosach–Rbf Mü Ost); Güterstrecke; + 1945 Abzw. Ingolstädter Straße–Schwabing; + 25.08.1990 Moosach–Abzw. Oberwiesenfeld; 31.10.1990 neue Strecke Moosach–Abzw. Oberwiesenfeld
1902			
Planegg–Gauting	01.10.	4,79	⁄⁄ 16.03.1925; 2. Gleis vom 01.06.1908 bis 1918 und ab 1969; „Vorortbahn"
1903			
Pasing–Herrsching	01.07.	30,94	⁄⁄ 01.08.1925; 2. Gleis: Pasing–Freiham 23.07.1913; Freiham-Unterpfaffenhofen–Germering 27.09.1984; Unterpf.–Gilching-Argelsried 22.12.1986; Gilching–A.–Weßling 03.09.1985

Strecke	Inbetriebnahme	Länge (km)	Bemerkungen + = Stillegung // = Elektrifizierung P = Personenverkehr G = Güterverkehr
1904			
Giesing–Aying	06.06.	21,51	// 26.09.1971
Abzw. Oberwiesenfeld West–Oberwiesenfeld		1,30	// 1971; P: seit 28.05.1972; + 01.08.1990
1905			
Ebersberg–Wasserburg Bf	01.10.	18,75	
1909			
Ostbahnhof–Ismaning	05.06.	14,47	// 21.10.1927; 2. Gleis: Ostbf–Daglfing 26.05.1972; Daglfing–Milbertshofen 01.01.1942 P: + vom 28.05.1972 bis 29.09.1973
Johanneskirchen–Schwabing	05.06.	7,57	// 23.08.1926 Johanneskirchen–Freimann Güterstrecke; + km 2,4 – Schwabing am 01.11.1987
1912			
Dachau Bf–Indersdorf	08.07.	16,29	
Aying–Kreuzstraße	25.11.	6,40	// 26.09.1971
1913			
Indersdorf–Altomünster	13.12.	13,59	
1924			
Feldmoching–Milbertshofen	01.02.	3,96	// 23.08.1926; Güterstrecke
Milbertshofen–RAW Freimann	01.02.	3,79	// 01.01.1964; Güterstrecke
1926			
Rbf Mü Ost–Trudering	01.03.	1,98	// 09.10.1927; eingleisige Güterstrecke
Rbf Mü Ost–Riem	01.03.	3,32	// 07.09.1970; eingleisige Güterstrecke
Rbf Mü Ost–Ostbahnhof Pbf	01.03.	2,32	// 21.10.1927; zweigleisige Güterstrecke
1939			
Abzw Steinwerk–Abzw Olching Ost .	02.10.	6,77	+ 1949; Güterstrecke eingleisig
Olching Bf–Abzw Olching Ost	02.10.	3,49	// 02.10.1939; 2. Gleis: 01.01.1942; Güterstrecke
Abzw Olching Ost–Milbertshofen ...	02.10.	12,07	// 02.10.1939; 2. Gleis: 01.01.1942; Güterstrecke
Daglfing–Trudering	02.10.	2,82	// 1941 2. Gleis: 01.01.1942, abgebaut 1956; Güterstrecke
Karlsfeld–Ludwigsfeld	02.10.	1,76	// 05.05.1960; Güterstrecke; + 1991
Allach–Ludwigsfeld	02.10.	1,47	// 02.10.1939; Güterstrecke; + 1991
1942			
Abzw Nordost–Feldkirchen	01.01.	7,69	+ 1949; eingleisige Güterstrecke
1950			
Solln–Großhesselohe–Isartalbahnhof	08.10.	1,30	// 29.09.1957; zweigleisig; Verbindungskurve besteht seit 1936/38, diente jedoch nur dem Anschlußverkehr. 2. Gleis: 31.05.1981
1953			
Abzw Kanal–Abzw Pasing West	17.05.	4,07	// 17.05.1953; „Abstellbahn"; 2. Gleis seit Eröffnung
1959			
Abzw Pasing West–Pasing	01.01.	1,62	// 28.09.1968
Abzw Pasing West–Pasing Abstellbahnhof	01.01.	1,92	// 01.01.1959; 2. Gleis seit Eröffnung
Abzw Landsberger Straße–Laim Stellwerk 1	01.06.	1,48	// 01.06.1959;
1970			
Abzw Rbf Mü Ost Süd–Abzw Baumkirchen	01.04.	0,38	// 01.04.1970; Güterstrecke
Abzw Baumkirchen–Trudering	01.04.	1,88	// 01.04.1970; 2. Gleis: 1973; S-Bahngleise
Pasing–Abzw Landsberger Str.	01.11.	3,32	// 01.11.1970
Abzw Oberwiesenfeld Ost–Olympiastadion	01.11.	0,40	// 01.11.1970; P: + 30.11.1988; G· + 01.03.1989
1972			
Abzw Nymphenburg–Abzw Neulustheim	17.04.	1,12	// 17.04.1972; S-Bahngleise
Laim Pbf–Abzw Obermenzing	14.04.	1,70	// 14.04.1972; S-Bahngleise
Ostbahnhof–Hackerbrücke	28.04.	4,03	// 28.04.1972; S-Bahntunnel
Abzw Vogelweide–Mü-Steinhausen (Bw)	15.02.	1,78	// 15.02.1972; S-Bahngleise
Pasing–Lochhausen	28.05.	5,13	// 28.05.1972; separate S-Bahngleise

Strecke	Inbetrieb-nahme	Länge (km)	Bemerkungen + = Stillegung // = Elektrifizierung P = Personenverkehr G = Güterverkehr
1973			
Rbf Mü Ost–Daglfing	30.09.	1,45	// 30.09.1973; Güterstrecke
Ostbahnhof–Giesing	30.06.	3,61	// 30.06.1973; separate S-Bahngleise
1976			
Lochhausen–Olching	16.12.	6,58	// 16.12.1976; separate S-Bahngleise
1979			
Trudering–Haar	17.09.	5,32	// 17.09.1979; separate S-Bahngleise
Trudering–Abzw Waldtrudering	17.09.	2,08	// 17.09.1979; Güterstrecke zweigleisig
1980			
Olching–Maisach	28.05.	5,88	// 28.05.1980; separate S-Bahngleise
1981			
Abzw Heimeranplatz–Donnersberger Brücke	31.05.	1,75	// 31.05.1981; „Südstreckentunnel“;
1988			
Maisach–Nannhofen	31.03.	6,16	// 31.03.1988; separates S-Bahngleis
Haar–Zorneding	25.09.	8,54	// 25.09.1988; separate S-Bahngleise
1990			
Moosach–Abzw Oberwiesenfeld	31.10.	0,9	// 31.10.1990; eingleisige Güterstrecke
1991			
Allach–Rbf Mü Nord			// 1991; eingleisige Güterstrecke
Karlsfeld–Rbf Mü Nord			// 1991; zweigleisige Güterstrecke
Feldmoching–Rbf Mü Nord			// 1991; eingleisige Güterstrecke
Moosach–Rbf Mü Nord			// 1991; eingleisige Güterstrecke
1992			
Ismaning–Flughafen Mü-Terminal			// 1992; 2. Gleis seit Eröffnung

12.2 Chronik der Bahnhöfe und Haltestellen im Großraum München

Altenerding	01.05.1899
Altomünster	13.12.1912
Arnbach	13.12.1913
Aufhausen	16.11.1872
Aying	06.06.1904
Bachern	08.07.1912
Baierbrunn	10.06.1891
Baldham	01.05.1897
Breitenau	08.07.1912/+17.08.1987
Buchenau	02.10.1949
Buchenhain	14.05.1950
Dachau Bahnhof	14.11.1867
Dachau Stadt[5])	08.07.1912
Deisenhofen	31.10.1857
Dürrnhaar	06.06.1904
Ebenhausen-Schäftlarn	10.06.1891
Ebersberg	12.11.1899
Eching	05.08.1889
Egelharting	01.05.1897
Eichenau[15])	01.05.1896
Erding	16.11.1872
Erdweg	13.12.1913
Esterhofen	01.06.1889
Esting	01.06.1980
Feldafing	01.07.1865
Feldkirchen	01.05.1871
Flughafen Besucherpark	1992
Flughafen München-Terminal	1992
Flughafen West[1])	1992
Föhringer Kanal	1928/+27.05.1972
Freising	03.11.1858
Freising-Neustift	01.05.1909/+31.05.1975
Fürstenfeldbruck[4])	01.05.1873
Furth	15.05.1934
Gauting	16.07.1854
Geisenbrunn	01.07.1903
Geltendorf	30.06.1898
Gernlinden	01.10.1902
Gilching-Argelsried	01.07.1903
Glonn	27.05.1894/+31.05.1970
Gräfelfing[17])	01.05.1896
Grafing Bahnhof	15.10.1871
Grafing Stadt[7])	12.11.1899
Grafrath	01.05.1873
Gröbenzell	20.11.1898
Gronsdorf	01.05.1897
Großhelfendorf	25.11.1912
Großhesselohe[1])	24.06.1854/+30.05.1981
Großhesselohe-Isartalbahnhof	10.06.1891
Grub	01.05.1897
Haar	15.10.1871
Hallbergmoos	1992
Harthaus	05.10.1947
Heimstetten	01.05.1897
Herrsching	01.07.1903
Höhenkirchen-Siegertsbrunn	06.06.1904
Höllriegelskreuth	10.06.1891
Hohenbrunn	06.06.1904
Hohenschäftlarn	10.06.1891
Holzkirchen	31.10.1857
Icking	27.07.1891
Indersdorf	08.07.1912
Ismaning	05.06.1909
Ismaning (Taxetstraße)[3])	28.05.1989/+1991
Kirchseeon	15.10.1871
Kleinberghofen	13.12.1913
Kreuzstraße	25.11.1912
Langenbach	1862

Lochham	01.05.1900
Lohhof	vmtl. 03.11.1858
Maisach	07.12.1839
Malching	1927
Maria-Einsiedel	10.06.1891 bis etwa 1920
Markt Schwaben	01.05.1871
Marzling	08.09.1888
Moosach bei Grafing	27.05.1894/+ 31.05.1970
Moosburg	03.11.1858
Mühlthal	16.09.1854
Mü-Allach	14.11.1867
Mü-Aubing	01.05.1873
Mü-Berg am Laim[6]	01.05.1897
Mü-Daglfing	05.06.1909
Mü-Donnersberger Brücke[12]	01.09.1895
Mü-Englschalking	09.07.1910
Mü-Fasanerie	01.05.1896
Mü-Fasangarten[2]	10.10.1898
Mü-Fasanenpark	26.09.1971
Mü-Feldmoching	1867
Mü-Forstenrieder Str.[11]	01.05.1896
Mü-Freiham[1]	01.07.1903/+ 31.05.1975
Mü-Freimann[1]	05.06.1909
Mü-Gaswerk Bf[1]	01.01.1946/+ 1950er/60er Jahre
Mü-Giesing	10.10.1898
Mü-Hackerbrücke	28.05.1972
Mü-Harras[11]	01.05.1896
Mü-Hauptbahnhof[18]	01.09.1839
Mü-Hauptbahnhof (Tunnel)	28.05.1972
Mü-Hauptwerkstätte[12]	01.09.1895
Mü-Heimeranplatz	26.09.1982
Mü-Ingolstädter Str.	01.10.1948/+ 14.05.1949
Mü-Isartalbahnhof	12.04.1892/+ 31.05.1964
Mü-Isartor	28.05.1972
Mü-Johanneskirchen	05.06.1909
Mü-Karlsfeld	01.05.1896
Mü-Karlsplatz	28.05.1972
Mü-Laim Rbf[1][19]	15.02.1895
Mü-Langwied	06.01.1947
Mü-Leienfelsstraße	27.09.1970
Mü-Leuchtenbergring	28.05.1972
Mü-Lochhausen	25.08.1839
Mü-Marienplatz	28.05.1972
Mü-Milbertshofen[1]	01.10.1901
Mü-Mittersendling	24.06.1854
Mü-Moosach	01.12.1892
Mü-Neuaubing[8]	20.11.1905
Mü-Neuperlach Süd	17.12.1977
Mü-Nord Rbf[1]	1991
Mü-Obermenzing	20.11.1905
Mü-Oberwiesenfeld	01.10.1948/+ 14.05.1949
Mü-Olympiastadion	26.08.1972/+ 01.08.1990
Mü-Ostbahnhof[13]	15.03.1871
Mü-Ost Rbf[1]	1921
Mü-Ost Rbf (Haltepunkt)	03.10.1948/+ 22.05.1971
Mü-Perlach	06.06.1904
Mü-Prinz Ludwigshöhe	1893/+ 31.05.1964
Mü-Riem	01.05.1871
Mü-Rosenheimer Platz	28.05.1972
Mü-Schwabing[1]	05.06.1909/+ 01.11.1987
Mü-Siemenswerke	25.09.1966
Mü-St. Martin-Straße	26.09.1971
Mü-Solln	01.05.1896
Mü-Südbahnhof[1][14]	15.03.1871/+ 01.06.1985
Mü-Thalkirchen[1]	10.06.1891/+ 31.05.1964
Mü-Trudering	15.10.1871
Mü-Westkreuz	31.05.1970
Mü-Zamdorf[10]	11.07.1897/+ 30.05.1959
Mü-Zentralwerkstätte[12]	01.09.1895
Zentralwerkstätte Aubing[8]	20.11.1905
Nannhofen	04.04.1840
Neubiberg	06.06.1904
Neugilching[9]	03.07.1944
Neufahrn bei Freising	um 1880
Niederroth	08.07.1912
Oberschleißheim	28.05.1972
Olching	27.10.1839
Ottenhofen	16.11.1872
Otterfing	01.10.1891
Ottobrunn	zwischen 1914 und 1922
Peiß	25.11.1912
Petershausen	14.11.1867
Planegg	21.05.1854
Poing	01.05.1871
Possenhofen	01.07.1865
Puchheim	01.05.1896
Pullach	10.06.1891
Pullach-Gartenstadt	07.10.1934/+ 30.05.1964
Pulling	01.06.1886
Röhrmoos	14.11.1867
Roggenstein[15]	01.05.1896
St. Kolomann	01.06.1890
Sauerlach	31.10.1857
Schleißheim[1]	03.11.1858/+ 27.05.1972
Schöngeising	01.12.1893
Schwabhausen	08.07.1912
Seefeld-Hechendorf	01.07.1903
Starnberg	28.11.1854
Steinebach	01.07.1903
Stockdorf	01.10.1902
Stumpfenbach	13.12.1913
Taglaching	27.05.1894/+ 31.05.1970
Taufkirchen-Unterhaching	10.10.1898
Türkenfeld	01.05.1873
Tutzing	01.07.1865
Unterföhring	05.06.1909
Unterhaching	10.10.1898
Unterpfaffenhofen-Germering	01.07.1903
Unterschleißheim	17.12.1977
Vaterstetten	01.05.1897
Wächterhofen	01.01.1946
Walpertshofen	15.08.1891
Weichselbaum[9]	03.07.1944
Weßling	01.07.1903
Wiesham	12.11.1899/+ 27.05.1972
Wifling	zwischen 1914 und 1922/+ 22.05.1971
Wolfratshausen	27.07.1891
Zinneberg[16]	27.05.1894/+ 31.05.1970
Zorneding	15.10.1871

Anmerkungen:

1) Nur (noch) Güterverkehr.
2) Bis 04.02.1904 Fasanengarten.
3) Vorübergehender Haltepunkt für die Dauer des Neubaues des Bf Ismaning.
4) Frühere Bezeichnung bis 01.10.1908: Bruck bei München.
5) Frühere Bezeichnung: Dachau Markt.
6) Die Haltestelle Berg am Laim wurde am 01.05.1897 an der Rosenheimer Strecke eingerichtet. Am 01.05.1915, aus Anlaß der Streckenverlegung nach Norden, stillgelegt und am 01.05.1916 an der Mühldorfer Strecke wiedereröffnet. Seit dem 28.05.1972 wird Berg am Laim von der S4 und S6 bedient.
7) Frühere Bezeichnung: Grafing Markt.
8) Der Bf Zentralwerkstätte Aubing heißt seit dem 01.10.1908 Neuaubing.
9) Der Haltepunkt Weichselbaum heißt seit dem 01.05.1972 Neugilching.
10) Erster Haltepunkt Zamdorf an der Mühldorfer Strecke. Nach der Streckenverlegung nach Süden und Neubau der Ismaninger Strecke, Einrichtung des Haltepunktes am 05.06.1909 an der letztgenannten Strecke. Am 01.05.1909 wurde der erste Haltepunkt aufgelassen.
11) Mü-Harras hieß früher Forstenrieder Straße.
12) Die früheren Bezeichnungen für den Bahnhof Donnersberger Brücke: Mü-Centralwerkstätte (bis ca. 1920), dann Mü-Hauptwerkstätte (bis 23.05.1971).
13) Frühere Bezeichnung bis 15.10.1876: Haidhausen.
14) Frühere Bezeichnung bis 15.10.1876: Thalkirchen.
15) Eichenau hieß bis 14.05.1935 Roggenstein.
16) Frühere Bezeichnung: Adling.
17) Eine andere Quelle nennt den 01.05.1900 als Eröffnungstag.
18) Bis 01.05.1904 als München-Centralbahnhof bezeichnet.
19) Teilinbetriebnahme: 1893
\+ = Außerbetriebnahme

12.3 Allgemeine Eisenbahnchronik für den Großraum München

1835

28. November Genehmigung zum Bau der Augsburg-Münchner Bahn.

1838

9. Februar Erster Spatenstich für den Bau der Strecke München—Augsburg bei Lochhausen.

1839

25. August Feierliche Eröffnung der ersten Eisenbahnstrecke im Raum München vom Bahnhof am Marsfeld nach Lochhausen.

1. September Aufnahme des fahrplanmäßigen Betriebs nach Lochhausen.

1840

4. Oktober Eröffnung der Gesamtstrecke von München nach Augsburg (Maximiliansbahn).

1841 Errichtung einer Eisenbahnbaukommission für Projektierung, Bau und Betrieb mit Sitz in Nürnberg.

1844

1. Oktober Die Bahnstrecke München—Augsburg geht durch Kauf in Staatseigentum über.

1845

15. April Die Generalverwaltung der Königlichen Eisenbahnen in München wird ins Leben gerufen.

Juli Einrichtung des Bahnamtes München als Vorläufer der heutigen Bundesbahndirektion München.

1846

22. Mai Bayern geht zum Staatsbahnsystem über. Von nun an werden alle wichtigen Eisenbahnen vom Staat gebaut und betrieben.

1847 Neubau des Münchner Hauptbahnhofs nach Planungen von Friedrich von Gärtner durch Architekt Friedrich Bürklein als Baumeister.

4. April Der erste kleine hölzerne Münchner Bahnhof auf dem Marsfeld brennt ab.

Juni Die Generalverwaltung der Königlichen Eisenbahnen wird in die Generalverwaltung der Königlichen Posten und Eisenbahnen umgewandelt.

1851

9. Februar Einrichtung der „Generaldirektion der Königlich Bayerischen Verkehrsanstalten" unter dem Handelsministerium.

14. November Bahnamt München wird „Oberpost- und Bahnamt München".

1856

19. März Gründung der Bayerischen Ostbahn-Gesellschaft.

12. April Konzessionierung der Königlich privilegierten AG der Bayerischen Ostbahnen.

1868 Verlegung der Strecke nach Holzkirchen im Bereich des Centralbahnhofs in die heutige Lage zusammen mit der Strecke vom Centralbahnhof zum Bahnhof Haidhausen (heute: Ostbahnhof).

1870

2. April Erste deutsche Fahrplankonferenz in München.

1871 Fertigstellung der 1. Ausbaustufe der Centralwerkstätte.

Unterstellung der Eisenbahn unter das Ministerium des Äußeren.

1874 Bau des Verwaltungsgebäudes der Ostbahngesellschaft AG, Prielmayerstraße 1. Nach dem 2. Weltkrieg war in dem Gebäude bis 1972 ein Teil der Bundesbahndirektion München untergebracht.

1875

15. April Die Königlich privilegierte Aktiengesellschaft der bayerischen Ostbahnen mit 771,8 Kilometern Streckennetz wird vom bayerischen Staat übernommen.

1882 Auf der Strecke München—Starnberg werden die ersten Versuche mit elektrischer Zugbeleuchtung durchgeführt.

Jahresende Der Ostbahnhof erhält in Bayern die erste Stellwerksanlage mit Gestängeweichen und mechanischem Stationsblock (System Schnabel & Henning).

1886

1. August Neuordnung der Generaldirektion der Königlich Bayerischen Verkehrsanstalten. Errichtung einer Generaldirektion der Königlich Bayerischen Staatseisenbahnen und einer Direktion der Königlich Bayerischen Posten und Telegraphen.

1887

9. Februar Gründung der Lokalbahn-Aktiengesellschaft München (LAG)

1891 Bau der Laimer Unterführung

1892

28. September Die direkte Streckenführung München—Feldmoching der Strecke nach Landshut über die heutige Landshuter Allee wird aufgelassen und durch die Strecke über Moosach ersetzt. Anlaß war der Neubau des Verschiebebahnhofs Laim.

1894

9. August Im Südbahnhof geht die Stellwerkanlage System Schnabel und Henning in Betrieb.

1895 Eröffnung der Straßenunterführung Rosenheimer Straße am Ostbahnhof.

1896 Inbetriebnahme einer Güterzugrangieranlage im Ostbahnhof.

Fertigstellung des Verschiebebahnhofs Laim.

1897 Bau einer Militärbahn als Feldbahn für das Königlich bayerische Eisenbahn-Bataillon. Die Strecke verläuft vom Oberwiesenfeld entlang der 1892 aufgelassenen Trasse der Landshuter Bahn, biegt in der Lerchenau nach Osten ab und führt zum Schießplatz Freimann.

1898 Zwischen dem Centralbahnhof und Großhesselohe wird ein elektrischer Streckenblock in Betrieb genommen.

1900 Die Centralwerkstätte erreicht ihren Endausbauzustand.

1902 Fertigstellung des Gebäudes der Eisenbahndirektion (heute Bundesbahnzentralamt) an der Arnulfstraße.

4. März Einrichtung eines Gleisanschlusses vom Bahnhof Schwabing zur Lokomotivfabrik J. A. Maffei an der Gyßlingstraße in der Hirschau.

Die Industriebahn wurde 1949/50 abgebaut, nachdem die Lokomotivfabrik schon 1935 abgebrochen wurde.

1903

30. Juni Eröffnung der Paul-Heyse-Unterführung am Hauptbahnhof.

1904

1. Januar Einrichtung des Königlich Bayerischen Staatsministeriums für Verkehrsangelegenheiten" und Auflassung der Generaldirektion der Königlich Bayerischen Staatsbahn.

Einrichtung eines Verbindungsgleises zwischen der Lokalbahn Moosach—Schwabing und den militärischen Anlagen auf dem Oberwiesenfeld.

1905

9. Januar Inbetriebnahme eines Zufahrtgleises vom Südbahnhof zu den städtischen Lagerplätzen mit Straßenüberbrückungen.

12. Oktober Die Lokomotivfabrik Krauss & Comp. AG München liefert ihre 5000. Dampflokomotive aus.

1906

1. Oktober Inbetriebnahme einer neuen Zentralwerkstätte in Aubing.

1907

1. April Neuorganisation der Bayerischen Staatsbahn. Die Eisenbahndirektionen München, Nürnberg, Augsburg, Regensburg und Würzburg werden gebildet.

Einrichtung zentraler Ämter in Berlin und München. In München werden unter anderem je ein Amt für bautechnische und für maschinentechnische Konstruktionswesen eingerichtet, die dem Bayerischen Verkehrsministerium unmittelbar unterstellt sind.

1909

1. Mai Die Strecke München—Mühldorf wird in Abschnitt Ostbahnhof—Riem nach Süden verlegt. Der Haltepunkt Zamdorf wird aufgelassen und am 6. Juni an der neu eröffneten Strecke nach Ismaning wieder in Betrieb genommen.

1915 Verlegung der Bahnstrecke Ostbahnhof—Trudering nach Norden an den im Bau befindlichen Verschiebebahnhof München Ost.

1916 Bau eines Industriegleises vom Bahnhof Schleißheim entlang des Flughafens zu einer Munitionsfabrik in Hochbrück.

1920

1. April Die Ländereisenbahnen werden zu Reichseisenbahnen zusammengeschlossen mit Zweigstelle des Reichsverkehrsministeriums in München.

1921

30. April Endgültige Inbetriebnahme des Starnberger Flügelbahnhofs.

1922

1. März Eröffnung des Holzkirchner Flügelbahnhofs. München Hauptbahnhof besitzt nun 36 Bahnsteiggleise.

1. April Inbetriebnahme eines ersten elektromechanischen Stellwerks in München Hbf (Stellwerk 3).

6. Juli Die Eisenbahndirektion München wird zur Reichsbahndirektion München (RBD).

1923 Zur Unterhaltung der Ellok auf dem neu zu elektrifizierenden süddeutschen Streckennetzes wird an der Landsberger Straße beim Bahnbetriebswerk München Hbf eine Nebenwerkstätte der Hauptwerkstätte (früher Centralwerkstätte München) erbaut.

1924

11. Februar Die Zweigstelle des Reichsverkehrsministeriums wird zur „Gruppenverwaltung Bayern".

19. Februar Fertigstellung des Unterwerks Pasing, des ersten UW im DB-Bereich.

11. Oktober Gründung der Deutschen Reichsbahn-Gesellschaft (DRG).

1925 Die Deutsche Reichsbahn-Gesellschaft kauft für 12 Mio RM das 363 ha große Gelände der Fa. Neumeyer AG, vormals Bayerische Geschützwerke der Fa. Krupp, zur Errichtung des RAW Freimann.

1927

4. Februar Besprechung zwischen Vertretern der Hauptverwaltung der DRG, der Gruppenverwaltung Bayern und der RBD München über den Plan, neben den beiden Rangierbahnhöfen in Laim und München Ost, einen Zentralrangierbahnhof in der Gegend von Milbertshofen zu bauen.

1929 Fertigstellung des sich seit 1926 im Bau befindlichen Lebensmittelbahnhofs am Südbahnhof.

Baubeginn eines umfassenden Um- und Ausbaus von München Ost Personenbahnhof mit Vermehrung, Erhöhung und Verlängerung der Bahnsteige, Umbau und Verbesserung der Bahnsteigdächer sowie Vermehrung und Umgestaltung der Zugangs-, Abgangs- und Gepäcktunnel. Die Bauarbeiten dauern bis 1937.

1931 Das AW Freimann kann seinen vollen Betrieb aufnehmen. Im Unterhaltungsbestand sind Dampfloks, Elloks, Triebwagen, Güterwagen und bahneigene Straßenfahrzeuge.

Die beiden Münchner Lokomotivfabriken Krauss und J. A. Maffei vereinigen sich zur Lokomotivfabrik Krauss und Comp. — J. A. Maffei AG. (Ab 1940: „Krauss Maffei AG").

1933

1. Oktober Die Gruppenverwaltung Bayern wird aufgelöst. Das Gebäude geht auf die RBD München über.

1. November Das Reichsbahn-Zentralamt München wird gegründet (Arnulfstraße 19). Die Reichsbahndirektion übernimmt das Gebäude der Gruppenverwaltung Bayern — ehemaliges Verkehrsministerium —, von dem heute nur noch der südliche Flügelbau an der Arnulfstraße steht.

1938

1. Januar Einrichtung der Reichsbahn-Baudirektion München (RBauD).

1. August Die Lokalbahn AG wird verstaatlicht und in die Deutsche Reichsbahn eingegliedert.

August Baubeginn am Münchner Nordring.

1939

Jahresbeginn Baubeginn am Verschiebebahnhof München Nord.

1. April Einrichtung einer Elektrischen Betriebsleitung (EBL) in München-Pasing.

September Baubeginn des RAW Unterföhring für die S-Bahn. Die Arbeiten werden jedoch bald wieder eingestellt, da das RAW nicht zu den kriegswichtigen Bauvorhaben zählt.

1940

Jahresbeginn Baubeginn am Baugüterbahnhof München-Ludwigsfeld.

Jahresende Inbetriebnahme des Ortsgüterbahnhofs Pasing an seiner heutigen Stelle.

1941 Fertigstellung der Halle 24 (jetzt 1 und 2) in Freimann. Sie ist mit 41 736 m² und 563 759 m³ umbauten Raum mit Abstand die größte Halle und dient bis zur Einstellung der Dampflokausbesserung als Dampflokrichthalle.

Das zweite Gleis der Strecke Ostbahnhof—Markt Schwaben (Gleis Ostbahnhof—Markt Schwaben) wird abgebaut und vermutlich in die besetzten Ostgebiete abgefahren.

1942 Baubeginn an einem Dampfkraftwerk in Penzberg für das damals geplante Münchner S-Bahn-Netz.

Am 1. Februar 1951 wird das Kraftwerk in Betrieb genommen.

Jahresmitte Einstellung der Bauarbeiten am Verschiebebahnhof München Nord wegen der Kriegsereignisse.

1943

August Einstellung der Bauarbeiten am Baugüterbahnhof Ludwigsfeld

1944

1. Oktober Auflösung der Reichsbahnbaudirektion (RBauD). Es verbleibt nur noch ein Baustab.

1945

Februar Der gesamte Fernverkehr läuft München Hbf wegen seiner großen Zerstörungen nicht mehr an. Es werden nur Bezirks- und Vorortzüge (Pendelzüge) im „Fahren auf Sicht" durchgeführt.

25. Februar Bei diesem Luftangriff stürzt ein Überbau der Hackerbrücke ein.

29. April Einstellung des Zugverkehrs in München aufgrund des Herannahens amerikanischer Truppen.

30. April Kriegsende für München

5. Mai Der US-Kommandant befiehlt, daß ab 6. Mai die Instandsetzung der Bahnanlagen im Münchner Hauptbahnhof zu beginnen hat.

31. Mai Das Hauptquartier der 7. US-Armee genehmigt die Aufnahme eines öffentlichen Güterverkehrs für lebenswichtige Güter unter Ausschluß folgender sogenannter Militärstrecken:

▷ Donauwörth—Augsburg—München (Südring und Nordring)—Rosenheim—Kufstein/Salzburg
▷ Augsburg—Weilheim—Mittenwald

30. Juli Der Rbf München Ost kann den Rangierbetrieb wieder aufnehmen. Nachts wird jedoch wegen fehlender Beleuchtung nicht gearbeitet.

1946

1. Januar Einrichtung des Bahnhofs München-Gaswerk auf dem Oberwiesenfeld zur Bedienung des städtischen Gaswerks.

Mai Geregelter Güterzugverkehr mit 271 Güterzügen im Bereich der Reichsbahndirektion München wird aufgenommen.

1947 Stillegung des 2,55 km langen Streckenabschnitts Abzweigstelle Ingolstädter Straße—Schwabing. Die Strecke ist schon seit Kriegsende außer Betrieb.

24. November Die durch einen Bombentreffer unterbrochene Hackerbrücke wird mit einem Notsteg für Fußgänger benutzbar gemacht.

1948

1. Oktober Von Moosach über Freimann nach München Ost Pbf verkehren Personenzüge. Dieser Verkehr wird jedoch am 14. Mai 1949 wieder eingestellt.

1949

16. Mai bis 16. August Abbruch der zerbombten Hallenkonstruktion des Hauptbahnhofs.

August Beginn des Wiederaufbaus des Starnberger Flügelbahnhofs und des Querbahnsteigdaches für die Haupthalle München Hbf.

1950

15. Mai Der neue, nunmehr dritte, Starnberger Flügelbahnhof (Gebäude und Bahnsteige) wird eröffnet.

1951 Im Bahnhof München-Laim Rbf wird ein Gleisbildstellwerk mit standardisierten Teilfahrstraßen-Relaisgruppen (DrS-Stellwerk) in Betrieb genommen.

1952 Ostbahnhof: Die wiederhergestellte Schalterhalle wird eröffnet. Das übrige Empfangsgebäude wird jedoch nicht wieder aufgebaut („Letzte Ruine Münchens").

Wiederaufbau der Donnersberger Brücke nach schweren Kriegsbeschädigungen.

Die DB-Versuchsanstalt München richtet in der Landsberger Straße die Abteilung Brennkrafttechnik ein.

1953 Wiederaufbau der Schalterhalle München Hbf.

17. Mai Die 4 km lange zweigleisige Strecke von der Abzweigstelle Kanal nach Pasing West wird in Betrieb genommen — sogenannte „Abstellbahn" — um die Strecke nach Augsburg von den Fahrten vom Abstellbahnhof in Pasing West zum Hauptbahnhof und zurück zu entlasten.

20. Juni Die Hackerbrücke ist wiederhergestellt und für den Kfz-Verkehr freigegeben.

Ebenfalls wird an diesem Tag der Fußgängertunnel vom Bahnhofsplatz zum Kaufhaus Hertie eröffnet.

20. Juni bis 11. Oktober Deutsche Verkehrsausstellung in München. U. a. wird die erste Lok der legendären V 200 (220) vorgestellt.

Juli Abbruch der Ruine des Holzkirchner Flügelbahnhofs.

31. Dezember Im AW Freimann wird die Dampflokausbesserung eingestellt. Am 31. Januar 1954 verläßt die Lok 45 023 als letzte Dampflok das AW.

1954

1. Mai Versuchsweise werden auf der Strecke München Ostbahnhof—Salzburg/Kufstein die Bahnsteigsperren abgeschafft.

Sommer Erstmals werden vom Bw München Ost Akku-Triebwagen der Baureihe ETA 150 (heute 515) im Nahverkehr eingesetzt.

1955

18. Mai Der elektrische Zugbetrieb auf der Isartalbahn bis Höllriegelskreuth wird auf 15 kV $16\frac{1}{3}$ Hz Wechselstrom umgestellt. Als Triebfahrzeuge werden ET 85 eingesetzt.

Juni Aufnahme des Wendezugbetriebs mit Dampfloks nach Geltendorf.

Herbst Baubeginn des neuen Empfangsgebäudes München Hbf.

1956

Juni Erster Einsatz der neuen ET 30 auf den Strecken von München Hbf nach Gauting, Tutzing, Kochel, Freising und Unterpfaffenhofen-Germering.

1957

28. Januar Mit einer funkferngesteuerten Lok der BR E 91 beginnt am Ablaufberg des Rbf München Ost ein Probebetrieb.

31. März Einführung des Dampflokwendezugbetriebs München-Holzkirchen als Ersatz für den VT 50-Einsatz.

20. Mai Abzug aller 17 ET 30-Einheiten für den Ruhr-Schnellverkehr zur BD Essen.

16. September — Inbetriebnahme der Abzweigstelle Donnersberger Brücke (heute: Abzweigstelle Neuhausen). Damit können nun Züge nach Freising/Landshut auch aus dem Starnberger Flügelbahnhof ausfahren.

Die Blockstelle Hubertusbrücke in km 2,640 der Starnberger Fernbahn wird dafür außer Betrieb genommen.

15. Oktober — Erster TEE-Zug in München: TEE 75/76 München—Milano.

25. November — ET 11 als Ft 29/30 „Münchner Kindl" im Einsatz.

1958

8. März — Die neue Schalterhalle des Hauptbahnhofs wird der Öffentlichkeit übergeben.

1959 — In beiden AW wird die Triebwagenunterhaltung eingestellt und dem AW Stuttgart-Bad Cannstatt übertragen.

1. Juni — Um den Rangierbahnhof München-Laim von durchfahrenden Zügen aus Richtung Augsburg zu entlasten, wird die Verbindungsstrecke von der Abzweigstelle Landsberger Straße zum Südbahnhof errichtet.

22. Juni — Aufnahme des Autoreisezugverkehrs im Ostbahnhof. Die Verladeanlage befindet sich beim Empfangsgebäude.

1960

18. Mai — Richtfest der neuen Bahnsteighalle des Hauptbahnhofs. Fertigstellung am 1. August.

13. Juni — Im Bahnhof München-Johanneskirchen wird ein Drucktastenstellwerk in Betrieb genommen. Des weiteren wird der Bahnhofsteil Johanneskirchen Nord mit Anschluß an das Heizkraftwerk Unterföhring in Betrieb genommen. Die Abzweigstelle Nordost (Streckenabzweigung nach Ismaning) wird ebenfalls vom Bahnhof München-Johanneskirchen ferngestellt.

22. Juli — Eröffnung der 167 m langen Straßenunterführung Leuchtenbergring beim Ostbahnhof.

1961 — Einstellung der Güterwagenausbesserung zum 31. Dezember 1961 in Freimann.

1964

31. Mai — Der Personenverkehr auf der Isartalbahn im Abschnitt München-Isartalbahnhof—Großhesselohe Isartalbahnhof wird eingestellt.

Der Güterverkehr wird noch ab Kilometer 1,2 (südlich der Brudermühlstraße) weitergeführt.

11. Oktober — Das neue Zentralstellwerk des Hauptbahnhofs (SpDr S 60) geht in Betrieb; angeschlossen sind 295 Weichen und 446 Signale.

1967 — In Neuaubing wird die Weichenwerkstätte geschlossen und zum AW Witten/Ruhr verlegt.

1968

25. März — Baubeginn in München Ost Pbf für die Neugestaltung der Gleisanlagen im Zuge des S-Bahn-Baus: Neubau der Abstellgleise 81—84 als Ersatz für die Reisezugharfe (Gleise 35—41), die sich bei der heutigen Autoreisezuganlage befand.

1969

30. Mai — Inbetriebnahme der neuen Autoreisezuganlage im Ostbahnhof an ihrem heutigen Standort.

1. Juni — Die Beheimatung von Dampflokomotiven im Bw München Ost (Bw Mü 4) ist beendet.

23. September — Der erste S-Bahn-Triebzug ET 420 wird ausgeliefert und am 30. Oktober der Öffentlichkeit vorgestellt.

28. September — Aufnahme des Betriebs im neuen Postbahnhof. Die Abstellgruppe Friedenheimer Brücke (heute Vn) mit 7 Gleisen wird in Betrieb genommen.

1970

1. November — Inbetriebnahme der Verbindungskurve vom zukünftigen Bahnhof Olympiastadion (Oberwiesenfeld) nach München-Milbertshofen (Abzeigstelle Oberwiesenfeld Ost). Des weiteren wird die eingleisige Verbindungsstrecke von München-Pasing zur Abzweigstelle Landsberger Straße eröffnet, um unter anderem Personenzüge von Pasing nach München-Solln fahren zu können.

1971 — Bezug des Neubaus der Bundesbahndirektion München in der Richelstraße 3.

Die Bundesbahn legt einen Plan für den Neubau eines Rangierbahnhofs zwischen Allach und Moosach vor. Es handelt sich um eine zweiseitige Anlage mit einer Kapazität von 10 000 Wagen.

1. Juni — Auflösung der BD Augsburg und Übergang an die BD München.

1. September — S-Bahn-Vorlaufbetrieb mit ET 420 nach Geltendorf.

26. September — Einführung des IC-Verkehrs im Zweistundentakt mit 1.-Klasse-Zügen.

Den Münchner Hauptbahnhof berühren 8 TEE-Züge und 36 IC-Züge.

ab 13. Dezember — Die Akkutriebwagen der Reihe 515 des Bw München Ost werden durch S-Bahn-Triebzüge ersetzt (Mü Ost-Erding/Deisenhofen).

1972

2. Januar — S-Bahn-Vorlaufbetrieb mit ET 420 nach Dachau.

15. März — S-Bahn-Vorlaufbetrieb mit ET 420 nach Tutzing.

28. Mai — Aufnahme des S-Bahn-Betriebs mit einer 20 bzw. 40 Minuten-Zugfolgezeit auf den Außenstrecken und 2 Minuten Mindestzugfolgezeit auf der Stammstrecke. Es werden 86 Triebzüge der Baureihe ET 420 und 15 Triebzüge Reserve eingesetzt und ein Streckennetz von 380 Kilometern befahren.

Gleichzeitig wird der Münchner Verkehrs- und Tarifverbund (MVV) eingeführt.

	Fertigstellung der Zentralschaltstelle für die Stromversorgung von 2500 Kilometern elektrifizierten Strecken im süddeutschen Raum auf dem Gelände des Umspannwerks München-Pasing.
1973	
30. September	Aufnahme des S-Bahn-Verkehrs auf der S3 Ost zwischen Ostbahnhof und Ismaning. Der Haltepunkt „Föhringer Kanal" wird nicht mehr in Betrieb genommen.
	Aufnahme des S-Bahn-Verkehrs zwischen Hohenbrunn und Kreuzstraße (S 1).
18. Dezember	Eröffnung des neuen Empfangsgebäudes des Ostbahnhofs.
1974	Der Einsatz der ET485 endet beim Bw München Ost.
1. Juni	Das Bw München Ost gibt die Beheimatung von elektrischen Streckenlokomotiven auf.
1975	
1. Juni	Verlängerung der S2 von Deisenhofen nach Holzkirchen.
1976	
1. Juni	Auflösung der BD Regensburg mit Übergang der Strecken um Landshut an die BD München.
1977	Fertigstellung des Rollprüfstands in Freimann.
15. Februar	Die Unterhaltung von Brennkrafttriebfahrzeugen wird vom Bw München Ost zum Bw Mühldorf verlagert.
1. August	Im Bw München Ost (Bw Mü 4) sind keine Triebfahrzeuge mehr beheimatet.
	Verbleibende Aufgaben: Triebfahrzeugpersonaleinsatz, Schadgüterwagenausbesserung, Unterhaltung von Maschinen und maschinentechnischen Anlagen.
1978	
August	Baubeginn für die Umgestaltung des S-Bahn-Haltepunkts Donnersberger Brücke und für die Einführung der „Südstrecken" (Holzkirchen, Wolfratshausen).
1979	
20. Mai	Inbetriebnahme der zwei neuen Bahnsteige mit 4 Gleisen im S-Bahn-Haltepunkt Donnersberger Brücke.
1981	
31. Mai	Der Südstreckentunnel vom Heimeranplatz zur Donnersberger Brücke wird in Betrieb genommen. Somit können die Züge der S7 in die S-Bahn-Stammstrecke eingeführt und mit ET420 betrieben werden. Die S27 sowie die Eilzüge nach und von Holzkirchen benutzen ebenfalls den Südstreckentunnel und sind nunmehr an den Starnberger Flügelbahnhof angebunden.
1982	
7. Mai	Planfeststellung für den Rbf München Nord.
1984	Abbau des Wasserturms im Bw München 4.
	Inbetriebnahme der neuen Friedenheimer Brücke, die westlich der alten Brücke errichtet wurde.
1985	
27. November	Eröffnung des neugebauten Frachtenbahnhofs München-Milbertshofen. Er übernimmt den Stückgut-, Expreßgut- und Wagenladungsverkehr im Münchner Norden.
1987	
30. Mai	Der TEE Rheingold, einst legendärer Luxuszug in den 20er und 30er Jahren, wird eingestellt. Er verkehrte von Hoek van Holland nach Basel, und seit dem 29. Mai 1983 mit einem Flügelzug von Mannheim über Aalen—Nördlingen nach München (ab 2. 6. 85 verlängert bis Salzburg).
31. Mai	Die ersten EuroCity-Verbindungen (EC) werden mit erheblichen Fahrzeitverkürzungen eröffnet.
Sommer	Baubeginn am Rbf München Nord.
23. November	Stillegung der letzten Gleise der östlichen Abstellgruppe im Bahnhof Ludwigsfeld zur Baufeldfreimachung für den Rbf München Nord.
31. November	Stillegung des letzten Gleises des ehemaligen Bf München-Schwabing.
1988	
26. Juni	An diesem Tag verkehrte die S8 (Ostbahnhof—Bahnhof Olympiastadion) zum letzten Mal.
8. Juli	Einweihung des Gleisanschlusses von Lohhof nach Garching-Hochbrück zum neuen BMW Kfz-Verteilzentrum. Dort werden die neu hergestellten Pkw auf Züge verladen.
1. August	In Bonn fällt die Entscheidung, daß die neue Flughafen-S-Bahn im Ortsbereich von Ismaning in einem Tunnel geführt wird.
25. August	Planfeststellung für den Umschlagbahnhof München-Riem.
1989	
28. Mai bis 21. Juni	Einsatz eines niederländischen Doppelstock-Zugs auf der S4 zwischen Geltendorf und Ebersberg zu Testzwecken.
28. Mai	Verlegung des Bahnhofs Ismaning um 1,5 km nach Süden, um das Baufeld für die Untertunnelung der S-Bahn-Gleise im Bereich von Ismaning freizumachen.
3. Juli	Baubeginn einer ICE-Waschanlage in der Vorstellgruppe Süd.
4. September	Baubeginn am Umschlagbahnhof München-Riem.

Sommer	Nach dem 1987 begonnenen Abbruch zweier großer Hallen (13 und 14) wurden im Sommer 1989 die restlichen, im Ostteil des Freimanner AW-Geländes noch verbliebenen Gebäude (Stofflager, Akkuwerkstätte mit Feuerwehrhaus und Lagerkeller) abgebrochen. Damit entfällt der gesamte Ostteil des AW. Das einst rund 675 000 m² große Werksgelände zählt nunmehr nur noch 183 180 m².
1. Oktober	Inbetriebnahme des zweigleisigen Eisenbahntunnels zwischen Moosach und Fasanerie zur Unterfahrung des Rangierbahnhofs München Nord.
1990	
30. April	Ausweitung der Fernsteuerung der Bahnhöfe zwischen Pasing und Grafrath durch die Betriebssteuerzentrale (BSZ) in der Richelstraße.
26. Mai	Eröffnung der Straßenbrücke der Dachauer Straße über den Rbf München Nord.
Mai/Juni	Die für den Hauptbahnhof markante „Hackermauer“ wird abgerissen.
26. November	Inbetriebnahme des Stellwerks Unterföhring zur Fernsteuerung der Strecke München-Johanneskirchen—Flughafen München II.
	Das Stellwerk München-Johanneskirchen geht außer Betrieb.
1991	
Mai	Inbetriebnahme der sich seit 1989 im Bau befindlichen 210 m langen ICE-Waschanlage an der Donnersberger Brücke.
Herbst	Inbetriebnahme der 1. Ausbaustufe des Rbf München Nord.
1992	
vsl. Herbst	Inbetriebnahme des Umschlagbahnhofs München-Riem.
vsl. 17. Mai	Inbetriebnahme der Flughafen-S-Bahn zum neuen Flughafen München II.

13

Literaturverzeichnis

13.1 Zeitschriften

Die Bundesbahn, Hestra-Verlag, Darmstadt

Bachmann H.: Die Münchener S-Bahn 48 (1972), H. 7, S. 337.

Fechner H. und Wollny M.: Neubau Umschlagbahnhof München-Riem 65 (1989), H. 10, S. 875.

Gehrke G.: Die Verwaltungsstreitsachen wegen der Planfeststellung für den Rangierbahnhof München Nord 64 (1988), H. 2, S. 87.

Groll A.: Olympische Spiele in München — eine Transportaufgabe der Deutschen Bundesbahn 48 (1972), H. 15/16, S. 883.

Habermann H. und Korhammer K. D.: Umgestaltung der Bahnanlagen in München Hauptbahnhof 62 (1986), H. 11, S. 895.

Hien N.: Regelungen des Güterzugverkehrs anläßlich der Olympischen Spiele 48 (1972), H. 15/16, S. 891.

Korhammer K. D., Nobbe F. und Stapff A.: Die Informationsanlage München Hbf 57 (1981), H. 4, S. 297.

Müller H.: S-Bahn München — Anbindung der südlichen Vorortstrecken von Wolfratshausen und Holzkirchen über Solln an die S-Bahn-Stammstrecke 57 (1981), H. 4, S. 321.

Ohlemutz A.: Der neue Bahnhof Olympiastadion (Oberwiesenfeld) in München 48 (1972), H. 15/16, S. 895.

Schöffel F.: Brückenbauten in den Zufahrtswegen der DB zum Bahnhof Olympiastadion anläßlich der Olympischen Spiele 1972 48 (1972), H. 15/16, S. 899.

Schweda K. und Roth W.: Rangierbahnhof München Nord. Planung einer neuen Produktionsanlage der DB für den Güterverkehr im südbayerischen Raum 65 (1989), H. 3, S. 247.

Streble J.: Die Planfeststellung für den Neubau des Rangierbahnhofs München Nord bis zum Abschluß des Anhörungsverfahrens 58 (1982), H. 1, S. 49.

Thoma A.: Stand der Planungen für den Rangierbahnhof München Nord 55 (1979), H. 4, S. 269.

ETR — Eisenbahntechnische Rundschau, Hestra-Verlag, Darmstadt

Bullemer O.: Münchner Verkehrsprobleme und die Deutsche Bundesbahn 7 (1958), H. 4/5, Sonderdruck.

Kalkbrenner E.: 100 Jahre Chemisches Laboratorium der Eisenbahn in München 39 (1990), H. 1/2, S. 89.

Masel: 20 Jahre Kraftwagenbetriebswerk München — Kurzbericht 29 (1980), H. 11, S. 788.

Müller H.: Flughafen-S-Bahn 35 (1986), H. 10, S. 677.

Streble J.: Baubeginn für den Rangierbahnhof München Nord 37 (1988), H. 8, S. 477.

Thoma A. und Streble J.: Der Rangierbahnhof München Nord 32 (1983), H. 1/2, S. 67.

Zander C. P. und Polifka F.: Versuchsanlage Rollprüfstand 31 (1982), H. 1/2, S. 75.

Sonstige Zeitschriften

Althammer K. H.: Die Bundesbahn-Versuchsanstalt München. Der Eisenbahn-Ingenieur (1987), H. 2, S. 1.

Classens W.: Der Umbau der Münchner Bahnanlagen in Planung und Ausführung der Jahre 1938—1945. Eisenbahntechnik 5 (1951), H. 5/6, Sonderdruck.

Korhammer K. D., Goßmann W. und Götz G. K.: Sicherer Betrieb — kostengünstige Technik. Erster Einsatz einer einfachen Stellwerkstechnik auf der Strecke Dachau—Altomünster. Signal und Draht 76 (1984), H. 1/2, S. 11.

Ertl H. und Korhammer K. D.: Signalisierter Zugleitbetrieb (SZB) Dachau—Altomünster und weitere Strecken. Eisenbahn Ingenieur Kalender '89, S. 277, Tetzlaff-Verlag, Darmstadt.

Mühl A.: Zur Geschichte des Betriebsmaschinendienstes in Bayern 1890 bis 1939. Lok-Magazin (1981), H. 38, S. 374.

Müller: Hundert Jahre Eisenbahn in Bayern. Eisenbahnkunde 33, Nürnberg (1935), H. 8, S. 169.

Seufert: 50 Jahre Chemische Versuchsanstalt. Der Eisenbahnfachmann (1939), H. 11, S. 257.

Skrzypnik H.: Das Bahnbetriebswerk Ludwigsfeld — ein fast vergessenes Bw. Die Dampfbahn (1978), H. 18, S. 4.

Streble J.: Halbzeit beim Bau des Rangierbahnhofes München Nord. RT + GT, Folge 49 (1989), S. 19.

Wutzer E. J.: Hier München Hbf ... Deine Bahn 16 (1988), H. 6, S. 323.

13.2 Veröffentlichungen der Deutschen Bundesbahn

„Die Eisenbahn auf der Internationalen Verkehrsausstellung München 1965", Wegweiser durch die Ausstellung; Bundesbahndirektion München 1965.

„Planfeststellung zum Rangierbahnhof München Nord", BD München, 13. April 1982.

Kagerer K.: „Erläuterungsbericht zum Teilvorhaben", Landschaftliche Gestaltung und Eingrünung des Rangierbahnhofes München Nord, BD München, 27. Januar 1988.

„Flughafen-S-Bahn München, Verbindungsspange Neufahrn" Erläuterungsbericht BD München Juli 1990.

„Von der Isartalbahn zur S7", Festschrift zur Aufnahme des S-Bahn-Betriebes zwischen München und Wolfratshausen, BD München 1981.

„150 Jahre Eisenbahn München—Augsburg", Festschrift BD München 1990.

Metternich T. W.: „Die Lokalbahn Dachau—Altomünster", Festschrift BD München 1988.

Böhm K.: „125 Jahre Eisenbahn München—Landshut—Donau", Bahnhof Neufahrn (Niederbay) 1984.

Braun H.: „Zur Geschichte der Bundesbahndirektion München", Festschrift und Ausstellungskatalog der 9. Jahrestagung der Gruppe Familien- und Wappenkunde im Bundesbahn-Sozialwerk in München, 1982.

Gawlina A.: „Chronik des Bahnhofs München Hbf", Bahnhof München Hbf 1976.

Hagen: „Chronik des Bw München 6", München, Februar 1982.

„Die Bahn informiert: Ausbaustrecke München—Mühldorf—Freilassing", BD München, Sommer 1990.

„25 Jahre Bahnunterwerk München-Pasing", München 1958.

Zinn L.: „60 Jahre Bahnbetriebswerk München Ost", München, März 1984.

„30 Jahre Reichsbahn-Ausbesserungswerk Neuaubing", Festschrift München.

„1906—1981 Reisezugwagen-Ausbesserungswerk München-Neuaubing", Eisenbahn-Kurier Verlag, Freiburg 1981.

„25 Jahre Eisenbahn-Ausbesserungswerk München-Freimann", München 1952.

„50 Jahre Eisenbahn-Ausbesserungswerk München-Freimann", München 1977.

Joachimsthaler A.: „Bundesbahn-Ausbesserungswerk München-Freimann 1925—1985", München 1985.

Gärtner H. J.: „Geschichte der Bundesbahn-Zentralämter Minden und München", in Blank J. P. und Rahn Th. (Herausg.), Die Eisenbahntechnik, Entwicklung und Ausblick. Hestra-Verlag Darmstadt 1982.

„Presse-Information zu den Aufgaben des Bundesbahn-Zentralamtes München 1990".

„Bahnstromversorgung", Deutsche Bundesbahn, Zentrale Transportleitung.

„Die Eisenbahntechnik, Entwicklung und Ausblick", Hestra-Verlag Darmstadt, 2. Auflage 1983.

13.3 Allgemeine Veröffentlichungen

Denkschrift des Königl. Staatsministeriums für Verkehrsangelegenheiten vom September 1911.

Kg. Bayerische Staatseisenbahnen. Bahndienstanweisung für die K. Bahnstation München-Laim, 1909.

Übersichtspläne der Kgl. Bayer. Staats-Eisenbahnen, mehrere Bände Bauakten der Kgl. Bayer. Staats-Eisenbahnen.

Süss W.: „Die Geschichte des Münchner Hauptbahnhofs", Tellus-Verlag, Essen 1954.

Joachimsthaler A.: „Die Breitspurbahn Hitlers", Eisenbahn-Kurier Verlag, Freiburg 1981.

Rasp H. P.: „Eine Stadt für tausend Jahre", München — Bauten und Projekte für die Hauptstadt der Bewegung, Süddeutscher Verlag, München 1981.

Lechner Th.: „Die Bebauung der Kohleninsel im Zusammenhange mit dem Münchner Bahnnetz", München 1900.

Zintl R.: „Fahrt frei — Bayerische Signale und Stellwerke", Motorbuch-Verlag, Stuttgart 1978.

Pottgießer: „Sicher auf den Schienen", Birkhäuser Verlag 1988.

Localbahn-Aktiengesellschaft in München, 25 Jahre 1887—1912, München 1912 und Festschrift: 40 Jahre Localbahn-Aktiengesellschaft in München", München 1927.

Schulze C. J.: „Die Isartalbahn", Bufe-Fachbuchzentrum, München 1978.

Marggraf H.: „Die Königlich Bayerischen Staatseisenbahnen in geschichtlicher und statistischer Beziehung", München 1894.

Ücker Bernhard: „150 Jahre Eisenbahn in Bayern", Herman Merker Verlag, Fürstenfeldbruck 1985.

Meitinger K.: „Das Neue München", Vorschläge zum Wiederaufbau, Stadt München 1946.

Ulsamer: „Fünf Jahre Wiederaufbau", Stadtwerke München — Verkehrsbetriebe 1950.

Schnabel H.: „Lokomotiv-Archiv Bayern", Transpress-Verlag, Berlin 1987.

„Markt Kirchseeon" Festschrift zum 50jährigen Bestehen, Gemeinde Kirchseeon 1989.

Krienitz G.: „Daten, Bilder, Ereignisse aus der Geschichte der deutschen Eisenbahnen", Georg Siemens Verlagsbuchhandlung.

Megele M. „Baugeschichtlicher Atlas der Landeshauptstadt München", Selbstverlag, München 1951
und:
„Baugeschichtlicher Atlas der Landeshauptstadt München — Die Stadt im Jubiläumsjahr 1958", Selbstverlag, München 1960.

Hackelsberger Ch.: „München und seine Isar-Brücken", Heinrich Hugendubel Verlag, München 1981.

Jahresberichte der Kgl. Bayer. Staatseisenbahn-Verwaltung, verschiedene Jahrgänge von 1850 bis 1920.

Statistische Jahrbücher (Blaubücher) der Deutschen Reichsbahn und der deutschen Bundesbahn von 1924—1988.

Amtsblätter der Reichsbahn-, Eisenbahn- und Bundesbahndirektion München, verschiedene Jahrgänge.

Fahrplanunterlagen der Bayer. Staatseisenbahnen, der DRG, der DR und der DB, verschiedene Jahrgänge.

Die unendliche Geschichte des Hochgeschwindigkeitsverkehrs

Jahrbuch des Eisenbahnwesens '91

Herausgeber: Heinz Dürr, Knut Reimers, 232 Seiten Gesamtumfang mit 182 s/w und 102 farbigen Abbildungen, Graphiken, Großformat 21,5 x 30 cm, mehrfarbiger Hardcover, cellophaniert, ISBN 3-7771-0234-2, 42 DM

2. Juni 1991: Der Hochgeschwindigkeitsverkehr hat in Deutschland Premiere. Dieses für die Deutsche Bundesbahn im ausgehenden 20. Jahrhundert herausragende Ereignis bestimmt den Inhalt des Jahrbuchs 1991.
Die Herausgeber, Heinz Dürr, Vorstandsvorsitzer und Knut Reimers, Vorstandsmitglied Technik der Deutschen Bundesbahn, haben den Journalisten Berndt von Mitzlaff als Autor gewinnen können, das neue Zeitalter des Bahnfahrens publizistisch zu würdigen.
Er schildert in diesem im deutschsprachigen Raum einmaligen Buch die gesamte Entwicklung des Schienenschnellverkehrs in Deutschland — von den Anfängen im 19. Jahrhundert bis heute — und stellt die Hochgeschwindigkeitssysteme anderer europäischer Länder und Japans vor. Die Entwicklungsgeschichte des „High-Tech-Zuges" InterCity-Express (ICE) wird so ausführlich und reich bebildert beschrieben wie der Bau der Neubaustrecken Hannover—Würzburg und Mannheim—Stuttgart.

Hestra-Verlag
Holzhofallee 33
D-6100 Darmstadt 1
Tel. (0 61 51) 3 34 81
Fax (0 61 51) 3 34 85

Wer sich mit der Vergangenheit beschäftigt, wird die Gegenwart der Deutschen Bundesbahn verstehen.

1949

1966

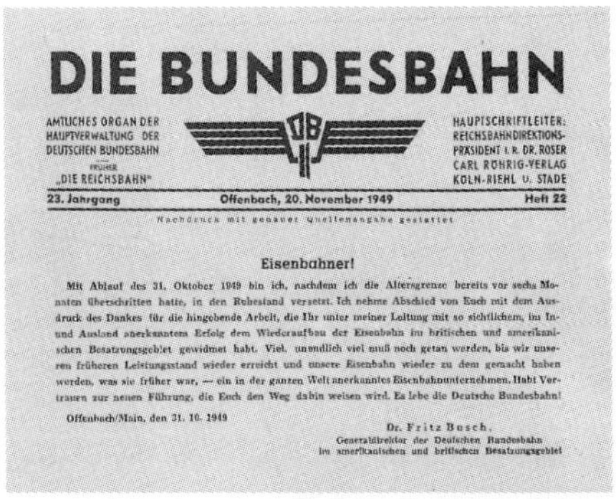

DIE BUNDESBAHN

AMTLICHES ORGAN DER HAUPTVERWALTUNG DER DEUTSCHEN BUNDESBAHN FRÜHER „DIE REICHSBAHN"

HAUPTSCHRIFTLEITER: REICHSBAHNDIREKTIONSPRÄSIDENT I. R. DR. ROSER CARL RÖHRIG-VERLAG KÖLN-RIEHL U. STADE

23. Jahrgang | Offenbach, 20. November 1949 | Heft 22

Nachdruck mit genauer Quellenangabe gestattet

Eisenbahner!

Mit Ablauf des 31. Oktober 1949 bin ich, nachdem ich die Altersgrenze bereits vor sechs Monaten überschritten hatte, in den Ruhestand versetzt. Ich nehme Abschied von Euch mit dem Ausdruck des Dankes für die hingebende Arbeit, die Ihr unter meiner Leitung mit so sichtlichem, im In- und Ausland anerkanntem Erfolg dem Wiederaufbau der Eisenbahn im britischen und amerikanischen Besatzungsgebiet gewidmet habt. Viel, unendlich viel muß noch getan werden, bis wir unseren früheren Leistungsstand wieder erreicht und unsere Eisenbahn wieder zu dem gemacht haben werden, was sie früher war, — ein in der ganzen Welt anerkanntes Eisenbahnunternehmen. Habt Vertrauen zur neuen Führung, die Euch den Weg dahin weisen wird. Es lebe die Deutsche Bundesbahn!

Offenbach/Main, den 31. 10. 1949

Dr. Fritz Busch,
Generaldirektor der Deutschen Bundesbahn
im amerikanischen und britischen Besatzungsgebiet

Nach dem wirtschaftlichen Zusammenschluß der amerikanischen und britischen Zone wurde Dr. Fritz Busch im September 1946 als Generaldirektor an die Spitze der bizonalen Reichsbahn berufen. Dr. Busch war somit der erste Präsident der DB. Bei seiner Verabschiedung in den Ruhestand mit 65½ Jahren sagt der Bundesverkehrsminister Dr. Seebohm am 31. Oktober, daß der scheidende Generaldirektor das Bewußtsein mit sich tragen könne, daß diese Jahre des Wiederaufbaues mit dem Namen Busch unverbrüchlich verbunden sein werden. (BB 1949, S. 412)

Nachfolger von Dr. Busch wird Reichsbahndirektionspräsident Walter Helberg

Jahrelang waren Berlin und Hamburg nur über Hannover per Schiene erreichbar. Nach Aufhebung der Blockade verkehrt am 10. September der erste Zug von Berlin nach Hamburg, wieder ein Schnelltriebwagen, allerdings mit doppelter Fahrzeit auf abgewirtschafteten Gleisen. Im Bild die Ankunft in Hamburg-Altona.

Hau-ruck! An der Strecke Regensburg–Nürnberg beginnt die erste Fernbahnelektrifizierung nach dem Krieg.

38

August. Neue Uniformen werden künftig Schalterbeamte, Zugpersonal und Bahnhofsvorsteher großer Bahnhöfe tragen. Zweireihig ist das elegante Sakko für den Dienststellenleiter (rechts), einreihig – auf drei dezent-goldenen Knöpfen gearbeitet – ist die Joppe, mit der sich die Eisenbahner an den Fahrkarten-, Auskunfts- und Gepäckschaltern präsentieren (Mitte). Ihre Kollegen im Zugbegleitdienst tragen zur gleichen Jacke einen dunkelblauen Binder und schwarze Hosen. In bewährter Tradition bleibt die Uniform für die Eisenbahner im Betriebsdienst, so auch für den Aufsichtsbeamten mit der roten Mütze (links). Auch die weiblichen Zugbegleiter erhalten eine neue adrette Uniform (rechts).

25. Oktober. Ehrengäste, Konstrukteure, Meister und Arbeiter bei der Übergabe der ersten deutschen Europa-Lokomotive, der Viersystem-Lokomotive E 410, durch Alfried Krupp von Bohlen.

Führerstand der ersten deutschen Europa-Lokomotive E 410.

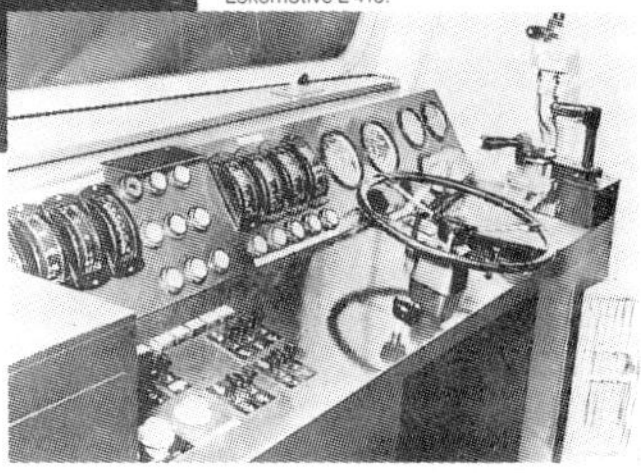

20. November. Der Hamburger Verkehrsbund (HVV) findet als Prototyp einer freiwilligen Kooperation aller Nahverkehrsträger eines Ballungsraumes weltweit Interesse. Zahlreiche Experten informieren sich über Planungen und Erfolge an Ort und Stelle. Im Bild: die britische Transportministerin Barbara Castle im Fachgespräch mit den Verbunddirektoren Dr.-Ing. Fritz Pampel und Werner Heinze (von links nach rechts).

269

„40 JAHRE DEUTSCHE BUNDESBAHN"
im Spiegel der Presse:

„ … Mit 696 Seiten ist ihre Chronik ‚40 Jahre Deutsche Bundesbahn' ein **gewichtiges und nützliches** Kompendium eines bedeutenden Kapitels Verkehrsgeschichte …" (Nürnberger Nachrichten 4.4.1990) „ … Dokumentation einer Epoche deutscher Verkehrsgeschichte, wie sie in dieser Form **bisher nicht existierte** …" (Eisenbahn-Journal 5/1990) „ … Ein **außergewöhnliches** Buch zum DB-Jubiläum ist im Hestra-Verlag erschienen. Im Gegensatz zu anderen Werken, die das Schwergewicht auf (bunte) Bilder legen, wird hier geballte Information geboten …" (MIBA 3/1990) „ … Es ist die z. Z. **umfassendste** Dokumentation einer unglaublichen Aufbauleistung. Etwas Besseres künftig noch auf den Markt zu bringen, dürfte unmöglich sein …" (DGEG-Nachrichten März/April 1990) „ … Ein **Meisterwerk** zum Geburtstag …" Nürnberger Zeitung vom 9. 1. 1990) „ … Die Autoren Weigelt und Langner haben hier auf rund 700 Seiten eine Chronik zusammengetragen, die es in sich hat und einfach **ein Muß ist für jeden,** der sich mit der Verkehrspolitik und -geschichte in diesem Land befaßt …" (Schiene 2/1990) „ Dem einen wird vieles Vergessene wieder lebendig, dem anderen wird etwas vermittelt, was ihnen **in dieser Ausführlichkeit und Intensität** bisher nicht zur Verfügung stand …" (Hamburger Blätter, März '90).

40 Jahre Deutsche Bundesbahn

Lassen Sie sich von Jahr zu Jahr durch ein ereignisreiches und bedeutendes Stück deutscher Verkehrsgeschichte führen.

Horst Weigelt und Ulrich Langner.
696 Seiten Gesamtumfang, über 1800 Daten und Fakten, 924 s/w Bilder, Format 21,5 x 30 cm, Broschur, ISBN 3-7771-0219-9, 42 DM

Hestra-Verlag
Holzhofallee 33
D-6100 Darmstadt 1
Tel. (06151) 33481
Fax (06151) 33485

Falttafel III

Rangierbahnhof München Nord

Übersichtsplan

Maßstab 1:5000

0 100 200 300 m

Planungsstand: Oktober 1990

Legende:

Planung (Bahnanlagen und Straßen LH München)

Straßen und Wege

Wälle, Landschaftsgestaltung

Wasserflächen und Wasserläufe

Deutsche Bundesbahn

DB

Herausgeber:
Bundesbahndirektion München
Hauptabteilung Projekte Bautechnik

Bearbeiter:
OBERMEYER
PLANEN + BERATEN

Siedlung am Lerchenauer See
Kolonie Eggarten
Lassallestraße
Feldbahnstraße
Fuß-u. Radwegüberführung
Schallschutzwand
Schallschutzwand
Schallschutzwand
Schallschutzwand
Schallschutzwand
18.0
19.0
Olympia Einkaufszentrum
Moosacher Str.
Landshuter Allee
Hanauer Str.
Triebstr.
Eggartenstr.
Feldbahnstr.
Lassallestr.
Schittgablerstr.
Lahntalstr.
Bingener Str.

v. u. n. Ingolstadt
Bf Karlsfeld
ALLACHER FORST
Zum Schwabenbächl St 2063
Würm
Wilhelm - Zwölfer - Straße
Schallschutzwand
BAB A99
13.0
Fuß-,Rad-,-
u. Forstwegunterführung
Obere Allee
Nordring nördlich
Schallschutzwand
Nordring südlich
14.0
Einfahrgr
Pasteurstraße
Waldkolonie
Schallschutzwand
v. u. n. Olching
Nordring
Bahnbetriebs
Steppenheide mit
Weißdorngebüsch
Aufforstung
Bf Lud
Eversbuschstraße
Ludwigsfelder Straße
Pasteurstraße
ALLACH
Krauß Maffei
v. u. n. München

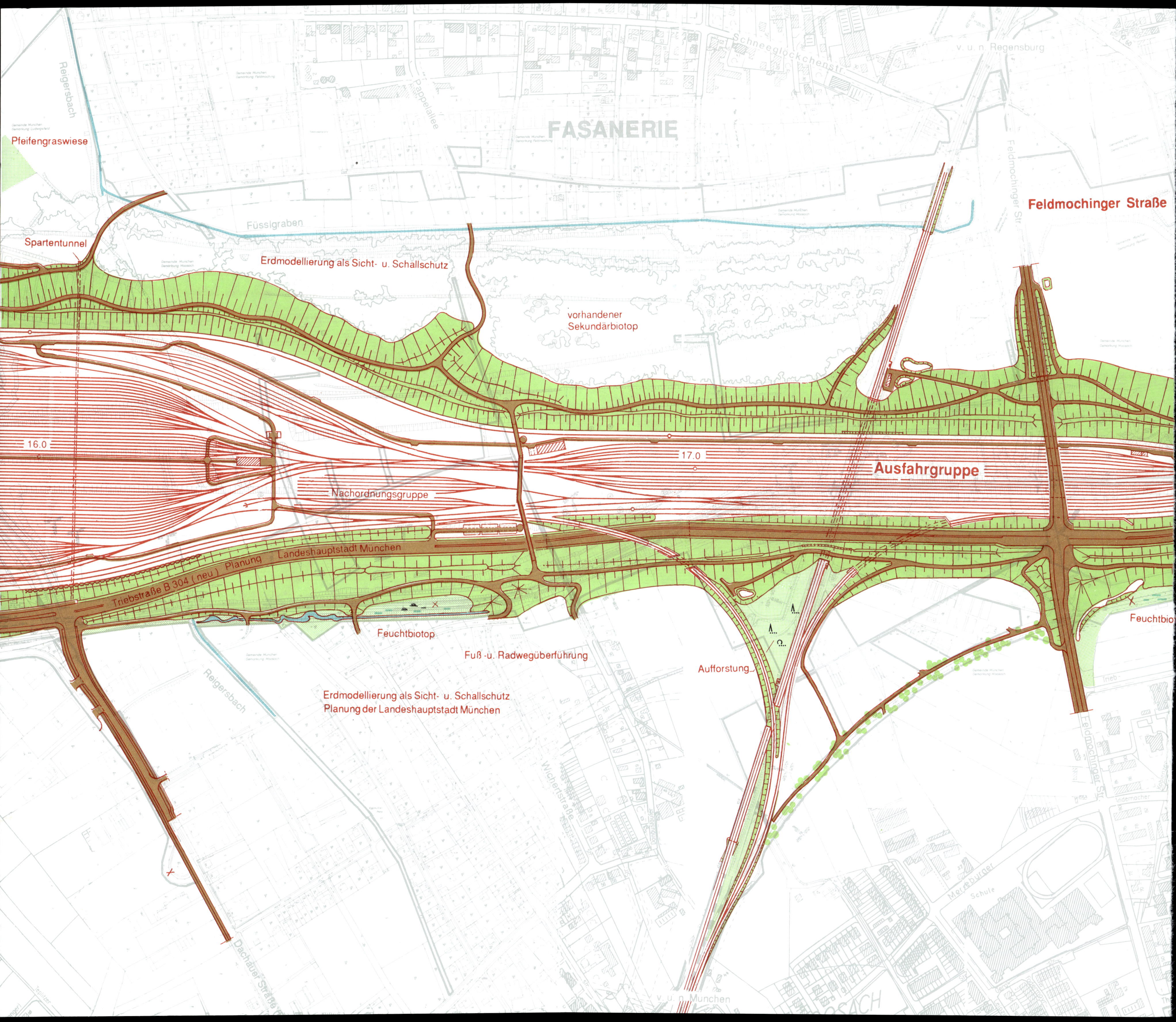

FASANERIE
Pfeifengraswiese
Reigersbach
Pappelallee
Schneeglöckchenstr.
v. u. n. Regensburg
Feldmochinger Straße
Feldmochinger Str.
Füsslgraben
Spartentunnel
Erdmodellierung als Sicht- u. Schallschutz
vorhandener Sekundärbiotop
16.0
17.0
Ausfahrgruppe
Nachordnungsgruppe
Triebstraße B 304 (neu) Planung Landeshauptstadt München
Feuchtbiotop
Fuß-u. Radwegüberführung
Aufforstung
Erdmodellierung als Sicht- u. Schallschutz
Planung der Landeshauptstadt München
Reigersbach
Wichertstraße
Dachauer Straße
Schule
v. u. n. München

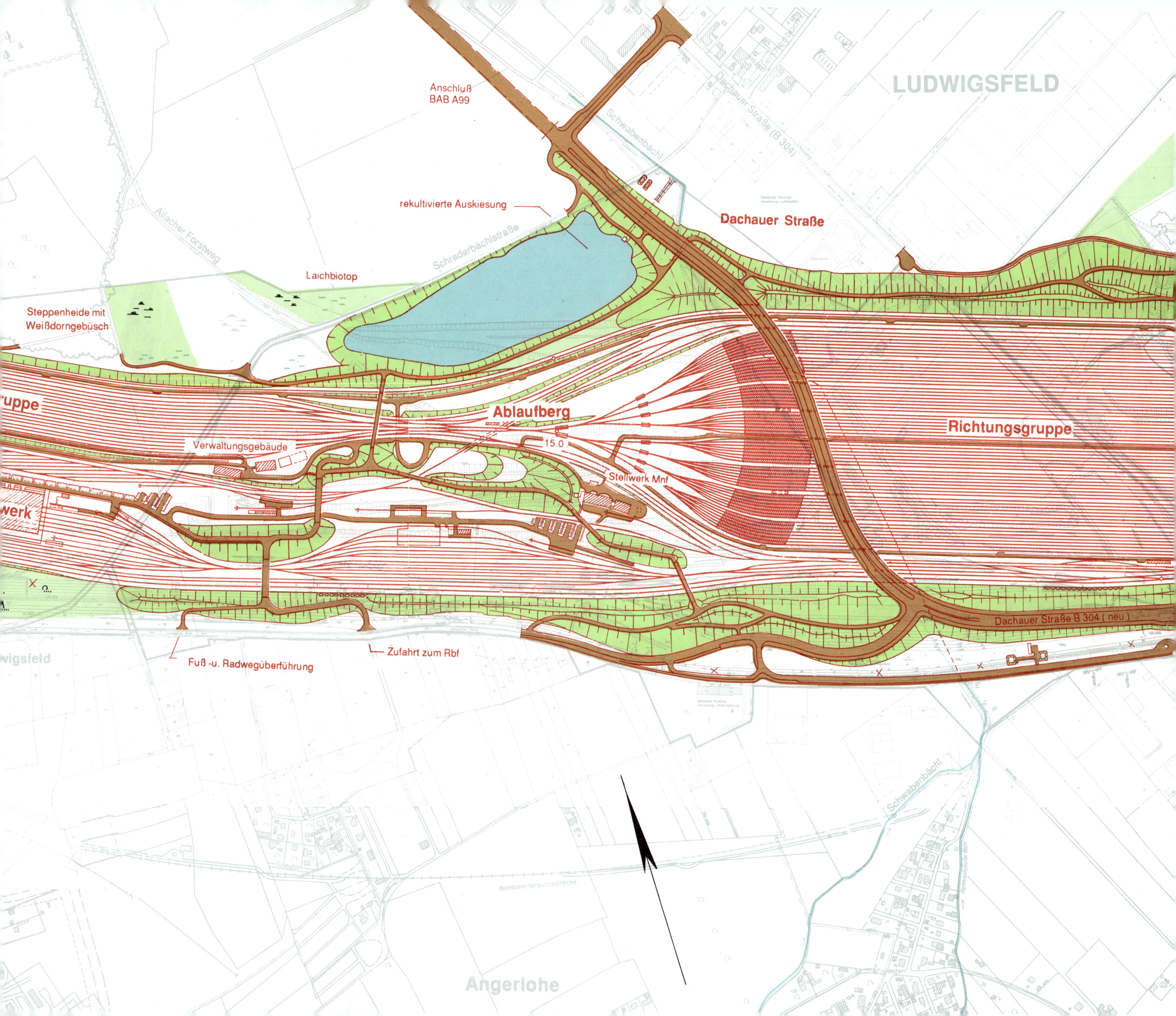
LUDWIGSFELD
Anschluß
BAB A99
Schwabenbächl
Dachauer Straße (B 304)
rekultivierte Auskiesung
Dachauer Straße
Allacher Forstweg
Schrederbächlstraße
Laichbiotop
Steppenheide mit
Weißdorngebüsch
ruppe
Ablaufberg
Richtungsgruppe
Verwaltungsgebäude
15.0
Stellwerk Mnf
werk
Dachauer Straße B 304 (neu)
wigsfeld
Fuß -u. Radwegüberführung
Zufahrt zum Rbf
Schwabenbächl
Angerlohe

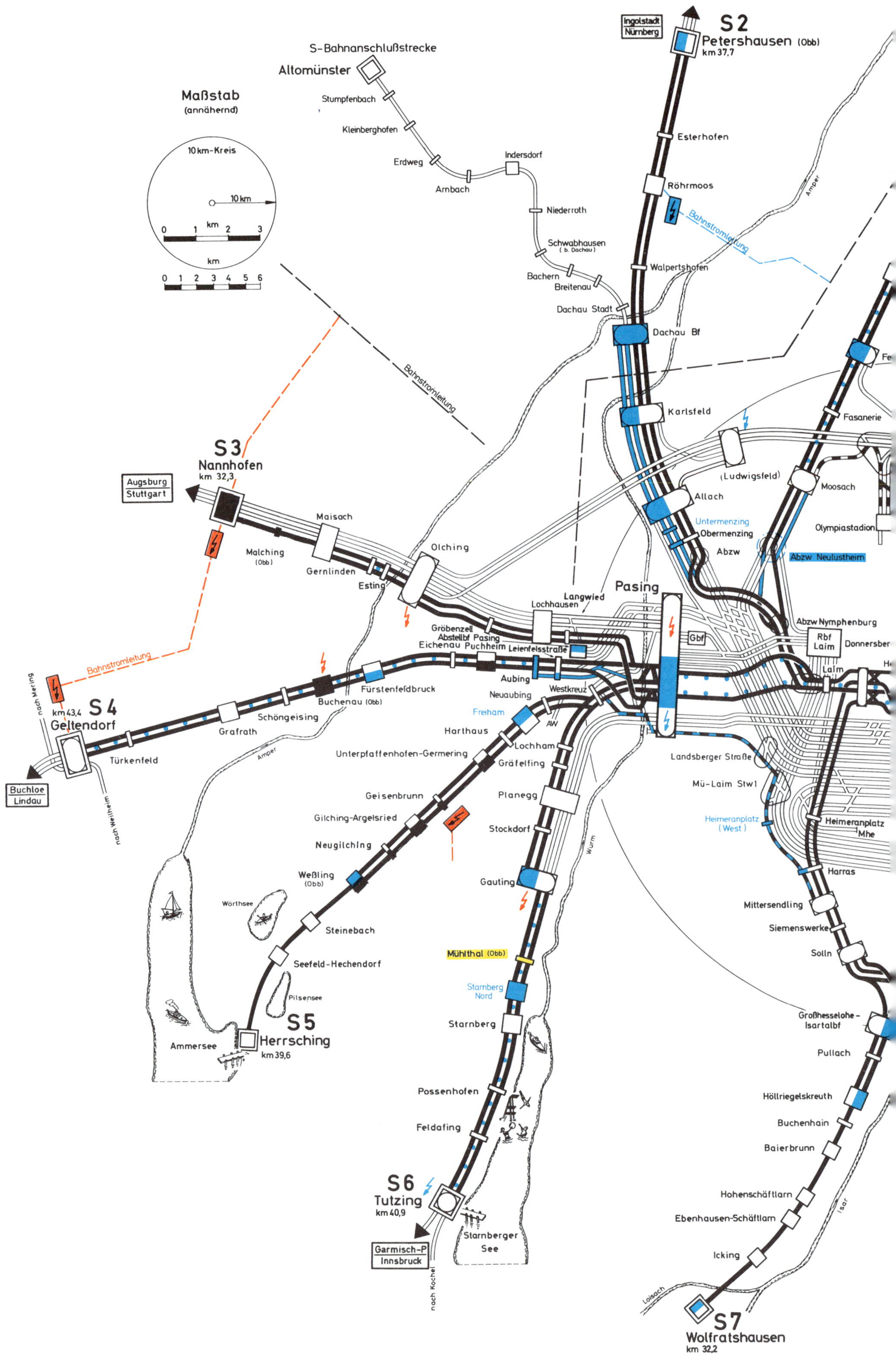

Maßstab
(annähernd)
10 km-Kreis
10 km
0 1 km 2 3
km
0 1 2 3 4 5 6
S-Bahnanschlußstrecke
Altomünster
Stumpfenbach
Kleinberghofen
Erdweg
Arnbach
Indersdorf
Niederroth
Schwabhausen (b. Dachau)
Bachern
Breitenau
Dachau Stadt
Ingolstadt
Nürnberg
S 2
Petershausen (Obb)
km 37,7
Esterhofen
Röhrmoos
Bahnstromleitung
Amper
Walpertshofen
Dachau Bf
Karlsfeld
Bahnstromleitung
S 3
Nannhofen
km 32,3
Augsburg
Stuttgart
Maisach
Malching (Obb)
Gernlinden
Esting
Olching
(Ludwigsfeld)
Allach
Untermenzing
Obermenzing
Abzw
Abzw Neulustheim
Fasanerie
Moosach
Olympiastadion
Langwied
Lochhausen
Pasing
Gröbenzell
Abstellbf Pasing
Eichenau
Puchheim
Leienfelsstraße
Gbf
Abzw Nymphenburg
Rbf Laim
Donnersber
Laim
Bahnstromleitung
nach Mering
km 43,4
S 4
Geltendorf
Türkenfeld
Buchloe
Lindau
nach Weilheim
Grafrath
Schöngeising
Buchenau (Obb)
Fürstenfeldbruck
Aubing
Neuaubing
Westkreuz
Freiham
Harthaus
AW
Lochham
Gräfelfing
Unterpfaffenhofen-Germering
Landsberger Straße
Mü-Laim Stw1
Heimeranplatz (West)
Heimeranplatz
Mhe
Harras
Geisenbrunn
Gilching-Argelsried
Neugilching
Planegg
Stockdorf
Würm
Weßling (Obb)
Wörthsee
Gauting
Mittersendling
Siemenswerke
Solln
Steinebach
Seefeld-Hechendorf
Mühlthal (Obb)
Starnberg Nord
Pilsensee
S 5
Herrsching
km 39,6
Ammersee
Starnberg
Großhesselohe-Isartalbf
Pullach
Possenhofen
Feldafing
Höllriegelskreuth
Buchenhain
Baierbrunn
S 6
Tutzing
km 40,9
Garmisch-P
Innsbruck
Starnberger See
nach Kochel
Hohenschäftlarn
Ebenhausen-Schäftlarn
Isar
Icking
Loisach
S 7
Wolfratshausen
km 32,2